Bernd Harder

Geister, Gothics, Gabelbieger

Bernd Harder

Geister, Gothics, Gabelbieger

66 Antworten auf Fragwürdiges
aus Esoterik und Okkultismus

Alibri

2005

Bernd Harder arbeitet als Leitender Redakteur bei einer Zeitschrift. Als Vorstandsmitglied der *Gesellschaft zur wissenschaftlichen Untersuchung von Parawissenschaften* (GWUP) und ständiger Mitarbeiter des *Skeptiker* befasst er sich kontinuierlich mit paranormalen Phänomenen. Er hat zahlreiche Bücher zu einschlägigen Themen veröffentlicht, zuletzt das *Lexikon der Großstadtmythen.*

Bildnachweis: Seite 10, 80, 117, 128 und 152: Privatarchiv Harder; Seite 30: Skeptic Magazine 1/2003; Seite 56: Skeptiker 4/1996; Seite 99: Buena Vista International; Seite 180: Sarah Mensch..

Alibri Verlag
Aschaffenburg
www.alibri.de
Mitglied in der Assoziation Linker Verlage (*aLiVe*)

1. Auflage 2005

Umschlaggestaltung: Claus Sterneck, Hanau

Druck und Verarbeitung: GuS Druck, Stuttgart

ISBN 3-86569-002-5

Inhalt

1. Propheten: Gaukler und Sibyllen

2. Wahrsager: Hellsehende Dunkelmänner

3. Astrologie: Mars macht mobil

4. Ufos: Trübe Untertassen

5. Gespenster: Schall und Rauch

6. Okkultismus: Geistlose Fingerzeige

7. Übersinnliche Phänomene: Total paranormal

8. Hexen: Alles magic

9. Satanismus: „Power“ auf Teufel komm raus

10. Verschwörungstheorien: An allem sind *sie* schuld!

1. Propheten: Gaukler und Sibyllen

➥ Wer war Nostradamus?

Genie oder Scharlatan? An Nostradamus scheiden sich bis heute die Geister.

„Hier ruhen die Gebeine des hochrühmlichen Michael Nostradamus. Er allein ward unter allen Sterblichen für wert befunden, unter dem Einfluss der Sterne mit geradezu göttlich inspirierter Feder vom künftigen Geschehen der ganzen Welt zu künden", ist auf der Grabplatte des französischen Sehers in der Dominikaner-Kirche von Salon de Provence zu lesen. Seine Anhänger schieben ihm bis heute eine Art Kursbuch für den Lauf der Welt unter. Ganz anders urteilte dagegen der Aufklärer Voltaire, für den „der erste Prophet der erste Schurke war, der einem Dummkopf begegnete". Zu allen Zeiten habe es „solche Lügner gegeben, Sibyllen und Gestalten wie Nostradamus". Auch der französische Dichter Pierre Corneille mag an Nostradamus gedacht haben, als er 1680 in *Le Feint Astrologue* die Sterndeuter parodierte: „Er betrachtet den Himmel in finsterster Nacht, wälzt ein dickes Buch und malt tausend Figuren." Gaukler oder Inspirierter? Weder – noch.

Michel de Notredame wurde am 14. Dezember 1503 in eine Zeit des Umbruchs hineingeboren, die gekennzeichnet war von Kriegen, Epidemien und dem Niedergang der alten Ordnung – aber auch vom Aufbruch der Denker und Entdecker. Nach dem Willen seiner Eltern sollte Michel Arzt werden. Der Legende nach unterrichteten ihn seine beiden Großväter schon früh in Latein, Griechisch, Hebräisch, Mathematik und Himmelskunde. Wahrscheinlich aber übernahm ein Hauslehrer diese Aufgabe.

Sicher ist, dass Michels Großvater väterlicherseits ein wohlhabender jüdischer Getreidehändler namens Crescas de Carcassonne war, der um 1460 zum Katholizismus konvertierte und sich fortan „Pierre de Nostredame" nannte. Diese Schreibweise entspricht dem Provenzalischen, in heutigem Französisch heißt es „Notredame".

Nach einer Art Aufbaustudium in Avignon, bestehend aus den mittelalterlichen Basisfächern Grammatik, Rhetorik und Logik, und einem Pestausbruch geschuldeten Wanderjahren schrieb Michel sich 1529 an der berühmten medizinischen Fakultät der Universität von Montpellier ein. Hier wurde aus Michel de Nostredame „Nostradamus“. Er latinisierte seinen Nachnamen, wie es unter Akademikern üblich war. Als Nostradamus 1531 die Uni verließ, eilte ihm längst ein Ruf als erfolgreicher und unerschrockener Pestarzt voraus. Der wissenschaftliche Ritterschlag ließ nicht lange auf sich warten: Der berühmte Universalgelehrte Julius Caesar Scalinger rief den 28-Jährigen nach Agen. Nostradamus richtete eine lukrative Praxis ein und heiratete die 14-jährige Henriette d'Encausse, die ihn zum Vater eines Sohnes und einer Tochter machte.

Ein „Jules Verne des Spätmittelalters: Nostradamus (1503-1566) war eher zeitgeschichtlicher Chronist und Utopist denn Prophet.

Doch dann schlugen die Wogen des Schicksals um so heftiger über dem erfolgreichen Medicus zusammen. Frau und Kinder starben an Pest oder Diphterie. Die Patienten blieben aus. Mit dem strengen Rationalisten Scalinger überwarf er sich; vermutlich ging es dabei auch um Nostradamus' übersteigertes Interesse an der Astrologie, die zu jener Zeit von vielen Ärzten auch als Diagnose-Instrument angewandt wurde.

1538 verließ Nostradamus Agen-de-Provence und durchwandert fast zehn Jahre lang ziellos das Land, in einer Epoche des revolutionären Umbruchs in politischer, sozialer und religiöser Hinsicht. Vor Nostradamus' Augen fiel das geschlossene christliche Weltbild in Trümmer.

✘ *Politik*: Gerade ein Jahrzehnt vor Nostradamus' Geburt hatte Christoph Kolumbus Amerika entdeckt. Das christliche Abendland dehnte seinen Einflussbereich nach Westen aus (Amerika ab 1492), musste sich aber zugleich einer schweren Bedrohung im Osten erwehren: 1529 standen die Türken vor Wien. Der Habsburger Karl V. wurde Kaiser des Heiligen Römischen Reiches Deutscher Nation und versuchte anschließend in vier kostspieligen und verlustreichen Kriegen vergebens, sein Herrschaftsgebiet zusammenzuhalten, das von Spanien über Italien und Österreich bis zu den Niederlanden reichte und zudem die Eroberungen in der „Neuen Welt" umfasste.

✘ *Kirche*: 1521 wurde der Augustinermönch Martin Luther von Papst Leo X. exkommuniziert. Die Pariser Sorbonne verurteilte seine Lehren, und in Frankreich begann die Verfolgung der dortigen Protestanten (später „Hugenotten"). Der französische König Heinrich II. schrieb 1559 per Edikt die Todesstrafe für Häresie vor. Dennoch war die Spaltung der Kirche nicht mehr aufzuhalten, da sich der religiöse Aufbruch mit massiven politischen Interessen verband.

✘ *Wissenschaft*: 1491 fertigte Martin Behaim in Nürnberg den ersten Globus. 1543 erschien das Hauptwerk von Nikolaus Kopernikus, der nicht die Erde, sondern die Sonne ins Zentrum des Planetensystems rückte. Diese Wende stand stellvertretend für eine radikale philosophische Umbesinnung, die letztlich alles infrage stellte. Die Erfindung des Buchdrucks beendete das Gelehrsamkeitsmonopol der Klöster, und der Geist der aufkommenden Naturwissenschaft ersetzte mehr und mehr den verkündeten Glauben.

Dennoch sollte es noch bis zum Jahr 1894 dauern, ehe der Bakteriologe Alexandre Yersin in Hongkong schließlich den Pesterreger isolieren konnte. Zu Nostradamus' Lebzeiten wurden „verdorbene Winde" für die Krankheit verantwortlich gemacht, die ganze Städte entvölkerte. Das fürchterliche Leiden der Sterbenden, den Zusammenbruch der öffentlichen Ordnung, den Giovanni Boccaccio um 1350 in seinem *Decamerone* beschieb, erlebte Nostradamus hautnah mit.

Pestepidemien und Hungersnöte, politische Ränke und undurchschaubare Zweckbündnisse, Religionskriege und Inquisition – es waren solche bedrückenden Lebenserfahrungen, die ab 1555 zu den „Wahren Centurien und Prophetien des Meisters Michel Nostradamus" gerannen: Insgesamt 942 vierzeilige Verse, hinter denen man die zitternde Seele des Autors erahnt, in Schrecken versetzt durch das zeitgenössische politische Chaos und den forcierten kulturellen und religiösen Wandel. Mit Intuition und Grübelei, astronomischem Kalkül und erklärtermaßen „feuriger Dichtung" holte der Seher von Salon Bilder von zeichenhaftem Charakter vom Himmel, deren wahre Zukunft in ihrer eigenen Gegenwart lag.

Des Nachts sitze ich über geheimen Studien,
allein bin ich und sitze auf ehernem Stuhl;
Eine Flamme steigt empor, sie kommt aus der Einsamkeit,
sie bringt hervor, woran man nicht vergeblich glauben soll.

So beschreibt Nostradamus selbst seine Methode im Vers 1 der I. Centurie. Darin erscheinen seine Prophezeiungen als verrätselte Tagträume und fabulierte Fantasien – und damit jener Gegenwart verhaftet, deren Nöte sie zu kompensieren suchten. Bei Licht besehen, geht es in den Centurien zum Beispiel um sterbende Könige, fallende Festungen und göttliches Missgeschick, um Verbrechen und Terror, Blitzschlag und Pest, Tod und Blut und immer neue Not. Was also erblicken wir wirklich, wenn wir dem Arzt und Astrologen die Maske des Propheten vorsichtig vom Gesicht nehmen? Einen Jules Verne des Spätmittelalters, der an den Wänden seiner Dachkammer die dunklen Schatten seiner Zeit irrlichtern sah und – vielleicht im Rauschzustand – in vierzeilige Gleichnisse übersetzte.

Von „natürlichem Instinkt" und „poetischem Furor" schreibt Nostradamus in einem Brief an seinen König, Heinrich II. von Frankreich. Seinem ältesten Sohn César hinterließ er in der Vorrede zu den Centurien: „Noch eines, mein Sohn, da ich den Begriff Prophet verwendet habe: Ich will mir in heutiger Zeit den Titel so großer Erhabenheit nicht zulegen. Denn wer heute Prophet genannt wird, hieß ehedem Seher. Denn der eigentliche Prophet, mein Sohn, ist jener, welcher Dinge sieht weit entfernt von jeder natürlichen Kenntnis."

Kein Prophet also, sondern ein „Seher" im Wortsinn? Einer, der mit offenen Augen, scharfem Blick und wachem Verstand durch die Welt ging und überall Elend, Epidemien, Ignoranz, Dummheit, Fanatismus, Neid, Falschheit, Machtgier, Lüge, Krieg und Missgunst sah? Ein humanistisch beseelter Literat, der gegen das Elend seiner Zeit anschrieb?

Fraglos erwecken die Centurien in ihrer grammatikalischen Willkür und ihrem sperrigen Stil-Mix den Eindruck einer verrätselten Komposition aus Druckerschwärze und Sternenstaub. Und doch bündelte Nostradamus darin nur die Ängste, Hoffnungen und Erwartungen des 16. Jahrhunderts und projizierte ihre Erfüllung in eine unbestimmte Zukunft.

Als zweifelsfrei echt kann lediglich jene Nostradamus-Prophezeiung angesehen werden, die der raunende Provenzale am Abend des 1. Juli 1566 gegenüber seinem Sekretär machte: „Bei Sonnenaufgang wirst du mich nicht mehr lebend antreffen." Am darauffolgenden Morgens lag Nostradamus' Leichnam neben dem Bett.

➥ Konnte Nostradamus in die Zukunft sehen?

Als Nostradamus 1566 starb, hinterließ er 942 geheimnisvoll anmutende Vierzeiler, angeordnet in Gruppen zu je 100 (Centurien). Mehr als 450 Interpreten haben seitdem jedes bedeutsame Ereignis der Weltgeschichte aus den Centurien herausgelesen – und sich dabei eher als verhinderte Schriftsteller denn als Übersetzer betätigt. Den allermeisten Nostradamus-Deutern geht es nicht darum, sich in die Gedankenwelt des Pestarztes aus dem Spätmittelalter einzufühlen, seine Motive nachzuempfinden und seine komplizierte Sprache möglichst authentisch nachzuvollziehen. Sondern sie gehen fraglos davon aus, dass Michel de Notredame für unsere heutige Zeit geschrieben hat und es daher völlig legitim sei, mangelnde Übereinstimmungen zwischen den Bedeutungsfeldern einzelner Wörter in beiden Sprachen, nicht vorhandene adäquate Ausdrücke und unbekannte Situationen oder Gebräuche nach eigenem Gutdünken mit einem aktuellen Sinn oder Zweck zu versehen. Dabei dürfte spätestens 1999 klar geworden sein, dass Nostradamus mitnichten der „Prophet der Weltgeschichte" gewesen ist.

Im Vers 72 der zehnten Centurie heißt es:

Im Jahr 1999, im siebten Monat,
kommt vom Himmel ein großer Schreckenskönig.
Er wird den großen Herrscher von Angolmois zur Macht bringen.
Vor und nach einem Krieg wird er zu guter Stunde regieren.

Fast alle „Nostradamisten" sahen hier den dritten Weltkrieg oder zumindest eine verheerende Katastrophe wie einen Asteroiden-Einschlag prophezeit. Doch an diesem Vers zeigt sich exemplarisch, dass der Pestarzt aus dem 16. Jahrhundert ganz und gar ein Mann seiner Zeit gewesen ist.

Hinter dem „großen Schreckenskönig" verbirgt sich lediglich die totale Sonnenfinsternis vom 11. August 1999, die Nostradamus mit Hilfe astronomischer Tabellen vorausberechnen konnte: der so genannten Saros-Zyklen, nach denen sich totale oder ringförmige Sonnen- und Mondfinsternisse über Jahrhunderte hinweg regelmäßig wiederholen. Nostradamus' kleiner Fehler („siebter Monat" statt achter) liegt darin begründet, dass ständig bis zu 40 Saros-Zyklen gleichzeitig ablaufen und sich überlagern. Anscheinend orientierte sich Nostradamus fälschlicherweise am 109. Saros-Zyklus und rechnete diesen auf das Jahr 1999 hoch; tatsächlich aber gehört die Sonnenfinsternis von 1999 zum 145. Saros-Zyklus, der erst 1639 begann.

Sonnenfinsternisse zählten im Spätmittelalter zu jenen himmlischen Fingerzeigen („Prodigien“ = Vorzeichen), die nach dem Volksglauben umwälzende Ereignisse ankündigen sollten. Statt eine globale Katastrophe in ferner Zukunft anzukündigen, brachte Nostradamus in typisch poetischer Mehrdeutigkeit die Sehnsucht zum Ausdruck, ein weiser und großer Herrscher möge alle Krisen und Verheerungen des Spätmittelalters beenden und eine goldene Dekade des Friedens und des Glücks herbeiführen. Denn „Angolmois“ wiederum ist ein Wortspiel um das alte französische Adelsgeschlecht Angouleme-Valois, das zu Nostradamus' Lebzeiten seinen verehrten König, Heinrich II., stellte. Hierzu passt auch, dass Nostradamus in den Centurien immer wieder einen Weltherrscher mit nahezu messianischen Zügen namens „Chiren“ erwähnt – augenscheinlich ein Anagramm für „Henri“. Dieser prophetische Mythos vom großen Endzeit-Kaiser kursierte in Spätmittelalter und beginnender Neuzeit in ganz Europa und lässt sich in vielen anderen Schriften fast wortgleich nachweisen. Die Jahreszahl 1999, nahe am heraufdämmernden dritten Jahrtausend, steht in Vers X.,72 rein symbolisch für die erhoffte Zeiten-Wende.

Wie die Centurien des Nostradamus seit ihrer Niederschrift Jahr für Jahr immer wieder auf bestimmte Ereignisse und Personen passend gemacht werden, lässt sich exemplarisch auch am Vers 57 der V. Centurie nachweisen:

Istra du mont Gaulsier & Aventin,
Qui par le trou advertira l'armee,
Entre deux rocs sera prins le butin,
De SEXT. mansol faillir la renommee.

(Er wird vom Mont Gaulsier und Aventin hervorgehen,
der durch das Loch die Armee benachrichtigt.
Zwischen zwei Felsen wird die Beute ergriffen,
vom SEXT. mansol verblasst der Ruf.)[1]

„Mit diesem Vers“, analysiert der Nostradamus-Autor Bernhard Bouvier, laut Verlagsangaben immerhin der „beste Kenner“ des Renaissance-Astrologen, „übertrifft Nostradamus sich selbst. Es sind schwerste Siegel angebracht. Es sei ein Versuch gewagt, der jedoch nicht stimmig sein mag; zu dunkel ist wohl das Bild:

Montgaulsier = Montgolfière = Ballon der Brüder Montgolfier.
Aventin = à vent = mit dem Wind.
Le trou = das Loch = die Öffnung unter dem Ballon.
Zwei Felsen = zweimal Petrus (der Fels) = zwei Päpste.
SEXT. = (lat.) sextus = der VI. Papst.
Mansol = man sol(us) = Mann Solus = Priester im Zölibat.

Der gesamte Vers frei neu übertragen also:

Einer geht aus mit der Montgolfière und dem Wind,
mit dem (Feuer)loch benachrichtigt er die Armeen.
Zwischen zwei Päpsten wird die Beute ergriffen,
von Papst Pius VI. verblasst der Ruf (des Papsttums).

1794 wurde die Montgolfière erstmals zu Beobachtungszwecken gegen die Österreicher in der Schlacht von Fleurus eingesetzt (Zeile 1 und 2). Zwischen Pius VI. (1775-1799) und Pius VII. (1800-1823) nahm sich Napoleon I. im Frieden von Tolentino als Kriegsbeute einen Teil des Kirchenstaates. Unter Pius VI. sank das Ansehen des Papsttums."

Dass Bernhard Bouvier (ein Pseudonym des ehemaligen Bundeswehr-Offiziers Friedrich Doepner) tatsächlich mit einigem Fug und Recht als Nostradamus-Experte bezeichnet werden kann, beweist er in seinem Kommentar zu Vers IV.,27:

Salon, Mansol, Tarascon de Sex, l'arc,
Où est debout encor la piramide.
Viendront livrer le Prince Dannemarc,
Rachat honny au temple d'Artemide.

(Salon, Mausol, Tarascon, die Sex beim Bogen,
wo noch die Pyramide steht.
Sie werden den Prinzen von Dänemark ausliefern,
schändliches Lösegeld für den Artemistempel.)

Und wie interpretiert Bouvier dieses? Erstaunlicherweise als „kleinen Scherz des Meisters für Insider". Denn: „Die Sex ist das erste Wort einer Inschrift des Triumphbogens von St. Rémy, dem Geburtsort von Nostradamus. Direkt daneben steht ein Mausoleum."

Das ist korrekt. Und „Mausoleum" heißt im Französischen „mausolée", weswegen Bouvier sogar das „n" in „Mansol" für einen Druckfehler zu halten scheint und gleich mit der „Mausoleum"-Kurzbezeichnung Mausol übersetzt (in der Tat führten die damaligen Schrifttypen oft zu typografischen Fehlern in den *Centurien*, wovon die Verwechselung von „n" und „u" einer der häufigsten war). Wieso aber deutet er dann trotz dieses Wissens „mansol" in V.„57 als „Priester im Zölibat"? Und in X.„29 sogar wieder ganz anders:

De POL. MANSOL dans caverne caprine
Caché & prins extrait hors par la barbe.
Captif mené comme beste mastine
Par Begourdans amenee apres de Tarbe.

(Der POL MANSOL im Steinbock in einer Höhle,
versteckt und erwischt am Bart herausgezogen.
Der Gefangene weggeschleppt wie eine Bestie vom Bluthund,
von den Leuten aus Bigorre wird er mitgeführt bis in die Nähe von Tarbes.)

„POL MANSOL, angeblich nicht zu lösen, wie üblich, ist das Anagramm von MONS APOLL, dem Felsen des Apoll. Der Fels (Petrus, der Fels, der erste Papst) ist der Papst, Apollinaris ist der heilige Märtyrer, der Paulus begleitete", präsentiert Bouvier triumphierend seine Lesart.

Doch hätte der „beste Kenner" der Centurien besser daran getan, sich noch ein Weilchen länger in St. Rémy umzusehen. Denn was er in seinem Kommentar zu IV.„27 etwas gönnerhaft als „kleinen Scherz des Meisters" abtut, scheint den wahren Absichten von Nostradamus weitaus näher zu kommen als alle fantasievollen Wort-Umdeutungen seiner Anhänger.

St. Rémy-de-Provence, ein 9000-Einwohner-Städtchen südlich von Avignon im Département Bouches-du-Rhone, war einst ein bedeutendes römisches Handelszentrum. Dicht bei der Stadt liegen die Überreste des antiken Glanum, einer gallischen Siedlung aus dem 6. Jahrhundert v. Chr., die Ende des 2. Jahrhunderts v. Chr. von den Römern besetzt und überbaut wurde. Gut erhalten geblieben sind bis heute das in drei Geschosse aufgeteilte Julierdenkmal (das man für ein Grabmal hielt und das deshalb im Volksmund Mausoleum genannt wurde) und der große Triumphbogen. Eine Abbildung der so genannten „Les Antiques" findet sich sogar in der Brockhaus-Enzyklopädie von 1991. Diese antiken Monumente waren schon vierzehn Jahrhunderte alt, als Nostradamus sie in seiner Kindheit täglich erblickte.

Was er dabei auch gesehen haben muss, ist eine Inschrift in mittlerer Höhe des Mausoleums, die heute nur noch bruchstückhaft zu entziffern ist: SEX.L.M.IVLIEI.C.F.PARENTIBVS. SVEIS. Im archäologischen Museum von St. Rémy erfuhr der amerikanische Skeptiker James Randi, dass der vollständige Text wohl so lautete: SEX(tus) L(ucius)M(arcus) IVLIEI C(aii)F(ilii)PARENTIBVSSVEIS. Was soviel bedeutet wie: „Sextus Laelius, der Gatte von Julia, hat diese Säule für seine Eltern errichtet." Offenbar wurde das Bauwerk von einem Römer namens Sextus errichtet – sehr wahrscheinlich die Quelle für das SEXT. im Nostradamus-Quartain V.,57.

Im Vorwort zu seinem Buch *Excellent et moult utile Opuscule* von 1555 mit allerlei kosmetischen und medizinischen Ratschlägen nennt sich Nostradamus selbst „Sextropheae Natus Gallia", also „Bewohner der Gegend Galliens mit dem Mausoleum des Sextus".

Um das römische Juliermonument wurde gegen Ende des 12. Jahrhunderts das Kloster „St. Pol de Mausole" gebaut, wobei „Pol" nichts anderes als die provenzalische Schreibweise von „Paul" ist. Im 19. Jahrhundert beherbergte das Kloster ein Hospital für Geisteskranke, in das sich 1889 auch der Maler Vincent van Gogh kurz vor seinem Selbstmord zurückzog.

Darüber hinaus findet man in St. Rémy noch weitere Besonderheiten, die sich in den Quartains V.,57, IV.,27 und X.,29 widerzuspiegeln scheinen: In der Umgebung der Stadt ragt der Berg Mont Gaussier empor, der nach Auskunft des Museums früher „Gaulsier" geschrieben worden sei. In dem Felsmassiv klafft ein etwa mannshohes Loch, durch das man zur einen Seite die Stadt und zur anderen eine alte römische Straße sieht. Von dieser Stelle aus hätte man einen herannahenden Feind also frühzeitig ausmachen können.

Wie heißt es in V.,57:

Er wird vom Mont Gaulsier und Aventin hervorgehen,
der durch das Loch die Armee benachrichtigt.
Zwischen zwei Felsen wird die Beute ergriffen,
vom SEXT. mansol verblasst der Ruf.

Einigermaßen rätselhaft bleibt nur noch „Aventin". Es sei denn, man zieht Vers IV.,27 hinzu:

Salon, Mausol, Tarascon, die Sex beim Bogen,
wo noch die Pyramide steht.
Sie werden den Prinzen von Dänemark ausliefern,
schändliches Lösegeld für den Artemistempel.

Was könnten die Stadt Salon, das alte Mausoleum, die verwitterte Inschrift „SEX" in der Nähe des antiken Triumphbogens und ein Artemis-

Tempel mit dem Wort „Aventin“ zu tun haben? („Pyramide“ wird übrigens bis heute ein monumentaler Stein-Quader in den Ruinen von Glanum genannt.)

Man kann nur spekulieren: Aventin ist einer der sieben Hügel des alten Rom, der sich im Süden der Stadt steil über den Tiber erhebt. Der römische König Servius Tullius soll dort im 6. Jahrhundert v. Chr. den Tempel der Diana erbaut haben, der römischen Göttin der Jagd. Diese hieß bei den alten Griechen, den ersten Bewohnern der antiken Siedlung Glanum bei St. Rémy, Artemis. Existierte auch dort dereinst ein Tempel zu Ehren der Göttin Artemis / Diana? Darüber ist im Ort zumindest nichts bekannt. Wohl aber stand ein solcher Tempel in Nimes – und Nimes erreicht man exakt über die Route St. Rémy – Tarascon.

Wie auch immer: In seinem berühmten Vierzeiler V.,57 über die Erfindung des Heißluftballons und Papst Pius VI. spricht der Provenzale – wie auch in IV.,27 und X.,29 – in typischer Form nostradamischer Assoziation, Zeiten und Geschehnisse vermischend, lediglich über seine Heimatstadt.

➥ Stimmt es, dass Nostradamus den Tod Heinrichs II. prophezeit hat?

Als prophetische „Visitenkarte“ Nostradamus’ wird immer wieder Vers 35 der II. Centurie angeführt:

Der junge Löwe wird den alten überwinden,
auf kriegerischem Feld im Einzelstreit.
Im goldenen Käfig wird er ihm die Augen spalten.
Von zwei Flotten setzt sich eine durch, der Besiegte stirbt einen grausamen Tod.

Angeblich geht es hier um König Heinrich II., der 1559 bei einem Ritterturnier am Hof in Paris unglücklich von der Lanze seines Gegners über dem Auge getroffen wurde (dabei trug er angeblich einen vergoldeten Helm mit Visier = „goldener Käfig“) und zehn Tage später starb.

Merkwürdig ist nur, dass zu Nostradamus’ Lebzeiten niemand auf diese Deutung kam – denn dieser Vers wurde schon 1555, vier Jahre vor dem Ereignis, veröffentlicht. Weder in den jährlichen Almanachen, die Nostradamus ab 1549 publizierte, noch in der ersten Nostradamus-Biografie seines Sekretärs und Bewunderers Jean-Aimé de Chavigny aus dem Jahr 1594 findet sich ein Wort davon. Warum auch?

Es gab keinen „jungen“ und „alten“ Löwen, denn beide Kämpfer waren etwa gleichaltrig. Außerdem hatte Nostradamus vier Jahre vor dem Unglück die Centurien ausdrücklich Heinrich II. gewidmet und seinen König im Vorwort mit allerlei Huldigungen und guten Wünschen für die Zukunft bedacht. Es scheint kaum ein Zweifel möglich, dass er mit einer langen Regentschaft seines Monarchen rechnete.

Auch hier führt ein Blick ins Geschichtsbuch zur Wahrheit: Mit einem „goldenen Helm“ ist auf vielen zeitgenössischen Darstellungen der deutsche Kaiser Karl V. abgebildet – Heinrichs Erzfeind aus dem Haus Habsburg, der sich mit den Franzosen heftige Kriege lieferte. Sehr wahrscheinlich geht es auch in Vers II.,35 um die symbolisch verklausulierte Darstellung eines Wunsches oder einer Hoffnung: nämlich dass Heinrich II. recht bald über den alten Feind triumphieren möge.

➥ Wieso finden sich in den Centurien Hinweise auf Hitler oder den 11. September?

Noch einfacher lässt sich die Behauptung widerlegen, Nostradamus habe Hitler vorausgesagt, Denn nirgendwo in den Centurien findet sich das Wort „Hitler“ – sondern nur „Hister“, zum Beispiel im Vers 24 der zweiten Centurie. Mit einer Person hat die Verwendung von „Hister“ bei Nostradamus aber gar nichts zu tun. „Hister“ ist eine topographische Bezeichnung, die in den Centurien nur in Verbindung mit Ortsbeschreibungen auftaucht – und zwar handelt es sich ganz konkret um den alten lateinischen Namen für die Donau.

Jener Nostradamus-Vierzeiler, der nach den Terror-Anschlägen vom 11. September 2001 als Ketten-E-Mail um die Welt ging („Es wird einen großen Donnerschlag geben, zwei Brüder werden auseinander gerissen durch Chaos, während die Festung leidet. Der große Führer wird weichen. Der dritte Weltkrieg beginnt, wenn die große Stadt brennt.“), ist sogar eine Fälschung, ein Mischmasch aus herausgerissenen authentischen Versbrocken und Hinzugedichtetem. Sie stammt von Neil Marshall, Studenten an der Brock University in St. Catherines (Kanada), der sich an der Schwammigkeit von Nostradamus' Aussagen störte und in den 1990ern auf seiner Webseite erklärte: „Das ist alles nur Interpretation.“ Zu Demonstrationszwecken kreierte er einige Vierzeiler im Nostradamus-Stil und sagte voraus: „Lassen wir diese Prophezeiung ein paar Jahre ruhen. Fügen wir noch ein paar tausend weitere hinzu, und eine davon wird nahe genug an das rankommen, was wirklich in der Zukunft passiert. Und die wird dann wahr erscheinen." Marshall sollte Recht behalten.

➥ Woher wusste Nostradamus schon vom Planeten Neptun?

Neptun, der achte Planet unseres Sonnensystems, wurde 1846 von den Berliner Astronomen Johann Gottfried Galle und Heinrich Louis d'Arrest entdeckt. Wie also kann es sein, dass in den Nostradamus-Centurien aus dem Jahr 1555 die Rede von dem Himmelskörper ist? Im Vers IV.,33 heißt es:

Juppiter joint plus Venus qu'à la Lune.
Apparoissant de plenitude blanche:
Venus cachée soubs la blancheur Neptune,
De Mars frappée par la gravée branche.

(Jupiter, mehr mit Venus als dem Mond verbunden,
zeigt sich von hellem Glanz.
Venus, hinter dem Schein Neptuns verborgen,
wird vom Mars geprägt, durch die große Verzweigung.)

„Denkwürdig an diesem Vierzeiler ist der Planet Neptun, den Nostradamus ganz offensichtlich im Zusammenhang mit einer astrologischen Konstellation erwähnt", jubelt der Nostradamus-Deuter Ray Nolan. „Der Name Neptun, den sich erst 1846 ein Mann für den gerade neu entdeckten Planeten ausdachte, ziert seit dem Jahr 1555 den Text des 33. Verses in der 4. Centurie. Hier steht also für jeden lesbar ein Wort, das in den astrologischen Tabellen aus der Epoche des Sehers noch gar nicht existierte. Ein prophetischer Zufallstreffer?"

Mitnichten. Der legendäre Vers IV.,33 muss in unmittelbarem Zusammenhang mit dem vorausgehenden Vers IV.,28 gesehen werden:

Lors que Venus du Sol sera couvert,
souz l'esplendeur sera forme l'occulte.
Mercure au feu les aura descouvert.
Par bruit bellique sera mis à l'insulte.

(Wenn Venus von der Sonne verdeckt sein wird,
wird sie hinter dem Schein des Lichts verborgene Formen annehmen.
Merkur wird es unter Feuer enthüllen.
Und mit kriegerischem Ruhm zum Angriff übergehen)

Nostradamus beschreibt in diesen beiden Vierzeilern keine Planetenkonstellation – sondern ein alchemistisches Ritual, bei dem es anscheinend um die Herstellung einer Metall-Legierung geht. Die Alchemisten des Spätmittelalters ordneten bestimmte Metalle den Gottheiten der griechischen Mythologie zu (nach denen auch die Planeten benannt sind). So wurde beispielsweise Kupfer mit der Liebesgöttin Venus in Verbindung gebracht, Eisen mit Mars, dem Gott des Krieges. Neptun wiederum symbolisierte in der Vorstellungswelt der Geheimwissenschaft Alchemie das Element Wasser. Diese alchemistische Tradition ist bis weit ins 20. Jahrhundert hinein erhalten geblieben: Uran (entdeckt 1789) wurde nach Uranus benannt, Neptunium (1940) nach Neptun, Plutonium (1941) nach Pluto.

➥ Wieso ist Nostradamus immer wieder aktuell?

Wirtschaftskrisen, Aids und Terroranschläge, Kriege und Katastrophen – Nostradamus hat alles schon gewusst! Sagen mit leuchtenden Augen seine Anhänger.

Das eigentlich Merkwürdige daran: Auch der eifrigste Nostradamus-Fan wird kaum ernsthaft behaupten, dass es je gelungen sei, mit Hilfe der Centurien irgendein Ereignis vorherzusagen oder gar ein Unglück zu verhindern; stets erfolgt die Deutung retrospektiv, im Nachhinein. Somit erscheint es hinreichend sinnlos, sich mit Nostradamus zu beschäftigen – sogar dann, wenn er echte hellseherische Eindrücke gehabt hätte, was in seinem Werk zumindest nicht sichtbar wird.

Wieso also waren beispielsweise zu Beginn des Golfkriegs 1991 oder kurz nach dem 11. September 2001 die Nostradamus-Schriften im Nu ausverkauft?

Dahinter steckt in aller Regel nicht das Bedürfnis, die Zukunft zu enthüllen. Nostradamus – das ist für viele Zeitgenossen der okkulte Lotse durch die Wirren unserer Gegenwart. Wer daran glaubt, dass der Anschlag auf das World Trade Center schon vor 500 Jahren vorhergesagt worden ist, der akzeptiert zugleich die Vorstellung eines verborgenen Plans hinter dem Weltgeschehen. Was wiederum helfen mag, solchen Ereignissen etwas von ihrem Unvermittelten, Unbegreiflichen, Sinnlosen zu nehmen.

Zweifellos herrscht in Krisenzeiten ein starkes Bedürfnis vor, das eigene Leben und Erleben einzubinden in einen übergeordneten Weltenlauf, um die persönliche Isolation und Hilflosigkeit ein wenig abzumildern. Und dafür eignet sich die prophetische Düster-Posie des Nostradamus besonders gut, weil sie in Resonanz tritt mit den Ängsten und Hoffnungen der Menschen. Sein verklausulierter Schreibstil, der mehr verhüllt als offen legt, entwirft sprachliche Labyrinthe, in die sich „jeder glücklich verirren mag".[2]

Anders stellen sich die Motive der meisten Nostradamus-Schreiber dar. Denn alte Prophezeiungen für die Gegenwart zu nutzen, heißt nicht nur, die dunklen Texte durch Fantasie und Spekulation mit der Zeitlage zu verknüpfen. Es kann auch heißen, Rätselratereien in den Medien zu vermarkten und damit Rat- und Hilfesuchende anzulocken, indem man sich selbst mehr oder weniger willkürlich mit Nostradamus und anderen „Propheten" in Verbindung bringt.

Ein Beispiel: „Das Inferno von Manhattan wird sich in 19 Städten wiederholen. Auch bei uns!", titelte 2002 ein Sonderheft der *Astrowoche* balkendick. Innen erging sich der selbst ernannte „Nostradamus-Experte und Astrologe" Kurt Allgeier in kalkulierten Fantastereien über die völlige Zerstörung Stuttgarts und Umgebung durch eine atomare Explosion mit „sieben Millionen Toten" und über den Untergang der Städte Köln, Frankfurt, München, Hamburg, Berlin, Dresden und Leipzig.

Das ist Unfug, der ans Verbrecherische grenzt. Allgeier und andere geschäftstüchtige Scharlatane haben wenig mehr im Sinn, als aus der unbestimmten Angst vieler Menschen Gewinn zu schlagen.

➡ Gibt es echte Seher?

Als prophetische Autoritäten gelten neben Nostradamus auch der schwedische Naturwissenschaftler Emanuel Swedenborg (1688-1772) sowie die bayerischen Volksseher Mühlhiasl (um 1800) und Alois Irlmaier (1894-1959). Doch was hat es mit ihren Visionen auf sich?

Swedenborg war ein angesehener Universalgelehrter und Erfinder, der Bedeutendes auf dem Gebiet der Medizin, der Physik und der Mineralogie leistete. 1745 beendete er seine akademische Karriere und machte fortan als „Geisterseher" und Endzeitphilosoph von sich reden. Zwei Visionen trugen Swedenborg unsterblichen Ruhm ein: 1756 hielt er sich in Göteborg auf, im Haus eines Bekannten. Plötzlich, gegen sechs Uhr abends, stürzte er aus dem Zimmer. Kurze Zeit später kam er aschfahl und am ganzen Körper zitternd zurück. Er berichtete von einem furchtbaren Brand, der gerade eben in der 400 Kilometer entfernten Hauptstadt

Stockholm ausgebrochen sei. „Jetzt brennt das Haus meines Freundes“, sagte er. Und nach einer Pause: „Und jetzt liegt das Haus in Schutt und Asche. Ich sehe alles ganz genau.“ Und wieder etwas später: „Der Brand greift auf mein Haus über… Er ist nur noch drei Häuser entfernt.“ Um acht Uhr abends atmete Swedenborg auf: „Der Brand ist gelöscht, mein Haus ist unversehrt geblieben.“

Erst 24 Stunden später trafen in Göteborg Berichte über eine Brandkatastrophe in Stockholm ein, die Swedenborgs Vision in allen Einzelheiten bestätigten. Kein Geringerer als der berühmte Philosoph Immanuel Kant hat diese Geschichte überliefert, und zwar in seinem Buch *Träume eines Geistersehers*. Allerdings erst sechs Jahre nach dem Ereignis, und nur aus dritter Hand, nämlich aufgrund der Erzählung eines Freundes, der ebenfalls selbst nicht an jenem Abend dabei gewesen war. Kant wirft in seinem Swedenborg-Text die Frage auf, wie man sich als aufgeklärter Mensch „Geistersehern“ gegenüber verhalten soll: ignorierend oder widerlegend? Für heutige Kritiker ist die Antwort auf diese Frage klar: Sie halten Swedenborgs „Fernwahrnehmung“ für eine nachträglich konstruierte Legende.

Auch von Swedenborgs zweiter berühmter Vision wissen wir nur durch Kant: Die Witwe eines holländischen Gesandten in Stockholm erhielt von einem Goldschmied eine Rechnung über 25.000 Gulden. Sie war überzeugt, dass ihr verstorbener Mann die Summe bereits beglichen hatte, fand aber keine Quittung darüber und bat Swedenborg, mit ihrem Gatten im Jenseits Kontakt aufzunehmen. Einige Tage später wies Swedenborg die Frau an, in einem Geheimfach im Schrank nachzusehen. Tatsächlich fand sie dort ein entsprechendes Schriftstück.

Ganz anders freilich schildert der zweite Ehemann der Witwe jenen Vorgang: „Meine Frau suchte tagelang nach diesem Papier. Eines Nachts träumte sie, wo es sich befand. Sie stand auf, ging an den Schrank, öffnete das Geheimfach und fand dort, was sie gesucht hatte. Erst am nächsten Tag kam Swedenborg und verkündete, dass das Papier dort sei, wo meine Frau es bereits gefunden hatte.“

Wahrscheinlich hatte sich die Frau unbewusst daran erinnert, wo ihr verstorbener Gemahl wichtige Dokumente aufzubewahren pflegte. Im Traum überkam sie diese Erkenntnis wie eine plötzliche Erleuchtung. Swedenborg hatte am nächsten Tag die verschiedensten Möglichkeiten zu erfahren, wo die Quittung gefunden worden war. „So sind zum Beispiel trinkgelddurstige Dienstboten immer gute ‘Medien’ für Hellseher gewesen. Aus heutiger Sicht litt Swedenborg wohl an einer psychischen

Krankheit aus dem Formenkreis der Schizophrenie, die zusammen mit seinem unbestreitbaren Genie äußerst kreative, aber eben wahnhafte Einblicke in die angeblich jenseitige Welt hervorbrachte."[3]

Doch die Zukunftsdeutung war stets nicht nur Gelehrten wie Nostradamus oder Swedenborg vorbehalten. Ebenfalls durch einen Großbrand (in einer Benediktinerabtei) wurde 1772 im Rhein-Sieg-Gebiet ein Klosterbote und Wandermusiker namens Bernhard Rembold bekannt, der im Volksmund „der Spielbähn" gerufen wurde. Seine Prophezeiung des Unglücks traf so exakt ein, dass die Behörden Rembold verhafteten – anscheinend hatte er den Brand selbst gelegt, um seiner eigenen Vorhersage nachzuhelfen.

Viele Jahrzehnte später, zwischen 1846 und 1849, publizierte der Lehrer Wilhelm Schrattenholz die bis dato nur mündlich überlieferten „Spielbähn"-Prohezeiungen. Darin ist die Rede von Wagen, die ohne Pferd fahren (Vers 37) oder von sozialen Nivellierungen, die die Unterschiede zwischen Bauer und Graf verschwinden lassen (Vers 34). Schlussendlich sagt der „Spielbähn" eine „fürchterliche", endzeitliche Schlacht zwischen Gut und Böse bei Köln voraus (Vers 96), aus der ein Kaiser als Sieger hervorgeht, der eine Epoche des Friedens und der Glückseligkeit einleitet. Nicht nur Nostradamus lässt hier grüßen; die Prophezeiungen des Bernhard Rembold weisen typische Strukturelemente auf, die sich bei allen so genannten Volkssehern finden – und die zugleich den Mythos von der Prophetengabe eindrucksvoll widerlegen.[4]

Denn auch die Zukunftsvisionen des niederbayerischen Waldpropheten Mühlhiasl sind lediglich ein Gemisch aus alten Legenden, Wandersagen und Lokalkolorit, die 1923 ein katholischer Geistlicher mit Namen Johann Evangelist Landstorfer zusammengestellt und gedruckt hat. Den Mühlhiasl selbst, der angeblich 1753 im heutigen Landkreis Straubing geboren wurde und als Klostermüller in Apoig lebte, hat es nie gegeben. Er ist eine Erfindung der Volksfantasie ohne historischen Hintergrund.

Landstorfer fasste – wie Wilhelm Schrattenholz beim „Spielbähn" – mündlich kursierende Prophezeiungen aus unterschiedlichen Quellen zusammen und schrieb sie einer Figur zu – dem Mühlhiasl eben. Und wie beim „Spielbähn" geht es auch beim Mühlhiasl nicht um konkrete kommende Dinge mit exakten Erfüllungsterminen, sondern lediglich um menschliche Elementar-Erfahrungen mit hohem Wahrscheinlichkeitsgrad. Dem großen „Weltabräumen" sollten laut Mühlhiasl eine Reihe von Veränderungen vorausgehen, zum Beispiel:

- „Wenn sich d'Bauersleut g'wanden wie die Städtischen, und die Städtischen wie d'Narren und d'Affen."
- „Die Hoffart wird die Menschen befallen. Sie werden Kleider in allen Farben tragen, und die Weibersleut werden daherkommen wie d' Gäns und Spuren hinterlassen wie d' Geißen. Männlein und Weiblein wird man nicht mehr auseinander kennen. Die Bauern werden mit gewichsten Stiefeln in der Miststatt stehen."
- „Der Glauben wird so klein werden, dass man ihn unter den Hut hineinbringt. Den Herrgott werden sie von der Wand reißen und im Kasten einsperren."
- „Dann schaut den Wald an. Er wird viele Löcher haben wie eines Bettelmannes Rock."

Prophetie? Nein, sondern Ängste von an der Tradition orientierten Zeitgenossen. Man findet sie in nahezu identischen Formulierungen auch in den offiziellen „Physikatsberichten" aus jener Zeit, in denen beamtete Landgerichtsärzte regelmäßig über Lebensgewohnheiten, Arbeit, Brauchtum, Wohnung, Nahrung, Kleidung und Festlichkeiten in ihrem Bezirk reportierten – und darin ebenfalls klagten über „den Verderben bringenden Hang zu Luxus, Genusssucht, Modesucht und äußerem Glanz" oder über die „unverhältnismäßig gestiegenen Holzpreise". Anscheinend teilten die königlich-bayerischen Landgerichte des 19. Jahrhunderts die prophetische Gabe mit dem Mühlhiasl. Oder saßen die Richter und Ärzte nur an denselben Stammtischen wie die Bauern und Bürger?

Rankte Nostradamus im 16. Jahrhundert seine Prophezeiungen noch um natürliche Vorzeichen wie Sonnen- und Mondfinsternisse oder andere Himmelserscheinungen, verknüpften „Spielbähn", Mühlhiasl und sonstige Spökenkieker den Weltuntergang mit dem sittlichen Verfall, dem Niedergang des Althergebrachten und mit dem beängstigenden technischen Fortschritt, der das Leben der Menschen radikal veränderte.

Und weil auch manche Heimatforscher (wie etwa Schrattenholz oder Landstorfer, aktuell wäre der bayerische Schriftsteller Wolfgang J. Bekh zu nennen) von solchen kollektiven Befürchtungen und Ahnungen umgetrieben werden, versuchen sie, Wandersagen aus der Vorratstruhe antiker Prophetie durch angebliche geschichtliche Persönlichkeiten zu legitimieren – nicht selten erst weit im Nachhinein.

Nehmen wir als Beispiel die berühmten Weltkriegs-Vorhersagen des Mühlhiasl: „An dem Tag, an dem zum ersten Mal der eiserne Wolf auf dem eisernen Weg durch den Vorwald bellt, an dem Tag wird der große Krieg angehen", soll der Mühlhiasl gesagt haben. Und tatsächlich: Im

Jahre 1914, also zu Beginn des Ersten Weltkriegs, wurde in der Nähe von Mühlhiasls Heimatort die Bahnstrecke von Deggendorf nach Kalteneck eröffnet.

Allerdings: In Johann Evangelist Landstorfers Erst-Veröffentlichung der Mühlhiasl-Schriften existierte diese Weissagung noch gar nicht. Sie ist erst später mündlich hinzugewachsen, als die Bahneröffnung und der Erste Weltkrieg längst Vergangenheit waren. Erstmals tauchte sie 1948 als Mühlhiasl-Ausspruch in der Zeitung *Niederbayerische Nachrichten* auf. Ebenso steht die Sache mit dem Zweiten Weltkrieg: „Wenn's in Straubing über die Donau die große Brücke bauen, so wird's fertig, aber nimmer ganz, dann geht's los", kolportieren die Mühlhiasl-Fans. 1939, beim Ausbruch des Zweiten Weltkriegs, war die neue Donau-Überquerung tatsächlich bis auf die Betondecke vollendet. Scheinbar sehr eindrucksvoll – aber auch dieses Orakel findet sich erst ab 1950 in dem einschlägigen Schrifttum.

Der Brunnenbauer Alois Irlmaier aus der bayerischen Grenzstadt Freilassing ist im Unterschied zum Mühlhiasl eine Gestalt der Lokalgeschichte. Er erregte um 1950 mit seinen endzeitlich geprägten Beschreibungen eines dritten Weltkrieges viel Aufsehen. Doch seine Visionen waren offensichtlich von der Diskussion um die Atomwaffen in den vierziger und fünfziger Jahren des 20. Jahrhunderts beeinflusst:

„Da seh' ich aber oan daherfliegen von Osten, der schmeißt was in das große Wasser, na g'schieht was Merkwürdiges. Da hebt sich das Wasser wie ein einziges Stück turmhoch und fallt wieder runter, dann wird alles überschwemmt. Es gibt ein Erdbeben, und die groß Insel wird zur Hälfte untergehen…

Drei große Städte werden untergehen: eine wird im Wasser zugrunde gehen, die zweite steht kirchturmtief im Meer, und die dritte fällt zusammen… Ein Teil Englands verschwindet, wenn das Ding ins Meer fällt, das der Flieger hineinschmeißt. Dann hebt sich das Wasser wie ein festes Stück und fällt wieder zurück. Was das ist, weiß ich nicht…

Die Länder am Meer sind vom Wasser schwer gefährdet, das Meer ist sehr unruhig, haushoch gehen die Wellen; schäumen tut es, als ob es unterirdisch kochte. Inseln verschwinden, und das Klima ändert sich... Was das ist, weiß ich nicht. Wann es kommt, weiß ich nicht …

Nach der Katastrophe werden mehr Menschen tot sein als in den zwei Weltkriegen zusammen."

Dass es sich auch bei Irlmaiers Vorhersagen um uralte Schreckensbilder in neuem Rahmen handelt, kann man exemplarisch an diesen Sätzen ablesen:

„Während des Krieges kommt die große Finsternis, die 72 Stunden dauert... Mach die Fenster nicht auf, macht während der 72 Stunden kein Fenster auf, häng sie mit schwarzem Papier zu, lass die geweihte Kerze oder den Wachsstock brennen."

Die „dreitägige Finsternis" ist indes ein prophetischer Dauerbrenner, der schon in den Sibyllen-Sprüchen des alten Griechenlands nachzulesen ist.

➡ Ist es nicht ein Beweis für die Echtheit, dass die Prophezeiungen vieler Seher sich bis ins Detail gleichen?

Im Gegenteil – diese Tatsache belegt, dass prophetische Texte Teil einer gemeinsamen Tradition und Überlieferung sind. Nehmen wir als Beispiel noch einmal das Jahr 1999: Für sein Sammelwerk *Prophezeiungen zur Zukunft Europas* analysierte der Autor Stephan Berndt mehr als 250 prophetische Textquellen, die angeblich allesamt „eindeutig" auf das „Ende" kurz vor der Jahrtausendwende hinwiesen.

Woran Berndt und andere Mystifaxe regelmäßig scheitern, ist die Tatsache, dass es eigentlich nur eine „Große Weissagung" gibt, die durch die Zeiten hindurch nur leicht variiert wird und diesem Grundmuster folgt:

- Bestrafung der entarteten Menschheit durch schreckliche Katastrophen,
- kriegerischer Ansturm aus dem Osten und Entscheidungsschlacht, bei der eine Großstadt (häufig wird Köln genannt) völlig zerstört wird,
- Rettung durch einen Monarchen, der vom fliehenden Papst gekrönt wird
- und schließlich ein neues, „goldenes" Zeitalter.

Gegenwärtige Fragmente der „Großen Weissagung" gehen zum Beispiel davon aus, dass

- der dritte Weltkrieg im Spätsommer oder Herbst beginnt, und zwar plötzlich, aus heiterem Himmel.
- Unter den Ereignissen, die dem dritten großen Krieg beziehungsweise der Apokalypse vorausgehen, ist ein neuer Balkankrieg.

Beides ist nicht schwer nicht zu erklären: Erster Weltkrieg (August) und Zweiter (September) haben jeweils im Spätsommer / Herbst begonnen. Da liegt der Analogieschluss nahe, dass es das nächste Mal wieder so kommen werde. Der Balkan wiederum gilt seit Jahrhunderten als Krisenregion in Europa. Erst kürzlich haben wir alle den Zerfall Jugoslawiens und die regionalen Kriege dort miterlebt.

Dass ein Unglück in prophetischen Texten in aller Regel „von Sonnenaufgang her", also von Osten kommen soll, hat wohl seinen Grund darin, dass die militärische Bedrohung Europas stets überwiegend aus dem Osten kam: Hunnen, Awaren, Mongolen, Osmanen...

Prophezeiungen sind also in etwa vergleichbar mit einem Fantasie-Aufsatz zum Thema „Der letzte Tag auf der Erde", den ein Deutschlehrer seine Schüler zuhause schreiben lässt. Ungläubig stellt der Lehrer beim Korrigieren fest, dass die 20 oder 30 verschiedenen Aufsätze einander sehr ähnlich sind – und schließt aus den fast wortgleichen Übereinstimmungen auf eine geheimnisvolle, unerklärliche Verbindung zwischen den beschriebenen Bildern, Motiven, Facetten und Topoi.

Was der Mann nicht weiß: Erst vor kurzem hat der Religionslehrer der Klasse die „Offenbarung des Johannes" besprochen. Kein Wunder also, dass in den Aufsätzen seiner Schüler immer wieder die Zahlen 3, 7, 666 oder 144.000 auftauchen. Zweitens hat der Deutschlehrer keine Ahnung, dass wenige Tage zuvor der Katastrophenfilm *Deep Impact* im Fernsehen lief, der den Einschlag eines riesigen Asteroiden in Nordamerika in Szene setzt. Drittens ist dem Lehrer in seiner Naivität entgangen, dass Schüler die Hausaufgaben gerne zusammen machen, was man unprosaisch auch „Abschreiben" nennen könnte.

Weiterführende Literatur:

Frank Ochmann: Der Schwarzseher. In: Stern 50/2003

Elmar R. Gruber: Nostradamus. Scherz-Verlag, Bern 2003

Bernd Harder / Hansjörg Hemminger: Seher, Schwärmer, Bibeldeuter. Gütersloher Verlagshaus, Gütersloh 2001

Bernd Harder: Nostradamus – Ein Mythos wird entschlüsselt. Alibri-Verlag, Aschaffenburg 1999

Stephan Bachter: Nostradamus und der Mühlhiasl – Transformation und Wiederkehr von Prophezeiungen. In: Augsburger Volkskundliche Nachrichten 10/1999

Reinhard Haller: Matthäus Lang, genannt Mühlhiasl. Morsak-Verlag, Grafenau 1993

2. Wahrsager: Hellseherde Dunkelmänner

➡ Wie funktioniert „wahrsagen"?

Wahrsagen, Hellsehen, Kartenlegen, Handlesen – alles kein Problem. Wieso nicht, weiß zum Beispiel der Vorsitzende der amerikanischen *Skeptics Society*, Michael Shermer. Der Psychologe und Wissenschaftshistoriker sollte im Januar 2003 in der ersten Folge einer neuen Wissenschaftsserie des Senders PBS auftreten. Thema waren verschiedene „mediale" Orakeltechniken bis hin zur Kontaktaufnahme mit Toten. Shermer reizte die Aussicht, einmal auszuprobieren, ob eine unerfahrene Person mit wenig Vorwissen glaubhaft als „Wahrsager" auftreten und Klienten zu deren Zufriedenheit beraten kann. Also sagte er zu. Was in der Sendung schließlich passierte, schilderte Shermer in einem Artikel für das *Skeptic Magazine*, den wir hier auszugsweise wiedergeben:

„Obwohl der Tag der TV-Aufnahmen einige Wochen im Voraus angesetzt war, bereitete ich mich absolut nicht darauf vor. Das machte mich etwas nervös, denn Wahrsagen ist eine Form des improvisierenden Schauspielens, das sowohl Talent als auch Erfahrung braucht. Und ich machte mir die Sache sogar noch schwerer, denn ich überzeugte den Moderator Bill Nye davon, dass wir eine ganze Reihe verschiedener Techniken verwenden sollten, unter anderem Tarotkarten, Handlesen, Astrologie und Hellseherei, weil all diese verschiedenen Methoden eigentlich nur „Requisiten" sind, um ein Psychodrama namens 'cold reading' (engl.: 'Kaltes Lesen') zu inszenieren, bei dem man eine Person 'kalt' (also ohne sie vorher zu kennen) wie ein offenes Buch 'liest'. Ich bin jetzt noch mehr als zuvor davon überzeugt, dass Mogeln oder Betrügen (etwa indem man vorher Informationen über die Klienten einholt) kein notwendiger Bestandteil des erfolgreichen Wahrsagens ist.

Ich habe in der Sendung fünf verschiedenen Personen wahr gesagt, alles Frauen, die das Fernsehteam gewählt hatte und über die ich nichts weiter erfuhr als ihr Geburtsdatum (um ein astrologisches Horoskop erstellen zu können). Ich hatte mit keiner der Versuchspersonen Kontakt, bis sie für die Aufzeichnung vor mir saßen. Wir sprachen nicht miteinander, bevor die Kameras liefen. Alles fand im Aufnahmestudio von KCTS statt, dem örtlichen Partner von PBS in Seattle…

Die Hauptquelle für meine Wahrsagekünste war Ian Rowlands einsichtsvolles und umfassendes Buch *The Full Facts Book of Cold Reading*. Rowland betont darin, wie wichtig es ist, vor der eigentlichen Sitzung eine einnehmende Atmosphäre zu schaffen, damit der Klient dem 'cold reading' gegenüber aufgeschlossen wird. Er schlägt vor (und genauso bin ich vorgegangen), eine sanfte Stimme, einen ruhigen Umgang und eine sympathische, nicht-konfrontative Körpersprache anzunehmen: freundlich zu lächeln, ständig den Augenkontakt zu halten, den Kopf beim Zuhören etwas zur Seite zu neigen und dem Klienten mit geschlossenen (aber nicht überkreuzten) Beinen und offenen Armen gegenüber zu sitzen.

Gute Karten haben Wahrsager, wenn sie ihre Klienten durch eine entsprechende Atmosphäre auf das „Unglaubliche" einstimmen. Diese Erfahrung machte auch der US-Skeptiker Michael Shermer, als er in einer TV-Show als „Medium" auftrat.

Da ich die Wahrsagerei nicht als Beruf ausübe, fehlte mir ein Repertoire an Dialogen, Fragen und Kommentaren, auf die ich zurückgreifen konnte. Also gliederte ich die Wahrsagesitzung anhand der folgenden, leicht zu merkenden Themen, die sich an den Hauptfragen orientiert, die für gewöhnlich Leute zum Wahrsager führt: Liebe, Gesundheit, Geld, Beruf, Reisen, Ausbildung und persönliche Ziele. Außerdem fügte ich Aussagen zur Persönlichkeit hinzu, denn die meisten Leute wollen etwas über sich selbst erfahren… Im Wesentlichen begann ich jede Sitzung mit diesen allgemeinen Bemerkungen:

'Sie sind eine sehr rücksichtsvolle Person und gehen gerne auf die Bedürfnisse anderer ein, aber es gibt Zeiten, wo Sie – wenn Sie ehrlich sind – eine egoistische Ader in sich erkennen. Ich würde sagen, insgesamt können Sie ein ziemlich ruhiger und selbstgenügsamer Typ sein, aber unter den richtigen Umständen können Sie eine Party auch ganz schön in Schwung halten, wenn Sie in Stimmung sind.

Manchmal sind Sie zu offenherzig und geben zu viel von sich preis. Sie durchdenken alles konsequent und möchten gute Gründe haben, bevor Sie Ihre Meinung ändern. Wenn Sie sich in einer ungewohnten Situation befinden, sind Sie sehr vorsichtig, bis Sie genau verstehen, was los ist, und dann handeln Sie mit Zuversicht.

Ich spüre auch, dass Sie jemand sind, auf die man sich im Allgemeinen verlassen kann. Keine Heilige, nicht perfekt, aber – sagen wir mal – wenn es darauf ankommt, dann verstehen Sie, wie wichtig es ist, zuverlässig zu sein. Sie wissen, wie man anderen ein guter Freund ist.

Sie sind so diszipliniert, dass sie Ihren Mitmenschen stets kontrolliert erscheinen, aber in Wirklichkeit fühlen Sie sich manchmal unsicher. Sie wünschten, Sie könnten ein bisschen ungezwungener im Umgang mit anderen Personen werden, als Sie es jetzt sind. Sie haben Herzensbildung und Lebenserfahrung, die nicht aus Büchern stammt, sondern authentisch ist.'

Jede einzelne meiner fünf Versuchspersonen nickte ganz heftige Zustimmung und erklärte, dass diese Aussage ihre Persönlichkeit perfekt zusammenfasse… Nach den generellen Aussagen und der Persönlichkeitsbeurteilung habe ich mich gleich auf die spezifischen Kommentare gestürzt. Rowland erstellt in seinem Buch eine Listen von Vermutungen, die mit hoher Wahrscheinlichkeit zutreffen. Einige betreffen zum Beispiel Gegenstände, die man in jedem Haushalt findet: Eine Schachtel mit alten Fotos, manche in Alben, manche nicht in Alben, alte Medikamente mit abgelaufenem Verfallsdatum, Spielsachen, Bücher, Erinnerungsstücke aus der Kindheit, Schmuck von einem verstorbenen Familienmitglied, ein Kartenspiel, bei dem möglicherweise Karten fehlen, elektronisches Gerät, das nicht mehr funktioniert, ein Notizblock, bei dem der zugehörige Stift fehlt, eine veraltete Notiz am Kühlschrank oder neben dem Telefon, Bücher über ein Hobby, das man längst aufgegeben hat, ein abgelaufener Kalender, eine Schublade, die verkeilt ist oder sich nicht reibungslos öffnen lässt, Schlüssel, von denen man nicht mehr weiß, wozu sie gehören, eine Uhr, die nicht mehr geht.

Dazu nennt Rowland noch einige persönliche Merkmale, zu denen fast alle Menschen irgendeinen Bezug in ihrer Biographie herstellen können: eine Narbe am Knie, die Zahl 2 in der Adresse, ein Unfall in der Kindheit im Zusammenhang mit Wasser, Kleidung, die nie getragen wurde, ein Foto einer nahe stehenden Person in der Brieftasche, lange Haare in der

Kindheit, später dann eine kürzere Frisur, ein einzelner Ohrring ohne das passende Gegenstück…

Ein eigenes Zitat fügte ich bei allen fünf Klientinnen mit großem Erfolg hinzu: 'Ich sehe ein weißes Auto.' Alle meine Versuchspersonen konnten mühelos eine Verbindung zu einem weißen Auto herstellen. Schließlich erinnert Rowland seine Pseudo-Wahrsager stets daran, dass – wenn die Umgebung stimmt – die meisten Leute bereitwillig Informationen über sich preisgeben, besonders wenn man die richtigen Fragen stellt. Hier sind einige, mit denen Sie ganz sicher ins Schwarze treffen:

- Sagen Sie, sind Sie gerade in einer langfristigen Beziehung oder nicht?
- Sind Sie mit Ihrer Karriere zufrieden, oder gibt es damit Probleme?
- Worüber machen Sie sich gesundheitlich Sorgen?
- Wer ist die verstorbene Person, mit der Sie heute Kontakt aufnehmen möchten?

Während ich diese Liste durchging, achtete ich darauf, Bemerkungen einzufügen, die man „Nebenbei-Fragen" nennen könnte:

- Warum könnte das so sein?
- Ergibt das für Sie einen Sinn?
- Erscheint Ihnen das richtig?
- Würden Sie sagen, dass das ungefähr in die richtige Richtung geht?
- Das ist für Sie bedeutsam, nicht wahr?
- Sie können sich damit identifizieren, oder nicht?
- Auf wen könnte diese Aussage passen?
- Womit in Ihrem Leben könnte das in Zusammenhang stehen?
- Auf welchen Lebensabschnitt könnte sich das beziehen?
- Sagen Sie, inwiefern hat das für Sie eine Bedeutung?
- Verstehen Sie, wie es dazu kommen könnte, dass ich diesen Eindruck gewinne?

Mit diesem Repertoire, das ich mir an einem einzigen Tag zusammengestellt hatte, war ich nun bereit…

Meine erste Versuchsperson war eine 21-jährige Frau, für die ich Tarotkarten legen sollte… Da dies meine erste Sitzung war, war ich ein wenig nervös und blieb bei den Standard-Aussagen. Ich arbeitete mich recht erfolgreich durch die verschiedenen Persönlichkeitsaspekte (wobei ich korrekt erriet, dass sie weder eine Erstgeborene noch eine Letztgeborene war), aber ich traute mich noch nicht an konkrete Vermutungen heran. Da die junge Frau studierte, nahm ich an, dass sie sich aktuell noch möglichst viele Perspektiven für ihr weiteres Leben offen hielt; also bot ich ihr allerlei Trivialitäten, die auf fast jede Person dieses Alters zutreffen: Sie sei unsicher über die Zukunft, aber begeistert von all den sich bietenden Möglichkeiten, sie sei sich ihrer Talente sicher, doch in manchem noch unsicher, in ihrer nahen Zukunft spielten Reisen eine Rolle, sie halte ein gesundes Gleichgewicht zwischen Kopf und Herz, Intellekt und Intuition und so weiter, und so fort. Tarotkarten sind großartig, weil sie dem Wahrsager ein Hilfsmittel geben, auf das man Bezug nehmen kann und zu dem der Klient Fragen stellen kann...

Meine zweite Sitzung hatte ich mit einer 19-jährigen Studentin. Bei dieser Sitzung verwendete ich ein paar der wahrscheinlichen Vermutungen, angefangen mit dem weißen Auto. Es stellte sich heraus, dass die 99-jährige Großmutter ein weißes Auto hatte, woraufhin ich eine spezielle Beziehung zu ihrer Großmutter kommentieren konnte, was genau passte. Dann versuchte ich es mit dem abgelaufenen Kalender, der aber keine zustimmende Reaktion bei der jungen Frau hervorrief, sodass ich mich auf eine allgemeinere Aussage zurückzog: ‘Na ja, was ich hier fühle, ist ein Übergang von einem Abschnitt in Ihrem Leben zu einem anderen’ – worauf die Studentin zustimmend erklärte, dass sie darüber nachdenke, ihr Hauptfach zu wechseln. Die Einschätzung meiner ‘medialen’ Fähigkeiten durch die zweite Versuchsperson fiel ein wenig besser aus als die der ersten (und diesen Eindruck hatte ich auch selbst), aber beide Testpersonen hatten nicht gerade überwältigt reagiert. Ich lief mich also erst für den großen Schlag warm...

Meine dritte Versuchsperson, ebenfalls Studentin und 20 Jahre alt, war die härteste Nuss des Tages. Auf meine ‘Nebenbei-Fragen’, mit denen ich ihr Informationen entlocken wollte, antwortete sie nur einsilbig, und es schien in ihrem Leben nicht viel los zu sein, das ‘medialen’ Rat erforderte. Ich benutzte ein Horoskop aus dem Internet, das für jemanden namens John mit dem Geburtsdatum 9. Mai 1961 erstellt worden war. Die Studentin war am 3. September 1982 geboren. Ich habe keine Ahnung, was das Horoskop bedeutet. Da es aber eigentlich natürlich gar nichts bedeutet, begann ich damit, dass ‘die Sterne beeinflussen, aber nicht zwingen’, und dann erfand ich einfach irgendwas darüber, dass die Konjunktion des Mondes im dritten Haus und einer untergehenden Sonne im fünften Haus zeige, dass sie eine große Zukunft vor sich habe und ihre Persönlichkeit ein gesundes Gleichgewicht zwischen Herz und Kopf, Geist und Seele, Intellekt und Intuition sei. Sie nickte zustimmend.

Dann äußerte ich eine Anzahl von wahrscheinlichen Vermutungen und lag bei der Hälfte richtig (auch bei der Aussage über lange Haare in der Kindheit). Am Ende der Sitzung fragte ich sie, ob sie selbst eine Frage habe. Sie sagte, sie habe sich für ein Stipendium für einen Studienaustausch nach England beworben und wolle nun wissen, ob sie es bekommen würde. Ich antwortete, dass es nicht darauf ankäme, ob sie es bekomme oder nicht, sondern dass ich zuversichtlich sei, dass sie mit ihrer ausgeglichenen Persönlichkeit mit jedem Ergebnis zurecht käme. Das schien gut anzukommen. Im Interview nach der Sitzung war sie viel positiver gestimmt, als ich angesichts der steifen Sitzung erwartet hatte…

Meine vierte Versuchsperson war eine berufstätige 58-jährige Frau, für die ich ohne Hilfsmittel wahrsagen sollte. Ich begann mit allgemeinen Formulierungen, aber kam nicht weit, weil schnell klar wurde, dass sie mehr als bereitwillig über ihre Probleme sprechen wollte. Sie wollte den allgemeinen Unsinn gar nicht hören, sondern sofort auf die konkreten Themen kommen, die ihr an diesem Tag durch den Kopf gingen. Die Frau war übergewichtig und sah nicht besonders gesund aus, aber ich wollte ihr Gewicht nicht direkt ansprechen – also sagte ich, dass ich etwas von Sorgen über die Gesundheit fühlte, und ich wagte die Vermutung, dass sie (es war Anfang Januar) sich zum neuen Jahr vorgenommen hatte, abzunehmen und mehr Sport zu treiben. Volltreffer!

Die Frau öffnete sich mir und erzählte von ihrer Bandscheibenoperation und anderen Beschwerden. Ich versuchte ein paar der wahrscheinlichen Vermutungen, die ganz gut trafen, vor allem die Schachtel mit alten Fotos, die kaputten Geräte im Haus sowie der Satz über langes/kurzes Haar. Alles Treffer, vor allem über die Frisur, die sie – wie die Frau mir erklärte – ständig verändere. Ich sagte, dass ich etwas von einer Narbe am Knie fühlte, und das ließ ihr den Kiefer herunterfallen. Seit ihrer Kindheit, sagte sie, sei sie nicht mehr hingefallen, aber gerade vor einer Woche habe sie sich bei einem Sturz ziemlich übel die Knie aufgeschlagen…

Obwohl ich dem Gespräch entnehmen konnte, dass die Frau vor kurzem ihre Mutter verloren hatte, und meine allgemeinen Kommentare darüber, wie nahe ihre Mutter in ihrer Erinnerung bei ihr bleiben werde, sie in Tränen ausbrachen ließen, war sie doch hauptsächlich gekommen, um etwas über ihren Sohn zu erfahren. Was würde er tun? Eine Minute von Fragen und Antworten ergab, dass er kurz vor dem Schulabschluss stand, also nahm ich an, dass seine Mutter sich Sorgen machte, ob er studieren werde. Voll getroffen! Was genau beunruhigte sie? Er wollte an der Universität von Südkalifornien studieren, also vermutete ich – noch bevor sie es aussprechen konnte –, dass es wegen der Lage dieser Universität sei, denn die Innenstadt von Los Angeles ist nicht gerade die sicherste Gegend…

Im anschließenden Interview lobte diese vierte Versuchsperson meine psychische Intuition über alle Maßen. Der Moderator und die Produzenten waren überrascht und begeistert, was für eine spannende Sendung das Ganze geben würde."

Fazit: „Cold Reading" macht eine Wahrsagesitzung enorm überzeugend. Aber ist das eine sinnvolle Lebensberatung? Keine Frage: Natürlich gibt es auch schlechte Ärzte, Psychologen, Therapeuten. Aber diese sollten zumindest in der Lage sein, die Grenzen ihrer Tätigkeit zu erkennen – während die durch nichts qualifizierten „Medien" Ratsuchende mitunter in schwerste Krisen stürzen, die sie weder erkennen noch gar auffangen oder bearbeiten können. Psychotherapeutisch nicht ausgebildete „Wahrsager", „Hellseher", „Astrologen" oder „Heiler" können Probleme aufrühren und Ängste auslösen, ohne die Verletzlichkeit ihrer Kunden richtig einschätzen und die entsprechende Hilfestellung geben zu können. So etwas nennt man „Psychodilettantismus".

➡ Kann man einen Wahrsager, der sich irrt, verklagen?

Jedem Anfang wohnt ein Zauber inne, heißt es. Das mag ganz besonders für eine neue Beziehung gelten. Was aber, wenn die Magie verfliegt? In populären Mystery-Serien ist das ganz einfach: „Ich suche dich, ich suche dich", murmeln da zum Beispiel die „Zauberhaften Hexen" (Pro Sieben) vor sich hin: „Komm zu mir und liebe mich! Du sollst es sein, werde jetzt mein!" Schon entflammt der Angebetete in Leidenschaft.

Und im richtigen Leben? Zahlte eine Frau aus Augsburg einer Wahrsagerin 1.280 Euro, die in Zeitungsannoncen mit „Kartenlesen, Partnerschaftszusammenführungen" warb. Für diese Summe bekam die Kundin von der Wahrsagerin ein „Geheimkonzept" überlassen – das aus einer Anleitung zur Herstellung eines Talismans und dessen korrekter Beschwörung bestand. Doch etwas an dem Zauber war wohl faul. Die Beziehungsprobleme blieben, und die Frau zog vor Gericht.

Mit Erfolg: Schon in erster Instanz verurteilte das Amtsgericht Augsburg die Kartenlegerin zur Rückzahlung des Honorars. Begründung: „Die Anleitung zum Bau eines Talismans mit den Ritualen zu dessen Beschwörung ist nach dem maßgeblichen Stand der Wissenschaft und Technik völlig ungeeignet, auch nur im Ansatz zur Lösung der Eheprobleme der Klientin beizutragen." Gleiches gelte für das Kartenlesen und die Beratungsgespräche auf „dieser insgesamt irrationalen Basis".

Die Wahrsagerin wollte sich mit dieser Niederlage allerdings nicht abfinden und ging in Berufung. Die 1.280 Euro habe sie nicht für den Talisman verlangt, sondern dafür, dass sie der Frau über drei Monate hinweg die Karten gelegt und sie persönlich beraten habe. Ihr Lebensgefährte als Zeuge bestätigte diese Aussage: Das Honorar sei weder für „weiße Magie" noch konkret für die „Geheimanweisung" geflossen.

Überzeugen ließ sich die 4. Zivilkammer des Landgerichts Augsburg bei dem Prozess im Juli 2003 indes nicht. Vor allem, weil der Zeuge zugeben musste, dass er bei den „Beratungsgesprächen" nicht mit anwesend war. Die Richter bestätigten deshalb das Urteil aus erster Instanz. Die Entscheidung ist rechtskräftig, eine Revision wurde nicht zugelassen.[1]

Drei Monate zuvor hatte das Frankfurter Amtsgericht eine 45 Jahre alte „Hexe" wegen Betruges mit „schwarzer Magie" zu zwei Jahren Haft auf Bewährung verurteilt. Die kaufmännische Angestellte hatte vier Frauen weisgemacht, sie könne deren Beziehungsprobleme mit magischen Kräften in den Griff bekommen – und dafür insgesamt 63.500 Euro kassiert. Der Vorsitzende Richter bezeichnete die Taten der „Hexe" als „dreistes Ding", die Versprechungen seien „der reinste Hokuspokus" gewesen.[2]

Ob „Partnerzusammenführung", „Zukunftsdeutung", „Schutzmagie", „Geschäftsmagie" oder „Glück", „Reichtum und Wohlstand": Wühlt man sich durch den Kleinanzeigenteil von Zeitungen und Illustrierten, scheinen wir alle Wünsche frei zu haben. Allerdings nicht honorarfrei, versteht sich. Sogar die (mittlerweile zum Wellness-Blatt gewendete) Szene-Zeitschrift *Esotera* sah sich daher zu einer Warnung vor den „hellsehenden Dunkelmännern" genötigt: „Nimmt man das Angebot ernst, wird man garantiert geschröpft."[3]

Auch an das Zentrum für Wissenschaft und kritisches Denken der Skeptiker-Organisation *Gesellschaft zur wissenschaftlichen Untersuchung von Parawissenschaften* (GWUP) werden hin und wieder Anfragen nach „empfehlenswerten" oder „seriösen" Hellsehern und Magiern gerichtet. Dass es diese gar nicht gibt, ist nicht zuletzt in zahlreichen Gerichtsurteilen nachzulesen.

So führte das Landgericht Kassel (1 S 491/84) bei einem Prozess über „Partnerzusammenführung durch Magie" aus: „Die … Leistung war jedoch von Anfang an objektiv unmöglich, weil niemand den Freund der Klägerin ohne Kontaktaufnahme – allein durch eine mentale Beeinflussung über eine große Entfernung hinweg – zur Klägerin zurückführen kann… Da die von der Beklagten behaupteten magischen Kräfte nicht existieren, mithin die Beklagte den Freund der Klägerin nicht durch magische Kräfte zu einer Rückkehr veranlassen konnte, ist die von der Beklagten geschuldete Leistung objektiv unmöglich… Die von der Beklagten behaupteten magischen Kräfte sind nicht beweisbar; sie gehören lediglich dem Glauben oder Aberglauben, der Vorstellung oder dem Wahne an…

Selbst wenn man unterstellt, die Unmöglichkeit der von der Beklagten geschuldeten Leistung sei nicht offenkundig, so tritt zumindest eine Umkehr der Beweislast ein: Wer sich auf parapsychologische Tatsachen beruft, deren Existenz jeglicher Lebenserfahrung widerspricht und deren Existenz auch durch naturwissenschaftliche Forschungen bislang nicht nachgewiesen werden konnte, den trifft die Beweislast für diese Tatsachen. Es ist nicht Aufgabe eines Skeptikers, jede absurde Behauptung zu widerlegen…“

Nach Paragraph 306 BGB ist ein „auf unmögliche Leistung gerichteter Vertrag ungültig“. Heißt: Ob Wunderheilung, Astrologie oder Magie jeglicher Art: Wenn es nicht den geringsten Nachweis dafür gibt, dass die Erbringung einer Leistung überhaupt möglich ist, dann ist der Vertrag nichtig. Vor dem Amtsgericht Nürnberg verklagte 1999 ein Mann eine „Magierin“, die in einem Inserat „magische Hilfe aus der 4., 5. und 6. Dimension“ versprochen hatte: „Engelgleiche Wesen helfen auch Ihnen!“ Da der „auf diese Weise zustande gekommene Vertrag auf eine objektiv unmögliche Leistung gerichtet“ war, verurteilten die Richter die „Magierin“ zur Rückzahlung von damals 600 Mark Honorar. Denn: „Nach dem derzeitigen Stand der Wissenschaft existieren weder engelgleiche Geistwesen, die bei der Lösung von Problemen helfen, noch ist magische Hilfe aus der 4., 5. und 6. Dimension zu erwarten. Ein Vertrag, in dem sich eine Partei zum Einsatz magischer Kräfte oder Vermittlung magischer Kräfte verpflichtet, ist wegen offenkundiger Unmöglichkeit der Leistung nichtig.“ (18 C 3560/99)

Allerdings: Wenn der Klient das vorher weiß und trotzdem – in Kenntnis aller Umstände – bezahlt, kann er das Geld nicht zurückfordern. Denn Paragraph 814 BGB hält fest: „Das zum Zwecke der Erfüllung einer Verbindlichkeit Geleistete kann nicht zurückgefordert werden, wenn der Leistende gewusst hat, dass er zur Leistung nicht verpflichtet war…“ Im skizzierten Fall in Nürnberg hatte der Mann Glück: „Zwar kannte der Kläger alle Tatsachen und Umstände, aus denen sich das Fehlen einer rechtlichen Verpflichtung ergibt. Die insoweit darlegungs- und beweispflichtige Beklagte hat aber nichts dazu vorgetragen, dass der Kläger die Leistung freiwillig in Kenntnis der Nichtschuld erbracht hat.“

Nicht selten indes fällt es „bei derartigen Fällen schwer, eine Entscheidung zu fällen, ob eher ein Lachen oder Weinen angebracht ist“, heißt es auf der Internet-Seite www.rechte-online.de, wo als „wahrer Strafrechtsklassiker“ der so genannte Sirius-Fall vorgestellt wird:

„Die als ‘unselbstständig und komplexbeladen’ (BGH) beschriebene 23-jährige F. lernte den Mann M. in einer Diskothek kennen, dem sie sehr schnell ihr Vertrauen schenkte und blindlings glaubte. So glaubte sie ihm auch seine Erzählungen, dass er vom Stern Sirius stamme und auf die Erde gesandt wurde, um einigen wertvollen Menschen – darunter auch F. – nach dem Zerfall ihres Körpers ein Weiterleben auf dem Stern Sirius zu ermöglichen. Dafür müsse sie aber einen Betrag von DM 30.000 an den ihm bekannten Mönch Uliko zahlen, der sich dann in totale Meditation versetzen würde und ihr dadurch das Durchleben mehrerer Bewusstseinsebenen ermögliche. Von der Richtigkeit dieser Angaben überzeugt, nahm F. einen Kredit in dieser Höhe auf und übergab das Geld dem M., der dieses alsbald ausgab.

Später machte M. der F. deutlich, dass sie auch auf dem Stern Sirius zum Leben Geld benötige und es am einfachsten sei, wenn sie eine Lebensversicherung abschließe und ihn als Bezugsberechtigten einsetze. Er würde ihr die Summe nach ihrem Tod dann auf Sirius wiedergeben. So geschah es, und F. war bereit zu sterben.

Doch M. setzte noch eins drauf: Er erzählte F., dass sie nach ihrem Tod am Genfer See aufwachen werde und dann ein Startkapital von DM 4.000 benötige. Bereitwillig übergab sie ihm auch dieses Geld in bar.

Nun suchten beide nach einer Möglichkeit, F. aus dem Leben scheiden zu lassen, um die Versicherungssumme zu erhalten. Es musste ja wie ein Unfall aussehen. Ein vorgetäuschter Autounfall blieb ohne die gewünschte Folge. Sodann versuchte F. mehrmals, sich mit Hilfe eines Föns in der Badewanne umzubringen. ‘Aus technischen Gründen’ (BGH) verspürte F. jedoch immer nur ein ‘Kribbeln’ am Körper, sodass auch dieser Versuch – trotz Anweisung von M. per Telefon – fehlschlug.

Da M. nun das Bestreben für aussichtslos hielt, nahm er nunmehr Abstand von weiteren Versuchen.

M. wurde verurteilt zu einer Freiheitsstrafe von sieben Jahren wegen versuchten Mordes, Betrugs, Körperverletzung, Verstoßes gegen das Heilpraktikergesetz in Tateinheit mit unbefugter Führung akademischer Grade."

Unglaublich? „Not lehrt nicht nur beten, sondern unter Umständen auch glauben an die Magie", heißt es im Materialdienst (12/2001) der *Evangelischen Zentralstelle für Weltanschauungsfragen* (EZW). Allerdings ist bis jetzt noch kein einziges Beispiel bekannt geworden, bei dem ein „Hellseher" oder „Magier" für Glück und Wohlstand gesorgt hätte – außer bei sich selbst. Und dies zu erreichen, schrecken manche Hellseher auch vor Angstmacherei nicht zurück und versenden Massenbriefe etwa des Betreffs: „Vorsicht Gefahr, lieber Herr/Frau XY! Eine unmittelbare Gefahr lauert!" Einige Zeilen später werden dann 25 Euro oder mehr vom Empfänger des Schreibens gefordert, für die der Hellseher sich erbötig macht, bei der Aufdeckung der nebulösen „Gefahr" mitzuwirken.

Rein juristisch erfüllt ein solcher Brief zwar noch nicht den Straftatbestand der Nötigung, da dieser Gewaltanwendung voraussetzt oder zumindest die Drohung mit einem konkreten Übel. Allerdings dient das Schreiben durchaus einer (in diesem Stadium noch straflosen) „Vorbereitungshandlung zum Betrug". Und hier greift das Zivilrecht, das heißt der genervte Empfänger könnte unter dem Gesichtspunkt einer Verletzung seines Persönlichkeitsrechts dem Hellseher untersagen, Schriftstücke zu versenden, die der Vorbereitung betrügerischer Handlungen dienen oder fälschlicherweise zu behaupten, dass ihm (dem Empfänger) Gefahren drohen.

In jedem Fall verstößt ein solcher Massenbrief gegen das Gesetz gegen den unlauteren Wettbewerb, nach dem „unzulässig handelt, wer Wettbewerbshandlungen vornimmt, die geeignet sind, die Entscheidungsfreiheit des Verbrauchers durch Ausübung von Druck oder sonstigen unangemessenen unsachlichen Einfluss zu beeinträchtigen". Dazu gehört ganz klar die Drohung mit einer gar nicht existierenden Gefahr – wenn auch die Grenze zur Nötigung dadurch noch nicht zu überschritten zu sein braucht. Zum vollendeten Betrug wird die oben geschilderte Vorgehensweise des Hellsehers übrigens dann, wenn der Empfänger die 25 Euro bezahlt, in der Annahme, der Hellseher könne tatsächlich die Zukunft vorhersagen. Denn es ist wohl davon auszugehen, dass der Hellseher seinerseits genau weiß, dass er eben dies nicht kann – denn sonst würde er kaum derartige Werbebriefe versenden, sondern jede Woche die Lotto-Millionen abräumen oder an der Börse reüssieren.

➥ Was hat es mit „Vorherwissen“ auf sich, von dem viele Menschen immer wieder glaubwürdig berichten?

Jemand träumt, dass jemand anderer stirbt – und der andere stirbt tatsächlich. Von diesem Phänomen berichtete beispielsweise der Psychologe Carl Gustav Jung (1875-1961): „Einer meiner Bekannten sieht und erlebt im Traum den plötzlichen und gewaltsamen Tod eines Freundes, mit charakteristischen Merkmalen. Der Träumer befindet sich in Europa und sein Freund in Amerika. Ein Telegramm am nächsten Morgen bestätigt den Todesfall, und ein Brief zehn Tage später die Einzelheiten.“

Solche Ereignisse seien derart unwahrscheinlich, schrieb Jung, dass der Zufall als Erklärung ausscheide und man nach anderen Ursachen suchen müsse. So soll etwa sein französischer Kollege Dr. Gustave de Bon Dariex errechnet haben, dass die Wahrscheinlichkeit einer „telepathischen“ Todeswahrnehmung nur eins zu vier Millionen betrage – woraus Jung folgerte, dass „die Erklärung eines derartigen Falles als Zufall mehr als vier Millionen Mal unwahrscheinlicher“ sei als die Annahme eines übersinnlichen Ereignisses.

Doch dieses Argument ist mathematisch falsch, auch wenn es vom Meisterschüler Sigmund Freuds stammt. Selbst wenn wir die Dariexsche Wahrscheinlichkeit gelten lassen, und uns auch an ihrer statistisch falschen Behandlung durch Jung nicht weiter stören – diese Zahl ist kein Beweis für „Telepathie“ beziehungsweise Gedankenübertragung. Im Gegenteil: Wenn wir die eins zu vier Millionen einmal so interpretieren, dass ein Todesfall unter vier Millionen von jemand anderem geträumt wird, so können wir bei 900.000 Todesfällen jedes Jahr in Deutschland alle vier bis fünf Jahre mit einer solchen Ahnung rechnen.

Vermutlich gibt es aber Todesträume viel häufiger. „Wenn wir einmal sehr vorsichtig schätzen, dass jeder Bundesbürger im Durchschnitt einmal im Leben vom Tod eines anderen, ihm bekannten Menschen träumt, kommen bei 80 Millionen Menschen in Deutschland pro Nacht mehr als 2000 Todesträume vor – ungefähr so viele, wie tatsächlich Menschen sterben. Wenn wir weiter unterstellen, die Opfer in den Todesträumen wären zufällig unter allen Bundesbürgern ausgewählt, so beträgt die Wahrscheinlichkeit rund acht Prozent, dass mindestens ein Todesfall eines bestimmten Tages in der Nacht zuvor von jemand anderem geträumt wird. Was pro Jahr an durchschnittlich 30 Tagen zu einer wahren Todesahnung führt.“[4]

Diese Todesahnung können also – anders als C. G. Jung meinte – sehr wohl ein Produkt des Zufalls sein und hätten dann nichts mit übersinnlichen Wahrnehmungen oder mit irgendeiner Vorsehung zu tun. Skeptiker weisen darauf hin, dass die meisten Menschen regelmäßig an ihre Familienmitglieder, Freunde und Bekannte denken. Deshalb ist es ganz normal, dass ein Unfall statistisch betrachtet sogar recht häufig zusammenfällt mit den Gedanken, die ein Angehöriger gerade an die betreffende Person hat.

Und sehr viel häufiger bewahrheitet sich das Gegenteil: Jemand träumt oder hat das unbestimmte Gefühl, dass seinen Lieben etwas zugestoßen ist – und nichts dergleichen passiert.

➥ Wieso ist der Untergang der Titanic schon Jahre vorher in einem Buch genau beschrieben worden?

Schon öfter haben wir von Menschen gehört, die wegen eines „unguten Gefühls“ nicht ins Flugzeug oder in die Eisenbahn gestiegen sind oder eine Schiffsreise storniert haben. In äußerst seltenen Fällen gab es dann tatsächlich ein Unglück – in aller Regel aber nicht. Die Furcht vor einem bestimmten Flug oder einer Reise kann schlicht bedeuten, dass der Betreffende sich an diesem Tag körperlich oder seelisch nicht fit fühlt. Oder er ist nervös, weil in naher Zukunft ein Ereignis ansteht, das ihm Sorgen bereitet.

Was nun den angeblich vorausgesagten Untergang der Titanic angeht, brauchen wir nicht einmal die Psychologie zu bemühen. 1898 malte der Schriftsteller Morgan Robertson in seinem Roman *Futility – The Wreck of the Titan* (in deutscher Übersetzung mit dem Titel *Titan – Eine Liebesgeschichte auf hoher See* erschienen) die Geschichte eines Luxusdampfers aus, der auf seiner vierten Fahrt über den Atlantik mit einem Eisberg zusammenstößt und sinkt. 14 Jahre später ereilte dieses Schicksal die Titanic bei ihrer Jungfernfahrt. Robertsons *Titan* hatte eine Verdrängung von 70.000 Tonnen, war 213 Meter lang und machte 24 bis 25 Knoten. Die echte Titanic hatte fast dieselben Daten, war 270 Meter lang und verdrängte 60.000 Tonnen. Beide Schiffe konnten etwa 3000 Menschen an Bord nehmen, während Rettungsboote nur für einen geringen Teil der Passagiere zur Verfügung standen. Auch das Schiff im Roman wurde im Vorfeld der Reise für unsinkbar gehalten.

Übersinnlich? Kaum, sondern eher gründliche Recherche. Schließlich unterstellt auch dem Schriftsteller Jules Verne niemand übersinnliche Fähigkeiten, obwohl er in seinen fantastischen Erzählungen schon um 1900 die Mondlandung und atomar betriebene U-Boote vorwegnahm. Allerdings sollen auch viele andere Menschen den Untergang der Titanic vorausgesehen haben, darunter der Journalist William Thomas Stead.

Richtig ist, dass der damals sehr bekannte Autor W.T. Stead in den achtziger Jahren des 19. Jahrhunderts die Geschichte *How The Mail Steamer Went Down in Mid-Atlantic* veröffentlichte. Darin stoßen zwei Schiffe im Atlantik zusammen. Viele Menschen kommen ums Leben, weil es zu wenige Rettungsboote gibt. Dass Stead sich jedoch keineswegs als Prophet sah, beweist die Tatsache, dass er selbst sich am 10. April 1912 als Passagier der Titanic in Southampton einschiffte – und bei der Katastrophe fünf Tage später den Tod fand. Außerdem: Die Titanic wurde nach einem revolutionären Konzept gebaut, sodass die Jungfernfahrt des angeblich unsinkbaren Dampfers ein Medienereignis ersten Ranges darstellte. Es ist also kaum überraschend, dass viele Menschen sich gedanklich damit beschäftigten und einige von ihnen das Schlimmste erwarteten. Als dies tatsächlich eintrat, sah es so aus, als hätten sie das Unglück auf mysteriöse Weise vorhergesehen.

„Eine Kenntnis um künftige Dinge im Sinne einer kognitiven Sicherheit des Wissens gibt es nicht", erklärt auch der Parapsychologe Dr. Elmar R. Gruber – obwohl er im Gegensatz zu den Skeptikern Präkognition (Vorausschau, Vorherwissen) zu den „am besten abgesicherten paranormalen Fähigkeiten" zählt. In der Praxis aber sind solche Fähigkeiten – selbst wenn es sie tatsächlich geben sollte – schlicht wertlos, denn: „Spontane präkognitive Eindrücke sind unklar und von den Erlebenden selten als solche zu erkennen. Allein die Beunruhigung, die manchmal mit ihnen einhergeht, hinterlässt den Eindruck, eine Vorahnung erlebt zu haben… Tatsächlich kann man nicht von Vorauswissen oder von Vorausschau sprechen. In der Phänomenologie der Präkognition spielen zwar bildhafte Eindrücke in Form von Visionen, Halluzinationen oder Träumen eine wichtige Rolle, die präkognitive Information ist darin aber meist in einen umfassenderen visuellen Eindruck eingebettet. Sie ist Teil von Vorstellungsbildern, die sich aus Fantasien und Erinnerungen speisen, und kann vor dem Eintreten nicht aus diesen herausgelöst werden."

Anders gesagt: Auf Prophetien ist nie Verlass. Kein „Prophet", kein „Sensitiver" kann unterscheiden, ob seine Eindrücke sich auf etwas Faktisches beziehen oder reine Einbildung sind.

➥ Können Hellseher Verbrechen aufklären?

Die *Akte X*-Folge „Der Hellseher“ dürfte auch für Skeptiker amüsant sein. Darin verlässt sich die Polizei bei der Suche nach einem Mörder auf die Dienste des „Unglaublichen Yappi“, eines affektierten „übersinnlichen Ermittlers“. Im Lauf der Handlung entspinnen sich zwischen dem ermittelnden Detective Cline und X-Akten-Agent Fox Mulder Dialoge wie diese:

Cline: „Der Unglaubliche Yappi hat gesagt, die Leiche des ersten Opfers hätte man irgendwo deponiert. Und jetzt finden wir sie tatsächlich auf einer Mülldeponie.“
Mulder: „Da läuft es mir ja kalt den Rücken herunter...“
Oder:
Mulder: „Yappi hat behauptet, die Leiche würde bei einem Wasser gefunden. Eine Kirche oder eine Schule wäre in der Nähe. Und er hätte einen kurzen Blick auf den Buchstaben ‘S’ oder die Zahl ‘7’ erhaschen können.“
Cline: „Und was wollen Sie damit sagen?“
Mulder: „Seine Hinweise sind so vage, dass sie praktisch nutzlos sind, lassen sich aber nach dem Fund dann leicht als zutreffend interpretieren.“

Akte X-Drehbuchautor Glen Morgan hatte bei seinen Recherchen für die Episode „Der Hellseher“ das Buch *Psychic Sleuths* von Joe Nickell gelesen. Nickell, ein ehemaliger Privatdetektiv, ist heute als „Researcher“ (Falluntersucher) für die amerikanische Skeptikerorganisation CSICOP tätig. Für *Psychic Sleuths* koordinierte er ein Team von elf Forschern, die mehrere Monate lang den bekanntesten „übersinnlichen Ermittlern“ der USA auf den Zahn fühlten.

Die aufwändige Untersuchung erbrachte ein Null-Ergebnis – und änderte nicht zuletzt auch Glen Morgans Einstellung zu dieser Thematik grundlegend: „Man denkt ja, vielleicht ist das möglich, oder man denkt gar nicht darüber nach. Man überlegt sich: ‘Die haben sich einen übersinnlich Begabten dazu geholt, und er hat eine Leiche gefunden. Wow, das ist ja unglaublich.’ Aber dann, wenn man anfängt, ein wenig genauer hinzuschauen, sich konkrete Beispiele ansieht, dann sagt man plötzlich: ‘Oh, es ist eigentlich total klar, dass da gar nichts Besonderes dran ist.’“

Neben Joe Nickell führte der amerikanische Psychologe Dr. Martin Reiser beim Los Angeles Police Department zwei eingehende Untersuchungen zum Einsatz von „Sensitiven“ durch. Er bat zwölf „übersinnlich Begabte“, ihm Hinweise auf zwei gelöste und zwei noch ungeklärte

Verbrechen zu geben. Die Ergebnisse nannte Reiser schließlich „wenig bis gar nicht hilfreich". Für einen neuerlichen Test beauftragte er gleichzeitig zwölf „Medien", zwölf Kriminalbeamte und zwölf Collegestudenten mit dem selben Fall. Heraus kam dabei, dass die „Medien" zwar zehnmal mehr Informationen zu Protokoll gaben als die beiden anderen Gruppen, damit aber keinen Deut mehr zur Lösung beitrugen.

Die Autoren Jane Ayers Sweat und Mark W. Durm schrieben 1993 die Police Departments von 50 amerikanischen Großstädten an. Sie wollten wissen, ob die Polizei tatsächlich die Dienste von „übersinnlichen Ermittlern" in Anspruch nehme. Die Befragten gaben an, nie auf übersinnliche Weise Informationen einzuholen. Mehr noch: Die meisten beklagten sich bei Sweat und Durm, dass selbst ernannte „Medien" die Ermittlungen regelmäßig behinderten. Eine Erfahrung, die auch der Scotland-Yard-Inspektor Edward Ellison bestätigen kann: Bei Nachforschungen in allen acht Londoner Bezirken, für die Scotland Yard zuständig ist, stellte er fest, dass nicht seine Kollegen die „Sensitiven" aufgesucht, sondern dass diese sich bei der Polizei gemeldet hatten.

In der Tat betreiben Hellseher und Wahrsager im Zusammenhang mit Kriminalfällen die schamloseste Eigenwerbung. Bei kritischen Rückfragen bekommen Skeptiker von ihnen regelmäßig die selbstimmunisierende Behauptung zu hören, die Polizei könne natürlich nicht offiziell zugeben, dass dieser oder jener Fall von einem „übersinnlichen Ermittler" gelöst worden sei. Der berühmteste Polizei-Sensitive war der Niederländer Gerard Croiset (1910-1981). Vor allem bei Vermisstenfällen beanspruchte Croiset für sich selbst eine Aufklärungsrate von 80 Prozent. Regelmäßig sprang ihm der Parapsychologe Willem Tenhaeff von der Universität Utrecht bei, der Croiset als das „meist getestete Medium der Welt" anpries. Dann befasste sich der Journalist Piet Hein Hoebens von der Zeitung *De Telegraff* mit Croiset und dessen Mentor – und überführte beide des Betrugs, der Trickserei und der Datenfälschung.

So kann man es nur als tragisch bezeichnen, dass die private deutsche Webseite www.gesuchte-kinder.de verzweifelte Eltern unter anderem auf Hellseher hinweist, welche „die Fähigkeit haben, Vermisste zu erspüren" und diese bereits in einer TV-Sendung unter Beweis gestellt hätten. Hilfreicher wäre es vermutlich, wenn die Verantwortlichen von *gesuchte-kinder.de* den Erfahrungsbericht der Familie Tate aus Aylesbeare, Devon (England), ins Netz stellen würden. Die Tochter der Tates, die damals 13-jährige Genette, wird seit dem 19. August 1978 vermisst. Seither haben sich zahllose Hellseher und Wahrsager den Eltern angedient, mit ihren übersinnlichen Fähigkeiten das Mädchen ausfindig zu machen. Vater John Tate sagt dazu aus:

„Es kamen viele Leute zu uns, die uns einen Hoffnungsschimmer gaben. Am Anfang griffen wir nach jedem Strohhalm. Doch die Versprechungen der 'Medien' erwiesen sich allesamt als Lügengespinste. Sie weckten nur falsche Hoffnungen. Manchmal glaubten wir wirklich, wir hätten eine Spur. Die Vorschläge und Ideen der 'Sensitiven' versetzten uns in Aufruhr. Doch immer, wenn es konkret wurde, führten die angeblichen Spuren nirgendwo hin – außer in tiefste Verzweiflung. Wir merkten bald, dass die Hellseher, die vor unserer Haustür standen, so eine Art „Vertreter-Typen" waren, die, wenn sie sich erst einmal eingeschlichen hatten, nicht mehr so einfach wieder fort gingen. Es waren Menschen mit übersteigertem Selbstbewusstsein, die sich unbedingt durchsetzen wollten. Sie trampelten rücksichtslos auf unseren Nerven herum, die ohnehin schon an der Grenze der Belastbarkeit waren. Innerhalb kürzester Zeit versetzten sie uns seelisch völlig in Aufruhr und der Einfluss dieser Leute begann sich äußerst unangenehm auszuwirken. Selbst wenn wir es nicht wollten – sie waren immer da, auf unserer Türschwelle, und erwarteten, dass sie mit offenen Armen empfangen würden. Wir merkten bald, dass die Tätigkeit der 'übersinnlich Begabten' nicht nur unsinnig und lächerlich war – sie war übel und bösartig. Als wir erst einmal in diesem Netz der Täuschungen – und genau darum handelte es sich – gefangen waren, war es für uns sehr schwer, uns wieder frei zu kämpfen. Nichts von alledem führte jemals zu irgend etwas, außer zu immer neuen Enttäuschungen und Verwirrungen. Die Hellseher und Wahrsager hatten uns mit ihren Suggestionen zu Sklaven gemacht."[5]

Weiterführende Literatur:

Lynne Kelly: The Skeptic's Guide to the Paranormal. Allen&Unwin, Crows Nest 2004

Michael Shermer: Psychic For a Day – Or How I Learned Tarot Cards, Palm Reading, Astrology and Mediumship in 24 Hours. In: Skeptic Magazine 1/2003. Im Internet unter: www.skeptic.com/psychic4day.html

Wolfgang Hund: Falsche Geister, echte Schwindler? Echter-Verlag, Würzburg 2001

Walter Krämer / Götz Trenkler: Lexikon der populären Irrtümer. Piper-Verlag, München 1998

Joe Nickell: Psychic Sleuths – ESP and Sensational Cases. Prometheus Books, Amherst / New York 1994

3. Astrologie: Mars macht mobil

➥ Wer hat die Astrologie erfunden?

Himmel = astral, transzendent, heilig. Diese Formel ist so alt wie die Menschheit selbst. Verständlich, denn was mögen unsere Vorfahren empfunden haben, wenn der Tageshimmel in den sternenfunkelnden Nachthimmel überging – ohne das heutige Wissen um die Naturgesetze? „Da oben" blinkte und leuchtete es, manche Lichtpunkte tauchten plötzlich und unerwartet auf und verschwanden am nächsten Tag wieder, manche bewegten sich oder veränderten sogar ihre Gestalt, indem sie zu- oder abnahmen, andere wiederum blieben stehen, als seien sie angekettet, während wieder andere plötzlich umdrehten und rückwärts liefen.

Viel wichtiger aber war: Das Sternengewimmel am Himmel schien „Macht" zu haben. Denn bald beobachteten die ersten Bauern, dass die Bewegungen der Gestirne jahreszeitlich bedingte Wetteränderungen und zum Beispiel den Beginn der jährlichen Überschwemmungen ankündigten. Schon die alten Ägypter wussten: Wenn im Sommer der helle Stern Sirius erstmals am Abendhimmel erschien, trat bald darauf der Nil über seine Ufer.

„Das Untere ist gleich demjenigen, das Oben ist. Und was Oben ist, ist gleich demjenigen, das Unten ist", brachte schließlich eine antike hermetische Schrift namens *Tabula Smaragdina* („Smaragdtafel") diese Analogien auf einen Nenner. Oder kurz gesagt: Wie oben, so unten. Damit war das bis heute gültige Grundprinzip der Astrologie formuliert. Und wenn an der Himmelsuhr der richtige Zeitpunkt für die Jagd, Aussaat oder Ernte abgelesen werden konnte, lag der Schluss nahe, dass selbiges auch für das Schicksal der Menschen gelten müsse.

Endgültig zur „Sternensprache" (so die deutsche Übersetzung des griechischen Wortes „Astrologie") geadelt wurde dieser frühe Astralmythos in den ersten Hochkulturen. In China gehen die Hinweise auf astrologisches Wissen bis 2.400 v. Chr. zurück, aber auch die Mayas und Azteken besaßen um 800 n. Chr. ein astrologisches Deutungsschema. Zu voller Blüte gelangte der Gestirnskult bei den Sumerern im fruchtbaren Zweistromland zwischen Euphrat und Tigris (ca. 3.500 bis 1.800 v. Chr.). Die bei uns heute betriebene Astrologie geht zurück auf die königlichen Sterndeuter und Priester in Babylonien und Assyrien. Sie betrachteten die Himmelskörper als Götter mit personalem Willen und zielgerichteter Aktivität. Eine Konjunktion zum Beispiel (heißt: zwei – oder auch mehr – Planeten erscheinen von der Erde aus beobachtet sehr nah beieinander) konnte nur bedeuten, dass zwei Gottheiten um denselben Platz am Himmel kämpften. Aus dieser Zeit stammt auch die Vorstellung, die Götter würden ihre Wünsche und Absichten durch himmlische Vorzeichen (Omina, Prodigien) wie Sternschnuppen oder Wolkenformationen kundtun. Von Mesopotamien aus verbreitete sich die Astrologie über die ganze Welt. Auch Griechen und Römer übernahmen die Methodik der Sterndeuter Babylons.

➥ Steht unser Schicksal in den Sternen?

Die Sterne lügen nicht – davon sind verschiedenen Umfragen zufolge etwa ein Viertel der Frauen und circa zehn Prozent der Männer in Deutschland überzeugt. Laut dem *Institut für Demoskopie Allensbach* lesen fast 80 Prozent der Deutschen regelmäßig oder hin und wieder ihr Horoskop in Zeitungen und Zeitschriften. In den frühen 1980er Jahren seien es noch 50 Prozent gewesen. Daran mag man das Bedürfnis vieler Menschen nach Zeichen und Gewissheit in Zeiten der Unsicherheit ablesen – der Erkenntnisgewinn dürfte sich allerdings in Grenzen halten. Auch jeder zweite Jugendliche zwischen 12 und 16 Jahren glaubt daran, dass Sternzeichen und Horoskope einen Einfluss auf das Leben haben. Das fand 2003 das Münchner Meinungsforschungsinstitut *iconkids & youth* bei einer Befragung von knapp 1000 Kindern und Jugendlichen in Deutschland heraus. „Die Astrologie ist mittlerweile nicht nur ein nettes Gesellschaftsspiel, sondern die jungen Leute nehmen sie zum Teil doch ernst“, erklärte ein Sprecher von *iconkids & youth* dazu: „Hier zeigen sich deutlich die Folgen davon, dass die Welt immer chaotischer erscheint und die jungen Leute nach Orientierung suchen, die ihnen die Kirche, aber auch die Erwachsenen immer weniger geben.“

Und ausgerechnet die Astrologie soll diese bieten? Schon aus ihrer Entstehungsgeschichte wird deutlich, dass die Astrologie auf spekulativen Analogieschlüssen gründet. Nicht die physikalischen Charakteristika der Planeten und Tierkreissternbilder wie Größe, Masse, Spektraltyp, Leuchtkraft, Entfernung spielen eine Rolle, sondern allein die historische Namensgebung. Konkret: Der Planet Venus weist eine lebensfeindliche Oberflächentemperatur von 450 Grad sowie einen tödlichen Kohlendioxidgehalt der sehr dichten Atmosphäre auf – für die Sterndeuter indes ist nur der sichtbare Aspekt bedeutsam, dass der Himmelskörper „hell und klar in strahlender und überwältigender Schönheit am Morgen- und Abendhimmel steht", erklärt der Astrologe Nils Hesberg. „Wer denkt beim Glanz der Venus in der Dämmerung allen Ernstes an Schwefeldämpfe? Doch nur Banausen!"

Wirklich? Dem Vorwurf der logisch unverständlichen Namenswirksamkeit begegnen Astrologen also mit dem Erfahrungswissen von „natursichtigen" Vorfahren, welche die Namen der Planeten nach deren Augenschein festlegten. Astrologisch wird der der Sonne zweitnächste Planet von alters her mit der Göttin der Liebe in Verbindung gebracht – Ischtar bei den Mesopotamiern, Aphrodite bei den Griechen und Venus bei den Römern. Und also mit angenehmen und erstrebenswerten Eigenschaften wie Liebe, Schönheit, Kunstverständnis, Harmonie, Friede und Versöhnung.

Trotzdem sind Namen eben nur Namen – und weiter nichts. Wenn am Namensfetischismus der Astrologie auch nur das Geringste dran wäre, dann dürfte zum Beispiel niemals astrologischer Deutungsgebrauch von einem neu entdeckten Planeten gemacht werden. Neptun zum Beispiel wurde 1846 entdeckt, Pluto 1930. Diesen beiden Himmelskörpern pappt die Astrologie Attribute wie etwa „Verhinderung" (Neptun) oder „selbstzerstörerisch" (Pluto) an. Aber woher wollen die Astrologen das eigentlich wissen? Überprüft haben sie die „Auswirkungen" der zwei äußersten Planeten unseres Sonnensystems jedenfalls nicht – denn weder Neptun noch Pluto haben bislang auch nur einmal komplett den so genannten Tierkreis durchlaufen (der Tierkreis ist ein gedachter Kreis um die Erde, der der scheinbaren Bahn der Sonne um die Erde im Verlauf eines Jahres entspricht und der in 12 Abschnitte zu je 30 Grad unterteilt ist; diese zwölf Kreisstücke werden in der Astrologie mit den „Tierkreiszeichen" Widder, Stier, Zwillinge, Krebs, Löwe, Jungfrau, Waage, Skorpion, Schütze, Steinbock, Wassermann und Fische besetzt). Konkret: Der Neptun braucht 165 Jahre, um einmal den Tierkreis zu durchlaufen, Pluto 248 Jahre. Erst wenn die beiden Planeten einige Male in jedem Tierkreissternbild gestanden haben, könnte man wohl eine Ahnung davon bekommen, wie sie zu verschiedenen Zeiten auf die Erde beziehungsweise auf „Widder"-Geborene und andere einwirken.

Gleiches gilt für den Tierkreis selbst und die so genannten Tierkreissternbilder: Was sehen wir, wenn wir mit bloßem Auge zum nächtlichen Sternenhimmel hinaufsehen? Nur viele helle Punkte – nicht aber die getreue Abbildung eines bekannten Objekts oder einer Figur. Nur in der Fantasie kann man Verbindungslinien zwischen einzelnen Sternen ziehen und die assoziativ entstehenden Umrisse sehr vage als „Leier“ oder „Großen Wagen“, als „Bär“, „Stier“ oder „Fisch“ deuten. Mittlerweile tragen über 90 solcher Sternbilder einen Namen. Dafür ist die *Internationale Astronomische Union* zuständig, also Wissenschaftler. Für die Astrologen aber zählen nur jene zwölf Sternbilder am Himmel, die zur Geburtsstunde der klassischen Astrologie vor mehr 2000 Jahren auf der scheinbaren Sonnenbahn (astronomisch: Ekliptik; astrologisch: Tierkreis) zu sehen waren und daher „Tierkreiszeichen“ heißen.

Auch diesen schreiben Astrologen eine anschaulich-mythologische Bedeutung zu. Und wieder betreiben sie damit sturen Namensfetischismus, da die Sternbilder in Wahrheit bloß optische Projektionen sind. Die dazu gezählten Sterne bilden nicht wirklich eine Einheit mit einer komplexen und wirkmächtigen inneren Struktur, sondern sind unvorstellbar weit voneinander entfernt, ohne jeden Zusammenhang – und ohne jeden Einfluss auf die individuellen Persönlichkeitsmerkmale von „Stier“- oder „Fische“-Geborenen.

Die Sterne des „Löwen“ zum Beispiel haben nur gemeinsam, dass sie für das menschliche Auge auf einer Ebene liegen. Steht die Venus im Löwen, ist sie zwei Lichtminuten von der Erde entfernt, der Stern Beta des „Löwen“ jedoch rund 43 Lichtjahre und der Stern Epsylon rund 1630 Lichtjahre.

➡ Aber sagt ein persönliches Horoskop nicht viel mehr aus als die Horoskop-Ecke in der Zeitung?

Zwischen „seriöser“ Astrologie und so genannter Vulgärastrologie zu differenzieren, ist reine Rhetorik und führt keinen Schritt weiter. Denn: Der Unterschied zwischen einem detaillierten „persönlichen“ Horoskop und einem vierzeiligen Zeitungshoroskop liegt lediglich im Grad der Kompliziertheit. Individuelle astrologische Persönlichkeitsanalysen und Daseinsdeutungen beziehen sehr viel mehr Daten des Klienten mit ein, die die „kosmische Situation“ zum Zeitpunkt seiner Geburt möglichst exakt wiedergeben und ein „tiefgründiges Bild der menschlichen Natur“

zeichnen sollen; es wir also mehr gerechnet, verglichen, analysiert etc. Doch auch dieses gewaltige Regelgebäude mit seinen zahllosen Abstraktionen, Zuordnungen und Deutungselementen sagt rein gar nichts darüber aus, wie seriös das zugrunde gelegte Wissen ist. „Seriosität" ist folglich kein brauchbares Unterscheidungsmerkmal.

Zu fragen ist vielmehr, ob es auch nur eine einzige Variante astrologischer Deutungskunst gibt, die „funktioniert". Existiert überhaupt ein nachweisbarer Zusammenhang zwischen der Gesamtsymbolik eines Horoskops und einem entsprechenden Geschehen auf der Erde beziehungsweise einem Individuum? Klare Antwort: nein. Die von der Astrologie angenommenen Beziehungen zwischen uns Menschen und der Welt der Gestirne bestehen gar nicht. Die grundlegende astrologische Hypothese ist falsch.

➥ Machen die Sterne vielleicht nur geneigt?

„Die Sterne zwingen nicht, sie machen nur geneigt", soll der Theologe und Philosoph Thomas von Aquin (1224-1274) gesagt haben. Dieser Satz ist genauso unsinnig wie: „Meine Armbanduhr macht mich nur geneigt zum Abendessen, sie zwingt mich nicht." Die Sterne „machen" gar nichts, auch nicht „geneigt". Wie auch?

Wenn man nur die schwache Annahme macht, dass von den Sternen irgendwelche physikalischen, chemischen, biologischen oder auch spirituellen Wirkungen ausgehen, deren Natur auch von den Astrologen selbst völlig offen gelassen wird (Sammelname: Schicksalsstrahlen) – wieso sind dann von den etwa 6000 sichtbaren Sternen am Abendhimmel und den Sternen unserer Milchstraße sowie fernerhin der Galaxien im beobachtbaren Universum alle samt und sonders unwirksam, mit Ausnahme der 150 Sterne des Tierkreises, der neun Planeten unseres Sonnensystems, der Sonne und des Mondes? Und wieso senden die Monde der Planeten ebenso wie der helle Stern Sirius oder bekannte Sternbilder wie Orion oder Cassiopeia keine solchen Schicksalsstrahlen aus?

Die Antwort der Astrologen auf die Frage, weshalb sie nicht alle Himmelskörper einrechnen, fällt selbst entlarvend aus: „Metaphorisch zurückgefragt: Ist der Stadtplan von Berlin falsch, wenn man bedenkt, dass es doch auch in Paris Straßen gibt?", schreibt etwa der Astrologe Gerhard Höberth auf seiner Webseite www.creastro.de. Nein, das ist er gewiss nicht. Allerdings ist Paris für die Stadtplanung Berlins völlig irrelevant. Richtig gestellt müsste die Frage lauten, ob ein heutiger Berlin-

Besucher sich mit einem Stadtplan von 1905 verlaufen würde oder nicht. Er würde, weil das Straßenbild der Spree-Metropole sich zwischenzeitlich erheblich verändert hat. Auf die Astrologie übertragen heißt das: Die Begründung für die Auswahl der „wirkenden“ Sterne entstammt dem geozentrischen Weltbild der Antike – ist aber für die gegenwärtige Behauptungssituation noch immer unverändert gültig. Dies wiederum belegt, dass Astrologie mitnichten eine Erfahrungswissenschaft, sondern gestern wie heute ein astraler Sympathieglaube war und ist.

Natürlich erhält die Sonne als Energiequelle das Leben auf der Erde aufrecht, selbstredend wirkt der Mond in den Gezeiten mit – aber auf eine kausal erklärbare Weise. Für die Astrologie hingegen gilt: Welche neuen Felder und Übertragungsmechanismen Forscher auch finden, „die magische Struktur der astrologischen Hypothesen vereiteln ihre Verbesserungsfähigkeit“, erklärt der Wissenschaftstheoretiker Bernulf Kanitscheider. Man sehe dies zum Beispiel daran, dass dem Planeten Pluto wegen seines Namens (Pluto ist der Herrscher des Totenreiches in der römischen Mythologie) hinterlistige, heimtückische und schädliche Wirkungen nachgesagt werden und er deshalb unter anderem am Abwurf der Atombombe und an dem Erdbeben von San Francisco schuld sei – „solche Katastrophen aber unterblieben wären, wenn die Namengeber vielleicht Amor oder Sophia gewählt hätten“.

Astrologen wenden an dieser Stelle mitunter ein, dass bei der Namensgebung von Planeten „auch intuitive Eingaben eine Rolle spielen“ (so Dieter Koch in *Kritik der astrologischen Vernunft*). Pluto beispielsweise werde von den Sternsehern „mit einem Zeitalter verbunden, das wir dasjenige der Angst nennen können, folglich mit den unterweltlichen Ungeheuern, deren Bedrohung die Stimmung des 20. Jahrhunderts prägte: einerseits mit dem Faschismus – Hitler ergriff die Macht 1933, also drei Jahre nach der Entdeckung Plutos. Sodann mit der Atombombe – in den 1930er Jahren wurde im Bereich der Kernspaltung intensiv geforscht.“

Das mag sein. Aber selbst wenn die Namensgebung des 1930 entdeckten Planeten Pluto tatsächlich von solchen Überlegungen beeinflusst gewesen sein sollte, so ist dies nur ein weiterer Beleg dafür, dass die Astrologie nach jedem Symbolismus schnappt – nicht aber für ihre „Wirksamkeit“.

Auf ähnlich abenteuerliche Weise glaubt der Astrologe Peter Niehenke den Spieß einfach umdrehen zu können, wenn er behauptet, dass ein Kind „nur geboren wird, wenn die kosmische Situation passend ist“. Also: Nicht die Sternenkonstellation zum Zeitpunkt der Geburt bestimmt die charakteristischen Merkmale oder Tendenzen eines Menschen – sondern „das betreffende Neugeborene reagiert aufgrund seiner Wesensart (gegebenenfalls einschließlich seiner genetischen Ausstattung) einfach auf kosmische Auslöse-Reize“. Niehenke will mit dieser ko(s)mischen Idee ein Standard-Argument der Astrologie-Kritiker entkräften, nämlich: Weshalb sollte der Moment der Geburt eigentlich so wichtig sein? Wirken die geheimnisvollen Sternenkräfte nicht vorher auch schon kontinuierlich auf den Embryo ein? Und: Wann ist ein Mensch eigentlich „geboren“? Ist nicht der Zeitpunkt der genetischen Ausstattung, also die Befruchtung, viel entscheidender als die Geburt? Niehenke dreht nun die Analogiezuweisung einfach um – aber auch wenn er Recht hätte, müssten ähnliche Menschen tendenziell unter ähnlichen Konstellationen geboren werden.

Aber: Rund 240 Menschen auf der Welt sind exakt zum jeweils gleichen Zeitpunkt auf die Welt gekommen. Wieso aber wird nicht jeder zum Dichterfürsten, der das gleiche Geburtshoroskop wie etwa Goethe hat? Umgekehrt teilen viele Menschen das gleiche Schicksal, sind beispielsweise depressiv oder leiden an einer Schreib-Leseschwäche, haben aber nicht das gleiche Horoskop (nach traditioneller Astrologie) beziehungsweise die gleichen kosmischen Auslöse-Reize (nach Niehenke).

Dass die Geburtszeit keinen Einfluss auf die Biographien bedingt, stellte auch der ehemalige Astrologe Geoffrey Dean fest, als er 2003 die Daten von 2100 Personen analysierte, die in London zwischen dem 3. bis 9. März 1958 geboren wurden. Die Geburtsdaten für diese Studie dienten ursprünglich einem ganz anderen Zweck: Die Daten wurden 1958 in London für eine medizinische Studie erhoben, weil man herausfinden wollte, ob die Umstände der Geburt die gesundheitliche Entwicklung eines Kindes beeinflussen. Nach elf, 16 und 23 Jahren wurden die Kinder überprüft. Die Wissenschaftler untersuchten dabei mehr als hundert Variablen, wie etwa IQ, Angst, Aggressivität, Körpergröße, Gewicht, musische und sportliche Neigungen, Anfälligkeit für Unfälle, Beruf und vieles mehr. Bei 73 Prozent der 2100 von Dean untersuchten Personen lagen zwischen ihrer Geburt und der Geburt des nächsten Babys nur fünf Minuten oder weniger. Die Bedingungen für einen starken und daher leicht nachweisbaren astrologischen Effekt hätten also kaum besser sein können. Doch bei keinem der über 100 Persönlichkeitsmerkmale ließen sich in nennenswertem Umfang Übereinstimmungen nachweisen.

Entscheidend ist aber: Auch Niehenke postuliert einen „kosmischen Auslöse-Reiz“, also einen Impuls oder eine Signalübertragung in Form einer wie auch immer gearteten Kraft, die auf das Neugeborene einwirkt –

bleiben wir ruhig bei dem Sammelbegriff „Schicksalsstrahlen". Auch darüber hat Wissenschaftsphilosoph Kanitscheider sich Gedanken gemacht: „Die Schicksalsstrahlung (S-Strahlung) muss von besonderer Art sein. Da die Planeten immer wirken, auch wenn sie nicht am Himmel stehen, muss die S-Strahlung durch gewöhnliche Materie unabschirmbar sein. Dies kann primär nicht für einen Einwand ausgenützt werden, da zum Beispiel auch Neutrinos völlig ungehindert die Erde durchdringen, allerdings indirekt nachweisbar sind. So müsste auch die S-Strahlung, selbst wenn sie rein spiritueller Natur wäre, sich irgendwie empirisch manifestieren, das heißt ihre geistigen Wirkungen müssten aufweisbar sein.

Wenn man nicht von einem dogmatischen Materialismus ausgeht, lässt sich kaum ein logisches A-priori-Argument gegen spirituelle S-Strahlung bringen, jedoch sollte sich diese geistige Wechselwirkung auch unabhängig prüfen lassen. So müsste die Erde, die ja vermutlich für Horoskope von Ereignissen auf den anderen Planeten auch von Relevanz ist, als Quelle von S-Strahlen angenommen werden. Damit sollten die S-Strahlen auch in terrestrischen Experimenten feststellbar sein, wenn sie geistiger Natur sind – natürlich mit entsprechenden psychophysischen Methoden. Solange dies nicht der Fall ist, ist es eine vorläufige plausible Annahme, dass es solche Strahlung nicht gibt und dass wir die physikalischen Einwirkungen der Sterne relativ vollständig kennen."

Konkret: Keine der vier bekannten Grundkräfte (Gravitation, Elektromagnetismus, starke und schwache Wechselwirkung / Radioaktivität) ist in der Lage, die komplexe Struktur der menschlichen Erbanlagen beziehungsweise Charakter und Wesenszüge zu formen oder auch nur zu beeinflussen. Planeten sind nicht elektrisch geladen, können daher keine weit reichenden Wirkungen ausüben. Das von ihnen ausgehende elektromagnetische Signal – also das Licht, das wir sehen –, kommt (neben vielen anderen Gründen) nicht in Frage, weil nach astrologischer Lehre auch die Planeten wirken sollen, die zum Geburtszeitpunkt unter dem Horizont stehen, also gar nicht gesehen werden können. Die Gravitationswirkung ist viel zu klein und unspezifisch. Die Anziehungskraft zwischen einem Säugling und der im Kreissaal anwesenden Hebamme ist rund eine Million Mal größer als die Gravitation der Planeten unseres Sonnensystems – denn die Anziehung hängt vom Abstand zwischen zwei Massen ab und sinkt drastisch mit der Entfernung der beiden Objekte. Die so genannte starke und schwache Wechselwirkung regelt die Verhältnisse in den Atomkernen; sie wirkt jedoch nur auf ganz kurze Entfernungen, sozusagen nur, wenn die Elementarteilchen sich fast berühren.

Was darüber hinaus noch bleibt, ist allenfalls die sehr energiereiche Höhenstrahlung, die von kollabierenden Sternen kommt. Diese zeichnete im Laufe der Evolution möglicherweise für so manche Mutation verantwortlich – allerdings völlig ungerichtet und somit ungeeignet für astrologische Ordnungssysteme und Vorhersagemethoden gleich welcher Art.

Zusammengefasst bedeutet das: Kein „kosmischer Reiz" wirkt sich mit geradezu gesetzmäßiger Notwendigkeit auf das zukünftige menschliche Schicksal oder auf unsere Wesenszüge aus. Zumal sich die genetischen Dispositionen von der befruchteten Eizelle bis zur Geburt stetig realisieren und die Geburt keinen grundsätzlichen Einschnitt in der Entwicklung der Charaktermerkmale darstellt.

➥ Ist die Astrologie wissenschaftlich beweisbar?

Viele Astrologieanhänger glauben das – und führen immer wieder den so genannten „Mars-Effekt" von Michel Gauquelin ins Feld. Gauquelin, ein französischer Psychologe und Statistiker, war eigentlich Astrologie-Gegner und wollte in den 1950er Jahren eben mittels Statistik beweisen, dass an der Sterndeutung nichts dran ist. Er sammelte eine große Anzahl von Geburtsdaten und untersuchte damit astrologische Behauptungen, wie etwa den Einfluss der Tierkreissternbilder. „Fische"-Geborene etwa sollen angeblich „große Wissenschaftler und Mystiker" sein, während „Stiere" Materialisten seien, mit „viel Talent zum Erwerb und Erhalt von Reichtum und Macht".

Und zu seiner eigenen Überraschung stieß der Skeptiker Gauquelin auf scheinbar „signifikante" (also über den Zufall hinausgehende) Ergebnisse. Kleiner Schönheitsfehler: Gauquelins Vorgehensweise bei der Berechnung der Gestirne deckte sich überhaupt nicht mit jener der Astrologen, die in der Regel die Position der Planeten in der Ekliptik berechnen. Gauquelin dagegen ging von der täglichen Rotationsbewegung der Erde aus. Er unterteilte ganz einfach die Tag- und Nachtbögen der Gestirne in jeweils gleich große Segmente – nämlich den scheinbaren Tagbogen eines Gestirns, das sich über dem Horizont befindet, von Aufgang bis Kulmination und Untergang in sechs gleich große Teile, und genauso den Nachtbogen, der unter dem Horizont verläuft. Dann berechnete er, wo genau sich ein Gestirn zu einem bestimmten Zeitpunkt auf seinem Bogen befindet und in welchen Sektor das Gestirn fällt. Gauquelin teilte die Personen, deren Geburtsdaten er verwendete, in Berufsgruppen auf. Und er stellte dabei fest, dass mehr als 22 Prozent der bekannten Sport-Champions den Mars in Sektor 1 (nach dem Aufgang) oder 4 (nach der Kulmination) hatten, während es bei Nicht-Sportlern nur etwa 17 Prozent waren. Auch andere Berufsgruppen (Mediziner, Künstler, Soldaten etc.) schienen nach Gauquelins Berechnungen entweder Mars, Jupiter oder Saturn häufiger in diesen Sektoren haben als andere. Gauquelins Sektoren 1 und 4 decken sich übrigens in etwa mit den astrologischen Häusern 12 und 9 (Die Häuser bilden neben dem Tierkreis eine zweite zwölffache Aufteilung des Horoskopkreises; in ihnen sind die Planeten „zu Hause", haben also ihre größte Kraft).

Nun entsprechen die Ergebnisse von Gauquelin allerdings überhaupt nicht den astrologischen Behauptungen. Denn in der astrologischen Tradition wird den Planeten von jeher größere Bedeutung beigemessen wenn sie sich in den so genannten Eckhäusern (1, 4, 7 und 10) befinden. 1967 prüfte das belgische *Komitee Para* den Mars-Effekt, und zwar mit den Daten von 62 Sportlern aus Belgien und 473 französischen Sportlern aus der Sammlung Gauquelins. Ergebnis: Exakt 22,24 Prozent der Sportler hatten den Mars in Sektor 1 und 4. Überzeugt waren die Skeptiker dennoch nicht, vielmehr vermutete man, dass etwas mit Gauquelins Daten nicht stimmte.

In den 1970er Jahren machte sich dann das amerikanische *Committee for the Scientific Investigation of Claims of the Paranormal* (CSICOP) ans Rechnen, diesmal mit den Daten von 408 amerikanischen Sportlern. Diese Studie erbrachte nun plötzlich überhaupt keine Signifikanz – nur 13,48 Prozent der Sportler hatten den Mars in den entsprechenden Sektoren. Erwartungsgemäß wurde diese Untersuchung von Astrologie-Anhängern als grob fehlerhaft zurückgewiesen.

Fakten schuf schließlich ein Team aus französischen, belgischen und niederländischen Forschern, das eine entsprechende Untersuchung mit 1066 Spitzensportlern durchführte. Das Resultat: 18,66 Prozent der Sportler hatten Mars in den Sektoren 1 und 4 und 17,7 Prozent der Nicht-Sportler – also wieder keine Signifikanz. Außerdem stellten die Wissenschaftler fest, dass Gauquelin bei seiner Datenerhebung geschlampt hatte. So entnahm er beispielsweise zahlreiche Geburtsdaten einem Sport-Lexikon – und viele dieser Angaben stellten sich bei einer Überprüfung als fehlerhaft oder unvollständig heraus. Darüber hinaus blieb stets unklar, was genau Gauquelin unter „bekannten Sportlern" verstand. Recht sorglos mischte er internationale Olympiasieger mit französischen Regional-Größen.

Fazit: Der berühmte „Mars-Effekt“ ist kaum mehr als ein wissenschaftlich wertloser Datenselektionsprozess. Ob Gauquelin die Daten bewusst verfälschte, konnte nie geklärt werden. Nachdem 1991, bei der 6. Europäischen Skeptiker-Konferenz in Ostende (Belgien), seine Behauptungen öffentlich widerlegt worden waren, nahm sich Gauquelin (63-jährig) das Leben. Sein Archiv hatte er vorher vernichtet. Das *P.M.-Magazin* entblödete sich nicht, Gauquelins Selbstmord mit seinem Sternzeichen in Verbindung zu bringen: „Als radikaler Mensch (im Zeichen Skorpion geboren) zog er radikale Konsequenzen und brachte sich um.“

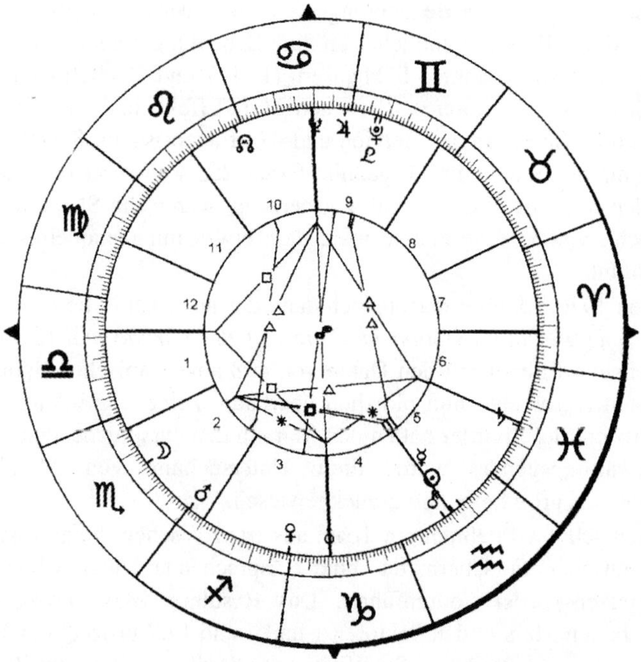

Der Tierkreis mit seinen zwölf Zeichen ist die wichtigste symbolische Struktur in der Astrologie. Benannt wurden die Tierkreiszeichen nach den real am Himmel sichtbaren Sternbildern vor mehr als 2000 Jahren. Die Astrologie ist denn auch kaum mehr als ein Astralmythos.

Auch der Industrielle und Ex-Playboy Gunther Sachs erregte 1997 Aufsehen mit der Behauptung, den wissenschaftlichen Nachweis eines Zusammenhangs zwischen den Sternzeichen und dem menschlichen Verhalten erbracht zu haben. Für sein Buch *Die Akte Astrologie* wertete er „Millionen geprüfter Daten“ (Klappentext) aus, und zwar aus den neun Bereichen Eheschließungen, Scheidungen, Alleinleben, Krankheiten, Selbstmorde, Studium, Beruf, Straftaten und Autofahren. Und überall fand Sachs statistisch auffällige Zusammenhänge, die er leichtfertig dem Einfluss der Sterne zuschrieb.

Außer Acht ließ der studierte Mathematiker dabei, dass aus dem umfangreichen Zahlenmaterial nicht einfach eine ursächliche astrologische Beziehung zwischen zwei Ereignissen gefolgert werden kann. Den zahlreichen Alternativ-Erklärungen schenkte Sachs (bewusst oder wegen fehlender Kenntnisse?) keinerlei Beachtung.

Ein Beispiel: „Zwillinge“ glauben laut Sachs weniger an die Astrologie als Personen anderer Tierkreiszeichen. Wieso? Weil es eine Buchreihe mit zwölf Astro-Geschenkbänden gibt und sich der Band für den „Zwilling“ seltener verkauft als die übrigen. Doch was sagt diese Beobachtung aus? Viel nahe liegender ist doch die Folgerung, dass das Verlegenheitsgeschenk zum Geburtstag von Freund / Freundin, Ehemann oder Ehefrau in der nebligen Jahreszeit eher ein Astro-Büchlein ist, im Juni (Tierkreiszeichen „Zwilling“) jedoch zum Reiseführer für den Urlaub oder zum Ferienschmöker gegriffen wird.

Oder: Landwirte werden nach Sachs Erhebungen überzufällig oft als „Schütze“, „Steinbock“, „Wassermann“, „Fische“ oder „Widder“ (also von Ende November bis Ende April) geboren, hochsignifikant selten hingegen als „Stier“, „Zwilling“, „Krebs“, „Löwe“, „Jungfrau“ oder „Waage“ (also von Ende April bis Ende Oktober). Kosmische Reize? Oder vielleicht doch nur eine sinnvolle Geburtenplanung? Denn die Landwirtschaft muss sich an den Zyklen der Natur ausrichten, und somit ist die „richtige“ Zeit, um Kinder zu bekommen, eher der ruhige Winter als der arbeitsintensive Sommer.

Eine weitere empirische Studie unter den vielen, die versuchen, Astrologie wissenschaftlich zu erfassen oder zu erklären, ist eine Diplomarbeit im Fach Psychologie an der Universität des Saarlandes, die 2003 von der Psychologin, Musikwissenschaftlerin und Astrologin Ulrike Voltmer vorgelegt wurde. Auch in dieser Arbeit mit dem Titel „Lebenslauf und astrologische Konstellationen“ geht es nicht um das „Wie“ des astrologischen Oben-Unten-Zusammenhangs, sondern um das „Ob“.

Grob vereinfacht überprüfte Voltmer anhand von 400 Fragebögen mit 520 Variablen, ob so genannte Transite (Übergänge von laufenden Planeten über fixe Punkte im Geburtshoroskop) der äußeren Planeten Uranus, Neptun und Pluto eine „Wirkung“ haben, sich also in der Biografie von Testpersonen aktivierend bemerkbar machen.

Üblicherweise fiel die Interpretation der Ergebnisse kontrovers aus. Während die Autorin zahlreiche Signifikanzen – also „Effekte“ – gefunden haben will, merkte der emeritierte Psychologie-Professor Dirk Wendt in der *Zeitschrift für Anomalistik* an: „Zufallsereignisse kommen halt vor, auch wenn sie eine sehr geringe Wahrscheinlichkeit haben. Es gewinnen ja auch jede Woche irgendwelche Leute im Lotto, was auch eine sehr geringe Zufallswahrscheinlichkeit hat – aber kein Finanzberater würde deshalb seinen Klienten empfehlen, ihr Geld in Lotterielosen anzulegen.“ Auch der Soziologe und Astrologie-Kritiker Edgar Wunder sah die Voltmerschen Studienergebnisse als „mit der Zufallshypothese verträglich“ an – und verwendet für das astrologische „Oben-Unten-Theorem“ die zweideutige Abkürzung „OUT“.

Nicht überraschend wurde in der Diskussion um „Lebenslauf und astrologische Konstellationen“ auch die Frage aufgeworfen, ob die „subjektiven Bedeutungszuschreibungen“ der Astrologie (so die Astrologin Anabela Cudell) überhaupt wissenschaftlich zu erfassen seien. In der Tat versuchen mehr und mehr Astrologen, sich jedweder Kritik zu entziehen, indem sie ihr Metier zu einem rein symbolischen Denksystem erklären, das nur „subjektiv“ oder „intuitiv“ erfasst werden könne. „Astrologie ist die Sprache der Individualität und Einzigartigkeit“, erklärt etwa die prominente US-Astrologin Caroline Casey.

Eine deutsche Astrologin richtete an den Autor dieses Buches folgende Zeilen: „Der Astrologie wird der Vorwurf gemacht, sie sei unwissenschaftlich. Das ist kein Wunder. Die Astrologie macht Aussagen über Menschen, und Menschen sind nicht berechenbar... Wie viel wiegt ein Schuh? Man kann es messen. Wie schwer wiegt die Schuld, die man jemandem in die Schuhe schiebt? Jeder weiß, wie groß er ist. Um wie viele Zentimeter schrumpft das Ich, wenn der Mensch verlegen ist? Sobald es um Menschen geht, kommen Einschätzungen ins Spiel, die nicht messbar sind... Die Naturwissenschaft kann uns sagen, warum eine kaputte Glühbirne nicht funktioniert. Sie kann aber nicht erklären, warum die kaputte Birne nach einer Woche immer noch nicht ausgewechselt ist.“

Ist diese Argumentation stimmig? Es sind ja gar nicht fehlende Erklärungen oder mangelnde „Messbarkeit“, gegen die sich die Einwände der Kritiker richten – vielmehr geht es darum, dass die behaupteten Zusammenhänge zwischen „Oben“ und „Unten“ gar nicht existieren. Außerdem ist die Astrologie schon deshalb keine Glaubenssache, weil sie eindeutige Wahr/Falsch-Aussagen macht, also Tatsachenbehauptungen aufstellt. Ein „Jupiter im 11. Haus“ etwa sagt nach Ansicht der (klassischen) Astrologen etwas über die Freunde und Bekannten der betreffenden Person aus. Würde nun ein anderer Astrologe das Gegenteil behaupten, so hätte er nur aus seiner eigenen Sicht heraus Recht. Für die meisten seiner Kollegen würde er eindeutig einer „falschen“ Denkweise anhängen.

Gehen wir dennoch einmal versuchsweise davon aus, den Astrologen wären die Sterne schnuppe und sie würden ihr Fach nur noch als eine Art assoziatives Symbolsystem betrachten, als eine umfassende Mythologie und „Lebensinterpretationslehre“ (Ulrike Voltmer), die auf griechisch-römische Götter als Verkörperungen menschlicher Eigenschaften zurückgeht: Was wäre damit gewonnen? Auch das würde noch immer nichts über die Stimmigkeit der Astrologie aussagen. Auch „Symbolsysteme“, „Philosophien“ „andere Denkweisen“, „geistige Prinzipien“, „analoge Sichtweisen“, „akausale Synchronizitäten“, „Strukturentsprechungen“ etc. können irrig oder falsch sein.

➥ Taugt Astrologie als Lebenshilfe?

Zahlreiche wissenschaftliche Tests haben gezeigt, dass man auch aus einem „persönlichen“ Geburtshoroskop oder aus einer „individuellen astrologischen Persönlichkeitsanalyse“ letztendlich nur das herausliest, was der eigenen Selbsteinschätzung schmeichelt. Die selbstkritische Wahrheit über sich oder gar seinen „Wesenskern“ findet man darin nicht.

Daher hat ein Horoskop auch als „Meditationsbild“, „Lebensskript“, „Seelenlandkarte“ oder Verstehenshilfe zur Selbsterkenntnis kaum einen praktischen Wert. Womöglich fördert und verfestigt auch eine Astrologie, die sich nur noch als Kommunikationssystem versteht, sogar noch ein falsches Bild, das man sich von sich oder anderen macht.

Mag sein, dass viele Astrologen sich als eine Art Psychologe oder Psychotherapeut sehen. Aber anstatt sich darauf zu beschränken, ihren Klienten aus einer aufgearbeiteten Alltagserfahrung heraus vernünftige Ratschläge zu geben, sprechen sie doch de facto jedem Ratsuchenden aufgrund bestimmter Gestirnskonstellationen bestimmte Charaktereigenschaften zu. Und da Astrologen selbst an die unbedingte methodische

Zuverlässigkeit der Sterndeutung glauben, erkennen sie in der Regel nicht die sehr engen Grenzen von solchen rein suggestiven Verfahren.

Nicht zuletzt die hohe Erwartungshaltung der Ratsuchenden an die „Geheimwissenschaft“ Astrologie ist denkbar ungünstig für einen Beratungs- oder gar Therapieerfolg. Denn die meisten Kunden wollen keine verschwommenen Mythologeme über ihren Charakter hören, sondern verlangen von Astrologen genaue Prognosen für die Zukunft und konkrete Handlungsanweisungen.

Somit bleibt nur festzuhalten, dass Astrologie auch unter psychologischen Aspekten weder als Lebenshilfe noch zur persönlichen Selbstvergewisserung taugt, sondern im Gegenteil selbst ein erhebliches psychohygienisches Problem unserer Zeit darstellt.

➥ Wieso stimmt das Horoskop oft?

Es sind die so genannten Evidenzerlebnisse, die viele Menschen für die Astrologie einnehmen – also der subjektive Eindruck, es müsse auf jeden Fall etwas Wahres dran sein. Aber: Sogar mit einem falschen beziehungsweise willkürlich gewählten Geburtsdatum bekommt man von Astrologen ein erstaunlich „stimmiges“ Horoskop erstellt. Bevor Michel Gauquelin vom Astrologie-Kritiker zum Verfechter mutierte, führte er ein interessantes Experiment durch. In einer bekannten Zeitschrift schaltete er ein Inserat, dem zu entnehmen war, dass man bei ihm kostenlos persönliche Horoskope bestellen könne. Allen Interessenten aber schickte Gauquelin den gleichen Text zu – zusammen mit einem Fragebogen, ob der Horoskoptext denn den Charakter des Empfängers korrekt beschreibe. 94 Prozent der unfreiwilligen Testpersonen sahen sich sehr treffend charakterisiert. Dabei hatte keiner der Interessenten eine individuelle Persönlichkeitsanalyse erhalten, sondern jeder den wortgleichen Text desselben Horoskops – das wiederum auf den Geburtsdaten des französischen Serienmörders Marcel Petiot basierte. Das WDR-Fernsehen (*Quarks und Co.*) wiederholte diesen Versuch 1997. Als fiktive „Astro-Forschungsgruppe“ getarnt, verschickte die Redaktion an mehr als 200 Interessierte den immer gleichen Text des Horoskops von Fritz Haarmann, der in den 1920er Jahren als „Schlächter von Hannover“ traurige Berühmtheit erlangte. Das Ergebnis glich dem Gauquelins: 74 Prozent der Teilnehmer fanden ihren Charakter „korrekt beschrieben“, 15 Prozent jubelten gar: „Perfekt, es stimmt alles.“

Das Geheimnis solcher geheimnisvoller Treffsicherheit liegt in uns selbst und ist bekannt als „Barnum-Effekt“, benannt nach dem amerikanischen Zirkusgründer Phineas Taylor Barnum (1810-1891), für den stets die Devise galt: für jeden etwas. Der Psychologe Paul Meehl bezeichnete mit dem „Barnum-Effekt“ den Umstand, dass wir bereitwillig eine Beschreibung unserer Person als zutreffend erachten, auch und gerade wenn diese nur aus vagen, uneindeutigen und relativierenden Aussagen besteht, die auf fast alle Menschen zutreffen.

Typische Barnum-Formulierungen sind beispielsweise:

„Sie verfügen über ungenutzte Fähigkeiten.“

„Einige Ihrer Ziele sind etwas unrealistisch.“

„Manchmal sind Sie extrovertiert, umgänglich und gesellig, während Sie zu anderen Zeiten introvertiert, misstrauisch und zurückhaltend sind.“

„Manchmal haben Sie ernste Zweifel, ob Sie die richtige Entscheidung getroffen haben.“

„Nach außen hin meist selbstbeherrscht, neigen Sie dazu, innerlich unsicher zu sein.“

80 bis 95 Prozent aller Menschen meinen, diese Aussagen träfen auf sie zu. Und da alle astrologischen Texte, ganz gleich ob es sich um Zeitungshoroskope, Computerhoroskope oder von Astrologen persönlich formulierte Horoskope handelt, überwiegend solche Barnum-Aussagen enthalten, fällt es Astrologen immer wieder leicht, ihre Klienten mit scheinbar erstaunlicher Menschenkenntnis zu verblüffen.

Der Einfluss des Barnum-Effekts auf den Glauben an die Astrologie wurde vielfach untersucht, unter anderem von dem Psychologen Peter Glick von der Lawrence University (Appleton, USA). Glick und einige Kollegen wollten wissen, wie anfällig Astrologiegläubige wie auch Skeptiker für den Barnum-Effekt sind. Glick bildete zwei Gruppen von Oberschülern, von denen die Mitglieder der einen Gruppe glaubten, Horoskope seien eine genaue Beschreibung der Persönlichkeit, während die andere Gruppe von Horoskopen gar nichts hielt. Beide Gruppen wurden gemischt und erhielten Persönlichkeitsprofile, die, wie man ihnen erzählte, aufgrund ihrer persönlichen Geburtsdaten von einem professionellen Horoskopdienst erstellt worden seien.

Natürlich stimmte das nicht: Die eine Hälfte der Probanden bekam ein Horoskop mit einer insgesamt positiven Beschreibung von Persönlichkeit und Charakter (z. B. „sympathisch“, „zuverlässig“ oder „gesellig“), während man den übrigen Teilnehmern negative Horoskope gab (z. B. „unzuverlässig“, realitätsfern“ oder „ überempfindlich“).

Als Glick die Schüler später fragte, wie treffsicher ihr Horoskop sei, gaben die Astrologiegläubigen zur Antwort, es stimme völlig – ganz gleich, ob es nun schmeichelhaft für sie war oder nicht. Die Skeptiker, welche die schmeichelhafte Version erhalten hatten, hielten ihr Horoskop ebenfalls für korrekt. Nur diejenigen Skeptiker, deren Persönlichkeitsbeschreibung negativ war, lehnten das Horoskop als unzutreffend ab. Das heißt: Sowohl Astrologie-Fans als auch Skeptiker erwiesen sich als anfällig für den Barnum-Effekt – letztere jedenfalls solange sie die Charakterisierung als positiv empfanden.

Und noch etwas stellte sich heraus: Die Skeptiker, die die schmeichelhafte Text-Version bekommen hatten, zeigten am Ende des Versuchs einen wesentlich größeren Glauben an die Astrologie als vorher, obwohl an dem Horoskop gar nichts dran war. Diese Versuchspersonen wurden also allein durch den Barnum-Effekt von der angeblichen Aussagekraft der Astrologie überzeugt.

Astrologen verstehen es bestens, das Selbstbild ihrer Klienten zu manipulieren und den Eindruck zu erwecken, dass ihre Analysen tief schürfend und spezifisch sind.

Machen wir ein kleines Experiment: Gelingt es Ihnen, anhand der folgenden typischen Tierkreiszeichenmerkmale Ihre Charaktereigenschaften und Ihre Persönlichkeit eindeutig in einem Text wiederzuerkennen?

Widder (21. März – 20. April): Gilt als dynamische Persönlichkeit mit ausgeprägter Willenskraft und großer Energie. Begeisterungsfähig, impulsiv, immer aufgeschlossen für neue Ideen (deren Realisierung aber häufig die Ausdauer fehlt). Starke Stimmungsschwankungen, ungeduldig, handelt erst und denkt später.

Stier (21. April – 20. Mai): Beharrlich und zuverlässig, warmherzig und humorvoll, melancholisch-schwerblütig. Hat ein Händchen für die Mehrung seines Besitzes. Umgibt sich gern mit schönen Dingen; genießt. Lange braucht es, bis man ihn richtig auf die Palme bringt, aber ist er einmal ernsthaft gereizt, dann sollte man die Flucht ergreifen.

Zwilling (21. Mai – 21. Juni): Vielseitigkeit, Neugierde, Kontakt- und Reisefreude werden ihnen nachgesagt; mit einem breiten Spektrum geistiger Interessen immer zur Weiterbildung bereit (wobei sie manchmal an der Oberfläche hängen bleiben). Zwillinge sind sprachbegabt, haben Witz und Lust am Denken, neigen aber auch zum Verzetteln und halten sich in allen Lebenslagen gerne ein Hintertürchen offen.

Krebs (22. Juni – 22. Juli): Sensibel und empfindsam, braucht Wärme und Geborgenheit. Verkörpert ein Jean Paul-Wort: „Wer nicht zuweilen zuviel und zu weich empfindet, der empfindet gewiss immer zu wenig." Einerseits sehr heimatverbunden, ist er andererseits mit einem ausgeprägten Wander- und Reisetrieb ausgestattet. Was Krebs-Menschen an Härte fehlt, ersetzen sie durch Zähigkeit.

Löwe (23. Juli – 23. August): Lebensbejahung und Selbstbewusstsein (mit einem Hang zur Selbstüberschätzung) werden ihm nachgesagt. Widderähnlich dynamisch, in schlechten Stunden rechthaberisch und autoritär, in entspannten Zeiten großherzig, spontan und anhänglich, obwohl ihm Unabhängigkeit über alles geht.

Jungfrau (24. August – 23. September): Liebt die Perfektion, sucht die Sicherheit. Schätzt vor jeder Entscheidung die Risiken genau ab. In ihrer realitätsbezogenen Gründlichkeit und Gewissenhaftigkeit manchmal etwas spröde, kann die kluge Behutsamkeit der Jungfrau zum hilfreichen Korrektiv für überschäumende Temperamente werden.

Waage (24. September – 23. Oktober): Waagemenschen sind Meister im Ausgleich von Gegensätzen, verpflichtet dem Schönen, Guten und Harmonischen. Sie haben immer ein offenes Ohr für die Belange ihrer Mitmenschen, obwohl sie sich emotional nicht allzu tief auf die Probleme einlassen. Es fällt ihnen schwer, einen klaren Standpunkt zu beziehen, und Entscheidungszwänge bringen sie in die Bredouille.

Skorpion (24. Oktober – 22. November): Will allem auf den Grund gehen, ein unerbittlicher Zweifler und hartnäckiger Forscher. Hinter undurchsichtigem Äußeren brodeln die Spannungen und Leidenschaften. Steckt Schicksalsschläge weg wie kein anderes Sternzeichen, wächst in der Not über sich selbst hinaus. Hang zum Zyniker, kann trotzdem ausgesprochen treu sein, aber wenn er sich betrogen fühlt, wird er zum lebenslangen Feind.

Schütze (23. November – 21. Dezember): Optimistisch, begeisterungsfähig, Mensch mit natürlichem Adel. Der Schütze liebt das große Ziel, aber um es zu erreichen, mangelt es ihm häufig an Geduld und Durchhaltevermögen. Ist offen für Religiöses, Erhabenes und Erhebendes, besteht aber auf seiner Freiheit und Unabhängigkeit. Er lässt sich gern beeindrucken, ist aber selbst von Imponiergehabe nicht frei.

Steinbock (22. Dezember – 20. Januar): Zäh, ausdauernd, belastungsfähig, ehrgeizig, prinzipientreu, ein harter Arbeiter, oft schwerblütig mit melancholischem Einschlag. Der Steinbock verlangt viel von sich selbst und macht sich gern unersetzlich. Gesunder Materialist, der bei jedem Einsatz auch den Nutzen sieht und dem der Erfolg nicht ausbleibt.

Wassermann (21. Januar – 19. Februar): Ausgeprägter Individualist, eine heitere, schöpferische Natur, stets offen für Neues; vorurteilsfrei, tolerant, was aber nicht über seine festen Grundsätze hinwegtäuschen kann. Unternimmt große Anstrengungen, um seine Originalität zu pflegen und zu stilisieren.

Fische (20. Februar – 20. März): Gehört zum Typ „ewige Kinder“, höchst empfindsam mit großer Anpassungs- und Verwandlungsfähigkeit, die sie vor Angriffen und Verletzungen schützt. Empfänglich für Metaphysisches und Transzendentes; meist vorbildlich in ihrem sozialen Verhalten.[1]

Na? Haben Sie Ihren „Wesenskern“ identifiziert? Vermutlich nicht. Kein Wunder, denn in jedem Menschen steckt etwas von einem „Fisch“, etwas von einem „Widder“, etwas von einem „Löwen“ und so weiter. Die angeblichen Charakteristika der Tierkreiszeichen sind wenig mehr als ein Wortbaukasten, den die Astrologen immer wieder neu kombinieren. Horoskope und astrologische Gutachten schöpfen aus dem selben Regelkanon, denselben Standardwerken, denselben Fachzeitschriften – oder schreiben schlicht voneinander ab. Jede „astrologische Konstellation“ ist unendlich ausdeutbar und kann auf jede Person und Situation zurechtkonstruiert werden. Nicht umsonst greifen die Sterndeuter auf Sterne, Planeten, Tierkreiszeichen, „Häuser“, „Primär-“ und „Sekundärdirektionen“, „Transite“, „Aszendenten“, „Mundanaspekte“, „Generalsignifikatoren“, „Zeitregenten“, „Eklipsen“, „Halbsummen“, „Rückläufigkeiten“, „Harmonieaspekte“, „Deklinationsparallelen“ und vieles, vieles mehr zurück.

➥ Der Mond beeinflusst Ebbe und Flut – wieso nicht auch uns Menschen?

In der Astrologie spielt der Mond eine bedeutsame Rolle – denn er ist das Gestirn, das uns Erdenbewohnern am nächsten steht und doch stets geheimnisvoll erscheint. Von der allgemeinen himmlischen Gleichförmigkeit unterscheidet er sich dadurch, dass er zu den merkwürdigsten Tages- und Nachtzeiten auf- und untergeht und auch ständig seine Form verändert. Darüber hinaus haben die Menschen zu allen Zeiten in den von der Sonne gezeichneten Schatten der Monderhebungen Gesichter und Figuren erblickt, die Sagen und Mythen inspirierten. Astrologisch verkörpert der Mond die Seele und das Unbewusste. Im Horoskop steht er für „lichte und dunkle Eigenschaften“, Rhythmen, Veränderlichkeit und Empfindsamkeit.

1991 gossen die Autoren Johanna Paungger und Thomas Poppe das „uralte Menschheitswissen“ um den Erdtrabanten in zeitgeistige Ratgeberliteratur mit griffigen Tipps zu Ernährung, Körperpflege, Kosmetik, Hausarbeit, Umweltschutz etc. Nüchtern betrachtet dokumentiert ihr Longseller *Vom richtigen Zeitpunkt* nur, dass auch für berückend schlichte Konzepte und Ideen irgendwann einmal der richtige Zeitpunkt gekommen ist – zumindest in kommerzieller Hinsicht. Beispielsweise sei Neumond die beste Starthilfe für eine Diät. Bei zunehmendem Mond heilen angeblich Verletzungen nicht so gut, auch lohne es sich in dieser Zeit wenig, die Waschmaschine anzuwerfen. Abnehmender Mond hingegen spart kräftig Waschpulver, denn dann gehen die Flecken auf Handtüchern, Jeans und Pullovern fast von alleine weg. Wie oben, so unten…

Mit Hilfe von Mondkalendern und Büchern wie *Gärtnern mit dem Mond*, *Die Mondgymnastik* oder *Gesünder leben mit dem Mond* versucht anscheinend unsere hektische, aus dem Tritt geratene Gesellschaft einen neuen und irgendwie natürlichen Lebensrhythmus zu finden. Das ist denn auch schon alles, denn selbst dem schönsten Vollmond fehlt gänzlich die ihm zugeschriebene Zauberkraft. Der Mensch besteht zwar zu etwa zwei Dritteln aus Wasser – dennoch ist es mit dem Einfluss des Himmelskörpers auf uns Menschen nicht weit her.

Wieso nicht? Dazu ist ein Exkurs in die Physik notwendig. Die Gezeitenkräfte des Mondes wirken auf alle belebten und unbelebten Objekte auf der Erde ein: auf Meere, Seen, aber auch auf Steine, Pflanzen und Tiere. Gezeiten – also Ebbe und Flut – gibt es aber nur am Meer. Denn das Verhältnis zwischen Mond und Gezeiten ist recht kompliziert. Die Gezeitenkräfte entstehen zu 70 Prozent durch die Schwerkraft des Mondes, zu 30 Prozent durch die Schwerkraft der Sonne und darüber hinaus durch die Drehbewegung der Erde. Sie sind am stärksten an dem Punkt der Erdoberfläche, der dem Mond zugewandt ist, weil dort die Anziehungs- (Gravitations-)Kraft des Mondes am stärksten wirkt. Doch auch genau auf der anderen Seite, am weitesten vom Mond entfernt, sind die Gezeitenkräfte stark. Denn Mond und Erde ziehen sich gegenseitig an und kreisen um einen gemeinsamen Schwerpunkt – so ähnlich wie ein Hammerwerfer, wobei wir uns den Werfer als Erde und den Hammer als Mond vorstellen können.

An zwei Stellen der Erdoberfläche also ist die Aufwölbung des Meerwassers am höchsten. Weil sich die Erde täglich um ihre eigene Achse dreht, wandern diese beiden „Flut-“ oder „Gezeitenberge“ um die Erde. Sie brauchen dazu etwas länger als einen Tag, da der Mond sich gleichzeitig ebenfalls weiterbewegt – und zwar mit einer „Verspätung“ von 50

Minuten. Wäre die Erde ein reiner Wasserplanet, dann würde überall regelmäßig alle 12,421 Stunden ein Flutberg ankommen, immer genau dem Lauf des Mondes folgend. Aber sehr eindrucksvoll wären diese Flutberge nicht. Denn die stets nach unten wirkende Schwerkraft der Erde ist ungefähr zehn Millionen mal stärker ist als die Gezeitenkräfte, sodass die so entstehenden Flutberge kaum 30 Zentimeter hoch wären. Doch unser blauer Planet besteht eben nicht nur aus Wasser, und deshalb sind die Gezeiten typischerweise deutlich höher: an vielen Orten – etwa im Ärmelkanal – fünf Meter oder mehr. Flut tritt auch durchaus nicht immer genau dann auf, wenn der Mond am höchsten steht. Der Grund: Wegen der Kontinente kann das Wasser nicht einfach frei rund um die Erde fließen. Vielmehr gibt es verschiedene Meeresbecken. Und wie in jedem Becken kann das Wasser hin- und herschwappen.

Das kennt jeder von einer vollen Badewanne: Wenn man die Hand mit der richtigen Geschwindigkeit (circa alle zwei bis drei Sekunden) hin- und herbewegt, dann beginnt die gesamte Wassermasse zu schwingen. Mit erstaunlich wenig Kraftaufwand hält man so 200 Liter Wasser in Bewegung. Man muss nur die richtige Frequenz treffen – bewegt man die Hand zu schnell oder zu langsam, dann erzeugt man zwar Wellen, aber es ist merklich schwerer, die Wanne zum Überschwappen zu bringen. Die richtige Frequenz (hier die so genannte Resonanzfrequenz) hängt von der Größe des Beckens ab: Je größer das Becken, desto länger braucht die Wasserwelle von einem Ende zum anderen. Klar: In einer Suppenschüssel schwappt die Flüssigkeit schneller hin und her als in einer Badewanne.

Anderes Beispiel: Kippt man eine Teetasse ein ganz klein wenig, so steigt ihr Inhalt an einer Seite um Millimeter an. Könnten wir das Gleiche mit einem Ozean tun, wäre der Anstieg dagegen enorm. Die Gezeitenströme der Ozeane beruhen also kurz gesagt darauf, dass ihr Hin- und Herschwappen aufgrund ihrer gewaltigen Größe an den Ufern stärker wahrnehmbar ist. Wie die Hand auf die Badewanne wirkt auch der Mond auf die Meeresbecken: Als regelmäßige (periodische) Kraftzufuhr. Der Atlantik hat physikalisch betrachtet gerade die richtige Größe, um durch die zwölfstündigen Gezeitenperiode ins Schwingen zu geraten.

An manchen Stellen der Küsten kommen noch weitere Effekte hinzu. Der Ärmelkanal oder auch die Elbmündung bei Hamburg wirken wie Trichter: die einlaufende Flut wird von der Seite eingeengt und muss dadurch höher werden. Deshalb sind die Gezeiten hier besonders hoch. Die Gezeiten entstehen also nicht dadurch, dass der Mond wie ein Magnet das Wasser einfach nach oben zieht; sondern die relativ kleinen Gezeitenkräfte regen Schwingungen in großen Meeresbecken an.

Daher wirken sich die Gezeitenkräfte auch nicht messbar oder gar merklich auf den Menschen aus. Denn erstens kann der Mond – wie schon gesagt – nur große, verbundene Wassermassen beeinflussen. Und zweitens sind wir keine „Wassersäcke", das heißt: Frei beweglich umherschwappen kann das Wasser im Körper nur innerhalb der winzigen Zellen, im Blutkreislauf und zwischen den Körpergeweben. Auch in einem 50-Meter-Schwimmbecken gibt es keine Gezeiten, und sogar im relativ großen Bodensee sind sie nur noch knapp an der Nachweisgrenze manifest.

➥ Wieso schlafen viele Menschen bei Vollmond schlecht?

Auch dieser angeblich „lunare Effekt" entpuppt sich bei näherem Hinsehen als Astralmythos – auch wenn ihm laut einer Forsa-Umfrage (2003) 88 Prozent der Bundesbürger zustimmen. „Schlafstörungen sind längst eine Zivilisationskrankheit", sagt dagegen Professor Jürgen Zulley, Leiter des Schlafzentrums am Bezirksklinikum der Universität Regensburg. Existenzsorgen, Zukunftsängste, Stress in Beruf und Familie, zu viel Fernsehen und andere psychische Belastungen bescheren fast der Hälfte der Deutschen Probleme beim Ein- oder Durchschlafen, hat eine Studie des Max-Planck-Instituts für Psychiatrie in München ergeben. Den Mond als Schuldigen für gestörte Nachtruhe sprechen dagegen zahlreiche Statistiken frei, etwa die des österreichischen Schlafforschers Prof. Josef Zeitlhofer vom Neurophysiologischen Institut der Universität Wien.

Zeitlhofer ließ Patienten mit Schlafstörungen sowie gesunde Vergleichspersonen sechs Jahre lang eine Art Tagebuch über ihre nächtliche Schlafqualität führen. Ergebnis: Egal ob Vollmond, Neumond, zunehmender oder abnehmender Mond – der „bleiche Geselle" (Goethe) hat keinen Einfluss darauf, ob man selig schlummert oder sich stundenlang von einer Seite auf die andere wälzt.

Dennoch mag Kollege Zulley dem Mondglauben (Lunatismus) durchaus etwas Positives abgewinnen: In schlaflosen Nächten sei es ein Leichtes, „alles auf den Mond zu schieben und nicht endlos über andere Ursachen nachzugrübeln". Derart beruhigt könne man sicher schneller wieder einnicken.

➥ Ist es richtig, dass bei Vollmond mehr Kinder zur Welt kommen?

Ob Schlafstörungen, Unfälle, Messerstechereien und Selbstmorde, seelische Krisen, Geburtenrate, Trunksucht, Menstruationszyklus, epileptische Anfälle und vieles mehr – keine angebliche Korrelation zwischen dem Vollmond (oder anderen Mondphasen) und menschlichem Verhalten hat jemals wiederholten Überprüfungen standgehalten.

Offenkundig spielt hier das Phänomen der selektiven Wahrnehmung eine entscheidende Rolle: Menschen neigen nun einmal dazu, Beobachtungen, die zu ihrer persönlichen Überzeugung passen, stärker zu beachten und zu erinnern als Unzutreffendes. Ganz deutlich zeigte sich dies bei Hebammen an der Nordseeküste: Obwohl die meisten fest davon überzeugt waren, Geburten würden fast nur bei Flut stattfinden, ergab eine Untersuchung ihrer eigenen Aufzeichnungen, dass tatsächlich von 1.360 Spontangeburten 699 – mehr als die Hälfte – bei Ebbe stattfanden.

Neuester Schrei bei der kommerziellen Vermarktung des Lunatismus: Mondholz. Bei abnehmendem Mond werde das bessere Holz geschlagen, lautet eine von vielen diesbezüglichen Behauptungen. Die staatliche Versuchsanstalt für Holzindustrie in Mödling (Österreich) wollte es genau wissen und überprüfte mit Messreihen und Analysen die möglichen Einflüsse der verschiedenen Mondphasen. Das Ergebnis des fünf Jahre dauernden interdisziplinären Projekts mit Biologen, Holztechnikern und Historikern: Weder auf die Holzqualität noch auf den Pilzbefall haben die Mondregeln irgendeinen Einfluss.

Und auf die Nadelung? Angeblich soll der Mond doch auch gegen das alljährliche „Nadel-Drama" unterm Weihnachtsbaum helfen. Prof. Claus-Thomas Bues und Dr. Jens Triebel von der Fachrichtung Forstwissenschaften der Technischen Universität (TU) Dresden untersuchten an 16 genetisch identischen Fichten, wie sich zu unterschiedlichen Mondphasen geschnittene Zweige bezüglich ihres Nadelverlustes verhalten. Unter kontrollierten Bedingungen wurden die Zweige in verschiedenen Mondphasen geschnitten, aufbewahrt und der Verlust an Nadeln protokolliert. Auch hier ergab sich: Der Mond scheint keinen Einfluss auf das Nadelverhalten der Fichten zu haben. Jedenfalls verloren die Zweige der Fichten im dem Experiment ihre Nadeln relativ gleichmäßig, egal zu welchem Zeitpunkt sie geschnitten wurden. Unabhängig vom Termin des Schnitts nadelten alle Zweige in den ersten zwei Wochen nach dem Schnitt so gut wie gar nicht, zwischen der zweiten und vierten Woche steigerte sich bei allen Zweigen der Nadelverlust dramatisch, nach sechs Wochen waren fast keine Nadeln mehr an den Zweigen. Die populäre Behauptung, dass eine am dritten Tag vor Vollmond geschlagene Fichte ihre Nadeln bis weit in das neue Jahr behält, erwies sich als haltlos.

Auch der *Zeit*-Journalist Christoph Drösser ging für seine Rubrik „Stimmt's?“ dem Mythos nach, dass das Schlagen bestimmter Baumsorten bei Vollmond härteres Holz ergebe. Fazit seiner Recherchen: „Wenn man getreu dem Grundsatz, dass außerordentliche Behauptungen auch außerordentlich guter Belege bedürfen, weiterforscht, dann stößt man auf eine große Zahl von Untersuchungen mit negativem Ergebnis: So konnte bei Tests an der Universität Freiburg, an der Technischen Universität Dresden und an verschiedenen Schweizer Instituten zu diversen Parametern des Holzes kein Unterschied zwischen Neumond- und Vollmondholz gefunden werden.“ Ein Autor habe in der *Schweizerischen Zeitung für Forstwesen* zudem darauf hingewiesen, dass es zwar sehr viele Mondregeln für das Holzfällen gibt, dass diese aber sehr unterschiedlich seien und sich im Detail sogar widersprechen.

Ferner zitierte Drösser den Waldbiologen Pedro Gerstberger von der Universität Bayreuth, der die Regel vom harten Vollmond-Holz auf ein Missverständnis zurückführte: Früher habe man die Bäume vorwiegend bei *absteigendem* Mond gefällt – das ist die Winterzeit ab Januar, wenn die Bahn des Mondes immer flacher wird. Und das sei auch sinnvoll gewesen, weil das Holz dann nicht „im Saftfluss“ stehe und daher schneller trockne. Heute wird Holz auch im Sommer geschlagen und bei Bedarf vakuumgetrocknet. Dass immer mehr Holzhändler mit dem „Mondholz“ werben, bezeichnete der Biologe schlicht als „Geschäftemacherei“.

➥ Wie sieht es mit operativen Eingriffen nach dem Mondkalender aus?

An diesem Beispiel zeigt sich, dass auch ein vordergründig harmloser, sympathischer Aberglaube leicht ins Extreme gesteigert und gefährlich werden kann – sogar lebensgefährlich. Die Zahl der Patienten, die ihren Lebensrhythmus nach dem Mondkalender ausrichten und demnach auch bei geplanten Operationen zum „richtigen Zeitpunkt“ behandelt werden wollen, werde immer größer, beklagt etwa Professor Brigitta Bunzel von der Klinischen Abteilung für Herz- und Thoraxchirurgie der Wiener Universitätsklinik für Chirurgie. Grund genug, auch diesen Aspekt der Mondgläubigkeit gründlich unter die Lupe zu nehmen.

Unter der Leitung des Chirurgen Professor Josef Smolle von der Grazer Uni-Klinik für Dermatologie und Venerologie machte sich ein Forscherteam an die Arbeit und wies nach, dass bei chirurgischen Eingriffen kein Zusammenhang zwischen Mondphasen und Problemen während oder nach der Operation besteht. Weder Vollmond noch zu- oder abnehmender Mond führen zu signifikanten Änderungen der postoperativen Entwicklung, zeigte die Studie, die die Daten von fast 15.000 Patienten rückwirkend bis ins Jahr 1990 erhoben hat. „Nicht einmal eine Tendenz in die behauptete Richtung zeichnete sich ab“, erklärten die Wissenschaftler.

Konkret: Als Kriterium der Untersuchung, die man an Patienten mit allgemeinchirurgischen, plastischen, gefäßchirurgischen, thorax- und herzchirurgischen Eingriffen durchgeführt hat, wurde der Tod des Patienten während der Operation oder innerhalb eines Zeitraumes von 30 Tagen gewählt. Von den 14.970 Patienten verstarben 189 innerhalb von 30 Tagen nach der Operation, was einer allgemeinen Mortalitätsrate von 1,28 Prozent entspricht. 50,7 Prozent wurden bei zunehmendem und 49,3 Prozent bei abnehmendem Mond operiert. Die Zahl der Todesfälle betrug 91 bei zunehmendem und 98 bei abnehmendem Mond. Die Mortalität der bei Vollmond operierten Patienten lag bei 1,16 Prozent. Signifikanzen seien auch nicht im zweiten und dritten Viertel des Mondphasen eingetreten, so die Studienautoren. Auch zeigte das Geschlecht der Patienten keinen Zusammenhang mit Komplikationen. In einer Parallelstudie mit 600 Thorax-Patienten wurde das Auftreten jedweder Komplikation erhoben. Hierbei ergaben sich ähnliche Ergebnisse: Von den 294 Patienten, die bei zunehmendem Mond operiert worden waren, hatten 69 mit Komplikationen zu kämpfen, von den 306 Patienten, die bei abnehmendem Mond unters Messer kamen, waren es 87.

Schließlich untersuchten auch der österreichische Chirurg Michael Schardtmüller und der Soziologe Edgar Wunder von der *Gesellschaft für Anomalistik* (GfA) die These: „Moduliert der Mond die perioperative Blutungsgefahr und andere Komplikationsrisiken im Umfeld von chirurgischen Eingriffen?“ Dazu wurden bei 228 Patienten, die sich Knie- und Hüftoperationen unterzogen hatten, mit statistischen Verfahren nach einer eventuellen Bedeutung der Mondphase gesucht. Die Ergebnisse waren eindeutig: Der Mond ist für den Operationserfolg irrelevant. Schardtmüller/Wunder abschließend: „Wer wie Paungger/Poppe derartige Behauptungen über für Operationen angeblich ungünstige Mondphasen verbreitet, verunsichert Patienten, die ohnehin vor belastenden medizinischen Eingriffen stehen, unnötigerweise zusätzlich."

➥ Gibt es denn überhaupt keine nachgewiesenen Mondeinflüsse?

Das grelle Licht einer klaren Vollmondnacht, die „subjektive Helligkeit", könne auf empfindliche Menschen störend wirken, räumt der Schlafforscher Jürgen Zulley ein. Ansonsten aber ist es lediglich eine Frage der Reflexion des Sonnenlichts, ob wir den Mond „voll" oder „halb" am Himmel sehen oder ob er „abnimmt" oder „zunimmt". Die angeblich so bedeutsamen Mondphasen sind also bloß ein Spiel von Licht und Schatten. Der Mond als Masse ist immer gleich. Das sieht man unter anderem daran, dass Ebbe und Flut täglich kommen und dass sehr unterschiedliche Phasen (Vollmond, Neumond) zu sehr ähnlichen Gezeitenphänomenen führen.

Denn ob Vollmond, Neumond, zunehmender oder abnehmender Mond: Die Gravitationswirkung des Erdtrabanten ist davon unabhängig und ändert sich mit den verschiedenen Mondphasen nicht. Das Gestirn verschwindet dann ja nicht wirklich oder wird kleiner oder größer; ob nun gerade die Vorder- oder Rückseite beleuchtet ist oder der Mond von der Erde aus nur als schmale Sichel zu sehen ist, spielt für seine Anziehungskraft keine Rolle.

Natürlich sind die Gezeitenphänomene Schwankungen unterworfen, und zwar wegen des Sonnen-Beitrags jahreszeitlich mit dem Abstand und der Richtung Erde-Sonne. Darüber hinaus verändern sich die Gezeiten auch mit dem Abstand des Mondes – aber ohne feste Beziehung zu den Mondphasen. Das heißt: In ihrem jährlichen Lauf halten Sonne, Erde und Mond verschiedene Positionen zueinander. Dadurch ändern sich auch die Anziehungskräfte mit ihrem Einfluss auf den Wassermantel der Erde.

Gut belegt ist, dass zahlreiche Tierarten ihr Verhalten an den Mondphasen ausrichten. Beispielsweise sind Feldmäuse bei Vollmond weniger nachtaktiv, da sie bei hellem Mondlicht besser von ihren Fressfeinden gesehen werden können. Was aber das Verhalten von Menschen betrifft, gehören die allermeisten der behaupteten Mondeinflüsse ins Reich der Legenden.

Weiterführende Literatur:

Klaudia Einhorn / Günther Wuchterl: Mondphasen. Im Internet unter: www.astro.univie.ac.at/~wuchterl/Kuffner/mond/mondphasen.html

Klaudia Einhorn: Was Sie in Astrologiebüchern nicht finden werden. Im Internet unter: www.astro.univie.ac.at/~wuchterl/Kuffner/mond/astrologie.html

Bernulf Kanitscheider: Astrologie in wissenschaftstheoretischer Perspektive. Im Internet unter: www.astrologiezentrum.de/aktuelles/kontroverse/kontroverse1.html

Andreas Hergovich: Die Psychologie der Astrologie. Verlag Hans Huber, Bern 2005

Kocku von Stuckrad: Die Geschichte der Astrologie. Beck-Verlag, München 2003

Wilhelm Knappich: Geschichte der Astrologie. Klostermann-Verlag, Frankfurt a.M. 1998

Walter Gerlach: Das neue Lexikon des Aberglaubens. Eichborn-Verlag, Frankurt a.M. 1998

Roger B. Culver / Philip A. Ianna: Astrology: True or False? A Scientific Evaluation. Prometheus Books, Amherst / New York 1988

Edgar Wunder: Die 20 häufigsten Argumente für die Astrologie – Wie glaubwürdig sind sie? In: Regiomontanusbote. Zeitschrift der Nürnberger Astronomischen Arbeitsgemeinschaft 3/1995

4. Ufos: Trübe Untertassen

➥ Woher kommen die Ufos?

Betrachten wir exemplarisch den einzigen Ufo-Fall in 2004, der auch dem Nachrichtenmagazin *Der Spiegel* eine Erwähnung wert war: Am 5. März 2004 befand sich ein Fernaufklärungs-Flugzeug der mexikanischen Luftwaffe vom Typ Merlin C26A auf einem Erkundungsflug im Rahmen einer Drogenbekämpfungsmission. Gegen 17 Uhr Ortszeit zeigten sowohl das Radar der Maschine wie auch die Infrarot-Sensoren in etwa 3500 Metern Höhe über Ciuadad del Carmen am Golf von Mexiko „unbekannten Verkehr" an. Major Magdaleno Jasso Nunez informierte über Funk die Einsatzleitung und machte sich mit seiner zweiköpfigen Crew an die Verfolgung der vermeintlichen Drogenkuriere. Die Merlin C26A näherte sich dem fremden Objekt bis auf wenige Meilen, ohne dass eine visuelle Identifizierung gelang – der Gegner blieb für die Luftwaffensoldaten unsichtbar, obwohl ihre elektronisch-digitalen Hilfsmittel weiterhin Kontakt anzeigten.

Und dann geschah etwas Unglaubliches: Plötzlich befand sich das unbekannte Objekt hinter der Merlin, und die Verfolger sahen sich unvermittelt in der Rolle der Verfolgten. Beredetes Zeugnis von der Überraschung der Besatzung über das schier unglaubliche Ausweichmanöver des fremden Ziels gibt der aufgezeichnete Funkverkehr mit der Bodenkontrolle.

Und damit nicht genug: Es vergingen nur wenige Sekunden, bis die Bordinstrumente ein zweites Objekt in unmittelbarer Nähe registrierten. Der Kommandeur der Merlin, Major Nunez, gab weiterhin das Geschehen über Funk an die Einsatzzentrale durch, während er und seine Kameraden den Himmel mit ihren Augen nach den beiden unheimlichen Begleitern absuchten – nach wie vor ohne Erfolg.

Vollends in Panik geriet die Crew, als ihr Flugzeug Augenblicke später wie aus dem Nichts von einem ganzen Schwarm unbekannter Objekte umzingelt wurde. Elf Signale waren auf dem Radar und auf dem Infrarot-

Bildschirm zu sehen, und alle wiesen die gleiche Größe und die gleichen Charakteristika auf. Hörbar bestürzt gab Major Nunez die unerklärliche Situation an das Kontrollzentrum weiter und erbat Befehle. Denn mit einem solchen Phänomen war der erfahrene Militärpilot nie zuvor konfrontiert worden.

Doch noch ehe die Obristen der 501. Luftschwadron sich einen Reim auf die außergewöhnliche Lage machen konnten, verschwanden die Himmelserscheinungen so plötzlich, wie sie aufgetaucht waren. Die Merlin C26A kehrte ohne weitere Probleme zu ihrem Stützpunkt zurück und die Mannschaft gab nach der Landung einen umfassenden Bericht über die Ereignisse in 3500 Metern Höhe ab.

Das mexikanische Verteidigungsministerium wurde unterrichtet und leitete eine Untersuchung ein, alle Daten einschließlich der Aufnahmen der Wärmebildkameras wurden gesichert. Ergebnis: An diesem 5. März 2004 spätnachmittags herrschten optimale meteorologische Umstände: schwacher Wind, gute Sicht. Es konnten keinerlei Störungen im Flugzeugbetrieb festgestellt werden, auch keine Besonderheiten in der „elektrischen Atmosphäre" wie beispielsweise starke Sonnenwinde oder Ähnliches. Die Geräte an Bord der Aufklärungsmaschine schienen völlig in Ordnung zu sein. Nichtsdestotrotz waren auf den Infrarot-Aufnahmen elf leuchtende Punkte zu sehen, die sich hin und her bewegten.

Am 11. Mai 2004 informierte der Chef des mexikanischen Generalstabs bei einer internationalen Pressekonferenz in Mexiko City der Öffentlichkeit über den Vorfall. Von CNN bis hin zum RTL-Frühstücksfernsehen stiegen die Medien auf die Story ein. Schnell war von „fliegenden Untertassen" oder einer „glühenden Ufo-Flotte" die Rede. Nüchterne, aber schlecht informierte Experten wie etwa die beiden mexikanischen Nuklearwissenschaftler Rafael Navarro Gonzales und Julio Herrera von der Nationaluniversität UNAM erklärten die Leuchterscheinungen mit seltenen Blitzen, konkret mit „elektrischen Entladungen, die in einem ionisierten Gas zurückgehalten werden". Da Blitze jedoch stets mit bloßem Auge sichtbar sind und eine sehr kurze Lebensdauer haben, die Merlin-Crew die leuchtenden Objekte aber nur per Infrarotkamera und Radar und über einen längeren Zeitraum wahrnehmen konnte, heizte diese vorschnelle Äußerung die Spekulationen nur noch weiter an.

Schließlich war es der mexikanische Linienpilot Alejandro Franz, der einige Wochen später die richtige Spur zur Lösung des Ufo-Rätsels wies: Der Capitaine äußerte die Vermutung, dass die Infrarotaufnahmen nichts weiter als große Erdgas-Fackeln auf dem Cantarell-Ölfeld im Golf von

Mexiko zeigten. Bei Nacht könne man auf der Flugroute der Merlin die Fackeln sogar sehen – trotz der Entfernung von circa 80 Meilen. Tagsüber sei dies unmöglich, jedoch könne die Wärmeabstrahlung durch „atmospheric refraction" (atmosphärische Strahlenbrechung) weit nach oben hin durchschlagen.

Zur Bekräftigung seiner These legte Franz Satelliten-Wärmebildaufnahmen der *National Oceanic and Atmospheric Administration* (NOAA) von der betreffenden Zone vor. Tatsächlich stach darauf das größte Offshore-Ölfeld der Welt mit seinen lodernden Fackeln deutlich hervor. Die Fackeln zeigen an, dass an diesen Stellen Öl aus der Erde geholt wird, und sie sind die intensivsten Wärmequellen weithin. Was dort verbrennt, ist das bei der Ölförderung anfallende Begleitgas.

Ein Abgleich dieser Aufnahmen mit der Flugroute der Merlin C26A ergab, dass die Aufklärungsmaschine am 5. März 2004 zwischen 16.51 Uhr und 17.09 Uhr wohl tatsächlich die Ölförderanlage im Visier hatte und die nicht ganz korrekt eingestellte Infrarot-Kamera die Wärmequellen dort aufzeichnete. Endgültigen Aufschluss brachte ein Luftbild des Cantarell-Ölfelds, das bei Dunkelheit aufgenommen wurde. Die Anordnung der brennenden Fackeln darauf entspricht ziemlich genau den elf Leuchtpunkten auf den Infrarotaufnahmen der Merlin.

Kurios – aber nicht ungewöhnlich. Im November 1979 war eine Super Caravelle auf dem Flughafen Manises in Spanien notgelandet, weil die Piloten glaubten, in der Ferne zwei flammende Ufos gesehen zu haben. Auch in diesem Fall entpuppten sich die mysteriösen Leuchterscheinungen als Widerschein mächtiger Fackeln der Ölraffinerie von Escombreras (Cartagena).

Aus diesem typischen Fallbericht wird deutlich: Das „U" in „Ufo" steht nicht für „unbekannt", sondern für „unidentifiziert". Ein Ufo ist also lediglich ein fliegendes Objekt, das zum Zeitpunkt der Sichtung vom Beobachter nicht eindeutig identifiziert werden kann. Meistens berichten Ufo-Zeugen auch nicht von scheibenförmigen Flugkörpern, die einer Untertasse ähneln, sondern von Lichtern, die sie bei Nacht aus größerer Entfernung am Himmel gesehen haben. Als häufigster so genannter Ufo-Stimulus gelten moderne Lichteffektgeräte (Skytracker), die bei Volksfesten oder von Diskotheken aus kreisende helle Flecke an die Wolkendecke projizieren. Ein unbedarfter Beobachter kann darin zum Beispiel eine „leuchtende Scheibe" erblicken, „die mir folgte" oder einen „schwebenden Ring, der mehrfach seine Farben wechselte", oder „fliegende Teller am Himmel".

Platz zwei in den Fall-Statistiken von seriösen Ufo-Forschungsgruppen nehmen Miniatur-Heißluftballone ein, auch „Partyballons" genannt. In der Regel stammen die Ufos also von der Erde und haben rein gar nichts mit Aliens zu tun. Es sind Wetter- und Heißluftballone, beleuchtete Reklame-Zeppeline, Flugzeuge, Hubschrauber, Testflugkörper, Drachen, Wolken, Vögel oder sogar Leuchtkäfer, die regelmäßig für Ufo-Alarm sorgen. Hin und wieder steckt hinter Ufo-Berichten tatsächlich etwas Extraterrestrisches – beispielsweise helle Sterne wie der Sirius, wenn sie in Horizontnähe stehen. Durch eine Wahrnehmungstäuschung erscheinen sie dann sehr viel größer als die übrigen sichtbaren Sterne. Auch die Planeten Jupiter und Venus werden häufig als Ufos fehlgedeutet, ebenso wie Meteore, Satelliten oder Re-Entrys („Wiedereintrittskörper" = Teile von Raketen oder Raumstationen, also „Weltraumschrott", der in der Erdatmosphäre verglüht).

➥ Wie kann jemand einen Mini-Ballon für ein Ufo halten?

„Was ich gesehen habe, kann kein Ballon gewesen sein!" Diese häufige Reaktion von Ufo-Zeugen ist verständlich. Allerdings wissen die wenigsten, was ein Partyballon ist oder kennen sein Flugverhalten – das sich erheblich von Wetter- oder anderen Ballonen unterscheidet:

- Der Standard-Miniaturheißluftballon ist rot-weiß gestreift. Einem nächtlichen Beobachter erscheinen er meist orange-rötlich.
- Wenn er von einem Windstoß erfasst wird, ändert er abrupt die Richtung, was untypisch für ein Fluggerät ist und auch den physikalischen Erhaltungsgrößen der Bewegung zu widersprechen scheint; aber nur, wenn man nicht erkennt, dass das Objekt in Wirklichkeit hohl ist und fast nichts wiegt. Schon viele Zeugen berichteten, das vermeintliche Ufo (das ein Partyballon war) habe sich „schneller als ein Düsenjäger" bewegt.
- Je nach Entfernung und Sichtwinkel kann er als Kugel, Scheibe, Vieleck oder sogar als Untertasse oder Bumerang erscheinen.
- Wenn die Brennspiritus-Befeuerung erlischt, wirkt er auf den Beobachter wie „ausgeschaltet".
- Am Ende des etwa 20-minütigen Fluges kann sich Brennmaterial ablösen und einen Funkenregen verursachen. Dann verglimmt der Antrieb langsam, das Restfeuer kann die Hülle aus Drachenpapier ent-

flammen, wobei sich glühende Fetzen ablösen und vom Wind davon geweht werden. Für einen Beobachter sieht das so aus, als würde das Objekt in der Luft explodieren.

Kein Wunder also, dass Zeugen immer wieder von einem „ovalen Objekt" berichten, das wie von orange-roten Flammen eingehüllt war" oder von einem „fliegenden Kohleofen" oder von einer „glühenden Scheibe", obwohl nur ein Miniatur-Heißluftballon in einiger Entfernung an ihnen vorüberzog. Ufos sind im Wesentlichen ein Phänomen unserer Wahrnehmung: Der dunkle Nachthimmel, eine ungewohnte Perspektive und nicht zuletzt die Aufregung angesichts eines mysteriösen Schauspiels kann ausnahmslos jedes fliegende Objekt zum Ufo verfremden. Und auch Zeugen, denen eine besonders hohe Glaubwürdigkeit zugebilligt wird, wie etwa Piloten oder Polizisten, verfügen nur über die normale (und das heißt: begrenzte) menschliche Wahrnehmungsfähigkeit.

Außerdem kann man nur etwas identifizieren, das man kennt. Ein Objekt, das der Beobachter noch nie zuvor gesehen hat, sorgt daher immer für Verwirrung – selbst wenn es sich nur um eine so windige Sache wie einen Partyballon handelt.

Dass unsere Wahrnehmung auch tagsüber nicht wie eine Videokamera funktioniert, die exakt die Wirklichkeit aufzeichnet und ohne Fehler wiedergibt, erwies sich exemplarisch bei einer Ufo-Jagd der Bamberger Regionalgruppe der *Gesellschaft zur wissenschaftlichen Untersuchung von Parawissenschaften* (GWUP). „Ufos über Bamberg?" titelte die Lokalzeitung am 23. August 2002. In dem Bericht war von einem Autofahrer die Rede, der auf der Autobahn A 73 eine merkwürdige Beobachtung am Himmel gemacht und der Redaktion davon berichtet hatte. „Eine Art Fallschirm" sei am Sonntag, 18. August, nahe der Autobahn mit hoher Geschwindigkeit zu Boden gegangen. „Unter dem Fallschirm hing eine Art Kapsel", zitierte das Blatt den Augenzeugen Gerhard K.: „Es erinnerte ein wenig an die russischen Raumfahrerkapseln, wie sie in der kasachischen Wüste landen. Es waren nur Bruchteile von Sekunden, in denen das Objekt für mich sichtbar war, dann verschwand es hinter einem Abschnitt mit Bäumen." Zu groß für ein Modell-Fluggerät, zu schnell für einen Heißluftballon. Die Notlandung eines Ufos? „Gerhard K. sollte sich nicht zu viele Hoffnungen auf eine beruhigende Erklärung machen", schloss der Lokalredakteur seinen Artikel.

Die Bamberger Skeptiker fanden sie dennoch. Und zwar hinter jenen Bäumen, die K. von der Autobahn aus die Sicht auf die Landung des Flugobjekts versperrt hatten. Dort liegt der Breitenau-Flughafen, Domizil der Segelflieger des *Aero-Club Bamberg e.V.* „Ein Segelflugzeug war es nicht, das K. sah“, ermittelte der Soziologe Detlev Lück, „nur das Ende eines gewöhnlichen Startvorgangs. Segelflugzeuge werden dort bei schönem Wetter von einer Dieselwinde mit einem Schleppseil in die Höhe gezogen. So war es auch an jenem Sonntag. An einem Stahlseil beginnt die auf einen Lkw montierte Winde, das Flugzeug über die Piste zu ziehen, bis es abhebt. Fast senkrecht über der Winde wird das Seil in etwa 500 Metern Höhe ausgeklinkt. Um zu verhindern, dass das Stahlseil ungebremst auf dem Boden aufschlägt, öffnet sich am oberen Ende ein Fallschirm. Die ‘Kapsel’ unterhalb des Fallschirms ist ein weiß-rotes Markierungshütchen, wie es an Baustellen zur Absperrung verwendet wird. Dem *Aero-Club* dient es als Markierung des Seilendes. Das Seil selbst war zum Zeitpunkt der Ufo-Sichtung wegen des Gegenlichts kaum zu sehen.“[1]

Alle Umstände passten ins Bild: Am 18. August 2003 stand die Winde nur einen Steinwurf von der A73 entfernt. Es herrschte reger Flugbetrieb. Für K.’s Sichtung zwischen 17.45 und 17.55 Uhr kamen laut Tower-Informationen zwei Flugzeugstarts in Frage. Für einige Piloten war der Fall so eindeutig, dass sie sich fragten, wie jemand ihren Fallschirm für ein Ufo halten konnte. Lück: „Doch das geht leicht, wenn man den Flugplatz nicht kennt. Von der Autobahn aus ist er fast überall von Bäumen oder Schallschutzwänden verdeckt. Nur auf der A 73 zwischen Autobahnkreuz und der Ausfahrt Memmelsdorf ist die Sicht für ein kurzes Stück frei. Wem die Segelflieger am Himmel nicht auffallen, springt die Lösung nicht ins Auge. Und wer sich auf den Fallschirm konzentriert, sieht die Segelflieger am Himmel nicht.“

➥ Sind Ufo-Zeugen Spinner?

Dieser Beispiele eingedenk, ergibt sich die Antwort auf diese Frage von selbst: Menschen, die ein Ufo gesehen haben wollen, sind nicht verrückt und keine Lügner oder Spinner. Sie geben lediglich ein rätselhaftes Geschehen so wieder, wie sie es für sich persönlich erlebt und empfunden haben. Diese Schilderungen weichen allerdings häufig weit von dem ab, was tatsächlich passiert ist – so wie fünf Unfallzeugen der Polizei mitunter fünf ganz unterschiedliche (weil rein subjektive) Versionen des Hergangs schildern.

Interessanter scheint die Frage, wieso eigentlich Menschen ihre „Ufo-Sichtungen“ melden, also jemandem mitteilen wollen. Der Mannheimer Amateur-Astronom Werner Walter unterhält seit vielen Jahren eine Ufo-

Meldestelle.[2] Nach eigenem Bekunden ist Walter „immer wieder überrascht“, welchen Aufwand Ufo-Zeugen betreiben, um ihn zu erreichen – „meistens unter dem heftigen Eindruck der gerade eben gemachten Erfahrung. Selbst aus Österreich und der Schweiz kommen Anrufe, und zum Teil haben die Anrufer bereits mehrere Stunden am Hörer verbracht, um einen Ansprechpartner zu finden und Antworten zu bekommen. Das ist das Hauptmotiv. Und nicht einfach nur Meldung machen, und fertig.“

„Völlig aufgelöst“, so der Ufo-Experte weiter, berichten viele Anrufer, was sie da gerade „Unglaubliches“ und „Anormales“ am Himmel gesehen haben. Bemerkenswert ist, dass Ufos in aller Regel von unerfahrenen und eher zufälligen Himmelsbeobachtern gesichtet werden, jedoch fast nie von professionell tätigen Astronomen – immerhin verbringen letztere viel Zeit damit, in den Himmel zu schauen. Da läge es doch eigentlich nahe, dass auch Astronomen gelegentlich unidentifizierte Flugobjekte sehen müssten. Anscheinend liegt der Gründer der amerikanischen Skeptiker-Organisation *Committee for the Scientific Investigation of Claims of the Paranormal* (CSICOP), Paul Kurtz, nicht ganz falsch, wenn er feststellt: „Ufologie ist die Mythologie des Weltraumzeitalters. Statt Engel haben wir jetzt Aliens. Sie sind das Produkt unserer kreativen Fantasie. Der Ufo-Glaube dient den Zwecken der Poesie und des Existenzialismus. Er strebt danach, dem Menschen tiefere Wurzeln und eine bessere Orientierung im Kosmos zu verschaffen. Er ist Ausdruck unseres Hungers nach Mysterien, unserer Hoffnung auf transzendentale Bedeutung. Die Götter des Olymp sind zu Weltraumreisenden geworden, die uns in unseren Träumen in andere Welten transportieren.“

➥ Seit wann und wieso sieht man in Ufos außerirdische Raumschiffe?

Es war kurz nach dem Zweiten Weltkrieg, am 24. Juni 1947, als der Privatpilot Kenneth Arnold über dem Mount Rainier im US-Bundesstaat Washington eine unheimliche Begegnung in 2800 Metern Höhe hatte: Eine Formation von neun im Aussehen identischen Objekten schoss über die Gipfel des Hochplateaus und kam immer näher. Was Arnold am meisten irritierte, war die Tatsache, dass er kein Höhenruder oder sonstige Auswüchse an den Flugkörpern ausmachen konnte – und dass sie sich mit ungewöhnlicher Geschwindigkeit zu bewegen schienen. Nach etwa drei Minuten verschwanden die Objekte hinter dem Mount Adams.

Nach seiner Landung in Yakima sagte Arnold einem Reporter der Presseagentur UPI: „Sie können mich einen Flash Gordon oder einfach einen Spinner nennen, aber ich weiß, was ich gesehen habe. Die Dinger sahen aus wie Unterassen und flogen, wie wenn man Steine übers Wasser schlittern lässt.“ Der Journalist Bill Bequette machte daraus „flying saucers“, zu Deutsch: fliegende Untertassen. Heute gilt als einigermaßen sicher, dass Arnold Zeuge eines streng geheimen Testflugs neuer Kampfjets geworden war: der Jagdbomben- und Erdkampfflugzeuge Republic F-84 „Thunderjets“.

Dennoch schlug die Agentur-Meldung von den fliegenden Untertassen ein wie eine Bombe. Und zwar zu jener Zeit, da die politischen Spannungen zwischen den USA und ihren Westalliierten und der Sowjetunion als „Kalter Krieg“ zu eskalieren begannen. Nachdem Arnold / Bequette zunächst nur rein sprachlich einen neuen Mythos begründet hatten, hing in Amerika plötzlich der Himmel voller Ufos. Die Regierung vermutete hinter den zahllosen Sichtungsberichten zunächst sowjetische Geheimwaffen und drückte daher dem Ufo-Thema pragmatisch einen „top secret“-Stempel auf.

Sciencefiction-Streifen stanzen üblicherweise die Schablonen vor, welche die Fantasie eines Ufo-Zeugen dann ausfüllt und zum Leben erweckt.

Doch das konnte mitnichten verhindern, dass sich an den mysteriösen Himmelsobjekten die Sehnsüchte und Ängste vieler Menschen festkrallten. Mitten in dem beklemmenden technologischen und politischen Wettkampf der Systeme, der jederzeit in eine „heiße“ Auseinandersetzung mit dem Einsatz von Atomwaffen münden konnte, erschien ihnen der Kult um die „fliegenden Untertassen“ als faszinierende utopische Konzeption. Sie wurden an Herz und Seele von dem Credo gepackt: Hoch entwickelte und uns überlegene Aliens kommen engelsgleich aus dem All daher, um die Welt aus allen politischen und technologischen Krisen zu retten. Schon bald traten entsprechende Propheten auf, namentlich „Kontaktler“, die zum Beispiel von Besuchen der „Venusianer“ berichteten und eine „spirituelle Transformation“ predigten.

Dieses Wunschdenken steigerte sich wellenförmig und immer synchron zum Zeitgeschehen:

- Die zweite und die dritte Ufo-Welle standen im Zeichen der beginnenden Raumfahrt und schließlich der bemannten Raumfahrt bis zur ersten Mondlandung 1969.
- Die vierte größere Thematisierung sehen Experten zu Beginn der New-Age- und Esoterikbewegung Ende der 1970er Jahre.
- Die letzte Ufo-Welle ging mit dem Programm zur Erforschung extraterrestrischen Lebens (SETI, 1992), der Entdeckung von Spuren bakterienähnlicher Lebewesen im Marsgestein (1996) und dem 50-jährigen Jubiläum der oben ausgeführten Initialzündung (1997) einher.

Bis heute verankert die Ufologie Sciencefiction-Fantasien im Transzendenten; sie bringt ein modernes wissenschaftlich-technisches Weltbild zwanglos mit religiösen Bedürfnissen in Einklang. Am Leben erhalten wird der Kult um die „fliegenden Untertassen“ von ehrlichen Sinnsuchern, vor allem aber von geldgierigen Scharlatanen und der Sensationspresse.

➥ Wie glaubwürdig sind Ufo-Kontaktler?

Die Jugendzeitschrift *16* setzte in Heft 12/2000 effektvoll den 23 Jahre alten Ufo-Kontaktler Roland in Szene: „Rolands Wohnung ist voller Bilder von Aliens, und auf seinem Schreibtisch stapeln sich Unterlagen über die verschiedenen Völker der Außerirdischen, Zeichnungen von Sternbildern und Briefe von Sirianern und Venusianern – einer anderen außerirdischen Bevölkerung, mit der Roland ebenfalls seit einiger Zeit in Kontakt steht.“

Nachdem im Konkurrenzblatt *Bravo* schon im Frühjahr des Jahres 1984 der damals 15-jährige Andreas Schneider von seinen Begegnungen mit klumpfüßigen Wesen vom Planeten „Humo" berichtet hatte, schien den 16-Machern zur Jahrtausendwende die Zeit für einen neuen Ufo-Boy mit dem gewissen „ET"was gekommen.

Leider: „Was Roland genau von den Außerirdischen empfängt, möchte er nicht verraten", hielt das Blatt die abgedrehte Space-Age-Story weitgehend im Nebulösen: „Die Welt ist noch nicht bereit dafür. Doch nächstes Jahr, das haben sie mir gesagt, wird ein wunderbares Jahr für die Menschheit werden."

Diese optimistische Botschaft der Aliens kann wohl durch die Ereignisse des 11. September 2001 als hinreichend widerlegt gelten, sodass man dem verstorbenen US-Astronomen und Autor Carl Sagan (*Contact*) nur zustimmen kann: „Wie kommt es, frage ich mich, dass Ufo-Insassen so sehr an modisch aktuelle oder dringende Sorgen und Probleme auf diesem Planeten gebunden sind? Warum haben sie nicht in den 1950ern ganz nebenbei vor den FCKWs und der Verringerung der Ozonschicht gewarnt? Warum nicht in den 1970ern vor dem HIV-Virus, als sie wirklich etwas Gutes hätten bewirken können? Warum warnt man uns heute nicht vor irgendeiner Gefahr für die öffentliche Gesundheit oder die Umwelt, von der wir noch keine Ahnung haben? Kann es sein, dass Außerirdische nur soviel wissen wie jene Menschen, die von ihrer Anwesenheit berichten?"

Zeitlebens bekam Sagan Post von Ufo-Kontaktlern. „Da werde ich dann aufgefordert, die Ufo-Piloten irgendetwas zu fragen", berichtete er in einem seiner Bücher. „Und darum habe ich mir im Laufe der Jahre eine kleine Liste mit Fragen angelegt. Die Außerirdischen sind ja sehr fortschrittlich, nicht wahr? Also frage ich sie Dinge wie 'Bitte liefert mir einen kurzen Beweis für das ungelöste mathematische Theorem Fermats Letzter Satz oder für die Goldbachsche Vermutung'. Und dann muss ich erklären, worum es sich dabei handelt, denn Außerirdische werden ja nicht von 'Fermats Letzter Satz' sprechen. Daher schreibe ich die simple Gleichung mit den Exponenten hin. Und bekomme nie eine Antwort. Wenn ich andererseits etwas frage wie 'Sollen wir gut sein?', bekomme ich fast immer eine Antwort. Auf alles Vage, besonders wenn es um konventionelle moralische Urteile geht, geben diese Außerirdischen zu gern eine Antwort. Aber bei allen konkreten Fällen, wo vielleicht die Chance besteht herauszufinden, ob sie wirklich etwas wissen, was das Wissen der meisten Menschen übersteigt, herrscht nichts als Schweigen."

➥ Was ist mit den vielen Ufo-Beweisen, von denen man immer wieder liest?

Die Außerirdischen sind längst unter uns. Und dafür gibt es handfeste Beweise wie Radarsignale, Landespuren oder Fotos, behaupten Alien-Fans und Boulevardpresse unisono. Nicht zu vergessen die zahllosen Zeugenaussagen völlig integrer Personen. Und in zahlreichen Büchern schildern bekannte Bestseller-Autoren immer wieder neue Facetten des Ufo-Phänomens. Was soll man davon halten? Geben wir zu dieser Frage den Praktikern der kritischen Ufo-Forschung das Wort – namentlich dem amerikanischen Ingenieur Philipp Klass und der englischen Anomalistik-Autorin Jenny Randles, die aus ihrer jahrzehntelangen Beschäftigung mit dem Phänomen heraus folgende „Ufo-Forschungsrichtlinien" formuliert haben:

✗ Selbst absolut ehrliche, integre und intelligente Menschen, die sich plötzlich mit einem ebenso kurzen wie unerwarteten Geschehnis konfrontiert sehen, in das darüber hinaus ein ihnen nicht vertrautes Objekt verwickelt ist, laufen bei dem Versuch, den Vorgang exakt zu beschreiben, Gefahr, das Ganze extrem ungenau zu schildern.

✗ Ein Beobachter, und das gilt selbst für erfahrene Piloten, kann unmöglich genau die Entfernung und Höhe beziehungsweise die Größe eines unbekannten Objektes am Himmel schätzen. Es sei denn, es befindet sich in unmittelbarer Nähe eines bekannten Bezugsobjektes.

✗ Eine Person, die ein ungewöhnliches und nicht vertrautes Objekt sieht und auf ein außerirdisches Raumschiff schließt, zieht nicht selten zugleich den Schluss, dass dieses Objekt auf ihre Anwesenheit beziehungsweise ihre Handlungen reagiert, während in Wirklichkeit nicht im Geringsten ein solcher Zusammenhang zwischen Ursache und Wirkung gegeben sein muss.

✗ Denken Sie immer daran: Ein Ufo-Zeuge gibt nur sein subjektives Erleben wieder.

Der „Alan Godfrey-Fall" vom November 1980 gilt nach wie vor als der bekannteste britische Alien-Entführungsfall. Während Godfrey als Polizist in West Yorkshire seinen Dienst versah, sah er in einer kalten Nacht morgens gegen 5 Uhr eine seltsame Maschine vor sich, auf einer einsamen Straße am Stadtrand. Das Objekt sah aus wie ein Kinderkreisel, der die Äste und Blätter der Bäume aufblähte. Die durch einen Regenguss vorher nasse Straße war durch die Ufo-Landung getrocknet worden. Plötzlich setzte Godfreys Erinnerung aus, und er kam erst 15 Minuten später wieder zu sich. Ein halbes Jahr danach wurde er erstmals in Hypnose „zurückgeführt“ und las sich intensiv in die Ufo- und Alien-Literatur ein. Ufologen holten schließlich eine typische Entführungsgeschichte aus ihm heraus, an die der Polizist mehr und mehr selbst glaubte – auch an Details wie die Begegnung mit einer Jesus-Figur namens Yosef und einem Schäferhund an Bord des Ufos. Die Ufologen sorgten schnell dafür, dass der Betroffene zu einem populären Helden in ihrem luftigen Königreich wurde. Der „Entführte“ fand Gefallen an seiner Rolle und unterließ es tunlichst, sich skeptischen Untersuchern zu stellen.

✗ Je mehr Zeugen es für einen Fall gibt, je weniger hat man es mit einem echten Ufo zu tun. Viele Ufo-Fans zucken bei diesem Satz zusammen, denn die ufologische Folklore behauptet genau das Gegenteil: Je mehr Zeugen, desto härter der Ufo-Beweis. Stimmt nicht. Wirklich mysteriöse Ufo-Fälle sind in aller Regel sehr isolierte Ereignisse, während Massen-Sichtungen am schnellsten als fehlgedeutete natürliche Phänomene zu identifizieren sind.

✗ Wenn am nächtlichen Himmel ein Licht auftaucht, das für ein Ufo gehalten und daraufhin einer Radarstation gemeldet wird, darf man mit nahezu absoluter Sicherheit davon ausgehen, dass auf dem Radarschirm tatsächlich irgendein „unbekanntes“ Objekt entdeckt wird. Umgekehrt funktioniert das Ganze genauso: Zeichnet sich auf dem Radarschirm ein unbekanntes Objekt ab, wird ein Beobachter daraufhin mindestens ein „ungewöhnliches“ Licht am Nachthimmel ausfindig machen.

✗ Sobald die Öffentlichkeit aufgrund entsprechender Meldungen in den Medien glaubt, dass Ufos in der Nähe sind, werden zahlreiche natürliche und/oder von Menschenhand geschaffene Objekte in der Fantasie des hoffnungsvollen Beobachters zu „Ufos“ umgedeutet, die – vor allem, wenn sie nachts in Erscheinung treten – recht ungewöhnliche Eigenschaften annehmen können. Diese neuerlichen Ufo-Meldungen tragen ihrerseits zur allgemeinen Hysterie bei, die wiederum weitere Beobachter dazu verleitet, in allen möglichen Dingen Ufos zu sehen. Dieser Zitationszirkel geht so lange weiter, bis die Medien das Interesse am Thema verlieren, worauf die Ufos auch prompt wieder verschwinden.

✗ Zwischen 90 bis 95 Prozent aller Ufo-Sichtungen finden eine rationale Erklärung. Das heißt: Aus dem Ufo wird ein Ifo (Identifiziertes fliegendes Objekt). Sogar Ufo-Fans geben dies öffentlich zu, ziehen aber nicht wirklich Konsequenzen für ihre Überzeugung oder ihr aktives Pro-Ufo-Engagement daraus. Das zeigt ein Blick in populäre Ufo-Journale: Eigentlich müssten also 90 bis 95 Prozent der Seiten sich mit Ifo-

Berichten beschäftigen. Tun sie aber nicht, sondern nur „authentische“ und „sensationelle“ Ufo-Berichte finden sich hier.

✘ Die Medien, die eine Ufo-Sichtung stark hervorheben, schenken dem betreffenden Fall wenig oder gar keine Aufmerksamkeit mehr, wenn die Sache geklärt ist und auf völlig irdische Tatsachen und Umstände zurückgeführt werden konnte. Das heißt: Die Auflösung des vermeintlichen „Rätsels“ erfahren die Leser / Zuschauer nie.

✘ Zahlreiche Ufo-Fälle erscheinen nur deshalb rätselhaft und unerklärlich, weil die Personen, die sich mit ihrer Untersuchung und Aufklärung befasst haben, es unterließen, sich der Sache mit genügend Ausdauer und Gründlichkeit anzunehmen.

✘ Nicht jeder Vorfall kann innerhalb weniger Tage geklärt werden. Manchmal dauert es Jahre und sogar Jahrzehnte bis zur Lösung. Beispiel: das „Fliegende Untertassen“-Foto, welches 1966 am Williamette-Pass in Oregon von einem Wissenschaftler geschossen wurde. Dreißig Jahre lang ging diese Aufnahme eines anonym gebliebenen Zeugen als schlagkräftiger Ufo-Beweis um die Welt und entzog sich einer Erklärung, weil sich auf dem Bild eine physikalische Anomalie zu zeigen schien, die niemand erklären konnte.

Doch ein gewisser Irwin Wieder beließ es nicht dabei und ging der Story nochmals nach, und als er an den Schauplatz des Schnappschusses kam, zerplatzten alle hochfliegenden Träume: Die Fliegende Untertasse entpuppte sich als ein verzerrt aufgenommenes Straßenschild, das aus einem fahrenden Wagen heraus fotografiert worden war.

✘ Auch die berühmtesten Ufo-Fälle können ein Fake sein, obwohl sie immer wieder in der Literatur auftauchen, was die Leser nach und nach von ihrer Realität überzeugt. Der so genannte Lakenheath / Bentwaters-Zwischenfall von 1956 gehört zu diesen Ufo-Klassikern. Der Legende nach sollen damals unbekannte Objekte auf den Radarschirmen der Bentwaters-Airbase in East Anglia erschienen sein. Augenzeugen im Kontrollturm machten zugleich seltsame Lichter am Nachthimmel aus. Ein im Landeanflug befindliches Transportflugzeug der Luftwaffe wurde auf die Erscheinungen aufmerksam gemacht, woraufhin die Crew einen gelblichen Lichtflecken parallel zur Flugbahn ihrer eigenen Maschine erblickt haben will. Nachdem auch die Lakenheath-Basis seltsame Radarspuren meldete, starteten zwei Venom-Kampfmaschinen mit dem Auftrag, die Phänomene aufzuklären.

Eines der Flugzeuge musste wegen technischer Probleme zur Basis zurückkehren, aber der Pilot der andere Maschine erreichte das Zielgebiet und konnte ganz deutlich ein unbekanntes Radarziel sehen. Dann habe das auch mit bloßem Auge auszumachende glühende Etwas einen plötzlichen Satz hinter den Flieger gemacht, so dass der Pilot sich mit einem Male von etwas Mysteriösem verfolgt wähnte. Dieses nächtliche Katz-und-Maus-Spiel ging so lange, bis der Treibstoff zur Neige ging und die „Venom" landen musste. Soweit die sehr populäre und allenthalben kursierende Story.

Seltsamerweise hat bis dato niemand in England so recht versucht, sich dieser Sache weiter anzunehmen. 1978 erschien sogar im Vorfeld des Kino-Starts von *Unheimliche Begegnung der Dritten Art* eine Ufo-Serie in einem der großen Klatschblätter Londons. Und darin trat ein ehemaliger Schwadron-Führer namens Freddie Wimbledon aus dem Dunkel der Vergangenheit und bestätigte, dass die beiden „Venoms" damals von ihm zum Einsatz berufen worden seien, die Ufo-Gesichte also stimme.

1996, also genau vier Jahrzehnte nach dem Vorfall, recherchierte eine BBC-Reporterin für eine Ufo-Dokumentation und konnte dabei alle Ressourcen und Möglichkeiten der berühmten Sendeanstalt nutzen. So kam sie auch mit der Besatzung der beiden „Venom"-Kampfflugzeuge in Kontakt. Da keinem von ihnen jemals eine Geheimhaltung auferlegt worden war, sprachen sie ganz offen über ihre damalige Erfahrung. Keiner der Flieger wusste übrigens, dass er in ufologischen Fan-Kreisen berühmt war! Zusammen zeichneten Reporterin und Piloten anhand der originalen Logbücher und Protokolle den Fall nach. Kurz gesagt ergab sich: Von einem mysteriösen Ufo konnte keine Rede sein – sondern nur von einem sehr hoch stehenden Wetterballon. Und eine spektakuläre Verfolgungsjagd über den Wolken hatte es nie gegeben.

✗ Auch erfahrene Ufo-Forscher sind mitunter nicht in der Lage, eine Ufo-Sichtung definitiv aufzuklären, wenn die Informationen dazu unzureichend sind und keine seriöse Einschätzung zulassen. Das ist aber kein Beweis für die Hypothese, dass die Erde von Raumschiffen aus anderen Welten besucht wird.

➥ Wieso behaupten Menschen, von Aliens entführt worden zu sein?

„Plötzlich, mitten in der Nacht, kam das merkwürdige helle Licht. Um mich herum standen blendend weiße Gestalten. Ich habe mich gefürchtet. Dann haben sie mich mitgenommen..." Die Erfahrungsberichte der „Entführten" lesen sich immer wieder höchst dramatisch: Meist werden die

Opfer aus dem eigenen Bett entführt. Sie wachen nachts auf – doch irgend etwas stimmt nicht. Ein intensives blaues oder weißes Licht umgibt sie, sie hören summende Geräusche und fühlen die Gegenwart unbekannter Wesen. Plötzlich werden sie von einem Kraftfeld angehoben und schweben in ein vor dem Fenster wartendes Raumschiff. Die Außerirdischen, meist kleine Graue mit dünnen Körpern, großem Kopf und übergroßen, schräg sitzenden mandelförmigen Augen, beginnen mit allerlei medizinischen Untersuchungen, entnehmen Gewebeproben und implantieren kleine Objekte in der Nase oder anderswo. Das Schlimmste: Die ganze Zeit über ist das Opfer hellwach und bei vollem Bewusstsein, dabei aber ganz oder teilweise gelähmt – und somit völlig hilflos den Aliens ausgeliefert.

Fast vier Millionen Amerikaner sollen Umfragen zufolge schon einmal die Erfahrung gemacht haben, von Außerirdischen entführt worden zu sein, hört oder liest man immer wieder, und sogar Forscher der Elite-Uni Harvard hätten Beweise dafür gefunden. Bekannt geworden sind diese Berichte vor allem durch die Arbeit des Künstlers Budd Hopkins und des Psychiatrie-Professors John Mack (2004 gestorben) von der Harvard-Universität, die etwa 500 Betroffene über zwei Jahrzehnte hinweg ausführlich befragt haben. Ihre Bücher darüber waren Bestseller. In Deutschland kann man auf diversen Webseiten[3] einige Dutzend Entführungsberichte nachlesen. Nicht nur altehrwürdige Krimi-Serien wie *Tatort* oder *Der Bulle von Tölz* verarbeiteten das Thema, auch Late-Night-Talker Harald Schmidt witzelte: „In der Schweiz gibt es jetzt ein Sorgentelefon für Ufo-Entführte. Ist auch notwendig, denn in der Schweiz ist im Grunde alles ein Ufo, was schneller ist als 30 km/h."

Scherz beiseite: Was steckt hinter dem Entführungs- (Abduktions-) Phänomen? Kann es sein, dass vier Millionen Amerikaner und viele andere Menschen auf der ganzen Welt sich solche Geschichten einfach ausdenken? Verschiedene, darunter auch sehr skeptisch eingestellte Psychologen haben Hunderte von Betroffenen psychologisch untersucht. Dabei ergaben sich nicht mehr Hinweise auf Geisteskrankheiten als in der Gesamtbevölkerung, eine normale Intelligenzverteilung (möglicherweise sogar etwas intelligenter), keine ungewöhnliche Neigung zum Fantasieren. Kurz gesagt, „Entführte" sind ganz normale Zeitgenossen, die nach besten Wissen und Gewissen berichten, was sie erlebt haben.

Allerdings gibt es keinerlei unabhängige Bestätigung ihrer Berichte. Obwohl manche Entführungen aus Hochhäusern in Großstädten stattfinden oder einzelne Personen angeblich von öffentlichen Plätzen weg entführt werden, gibt es keine unabhängigen Zeugenaussagen anderer Beobachter. Auch mit der häufig genannten Zahl von „vier Millionen Amerikanern“ muss man vorsichtig sein. Sie stammt aus einer Umfrage des Roper-Meinungsforschungsinstituts von 1991. Tatsächlich wurde aber gar nicht nach Aliens gefragt, sondern nach fünf „Indikatorerfahrungen“, nämlich:

- nachts gelähmt aufzuwachen und die Anwesenheit einer fremden Person zu spüren (18 Prozent),
- das Gefühl, durch die Luft zu fliegen (10 Prozent),
- einen Zeitraum von einer Stunde oder länger ohne Erinnerung daran, womit man die Zeit verbracht hat (13 Prozent),
- ungewöhnliche Lichter im Zimmer zu sehen, ohne sie erklären zu können (8 Prozent),
- Narben an sich zu entdecken, ohne sich an eine Verletzung zu erinnern (8 Prozent).

Wenn vier dieser Erfahrungen zutrafen, so bestünde „eine große Wahrscheinlichkeit, dass die Person ein Ufo-Entführter ist“. Denn Hopkins und Mack hatten in ihren Befragungen festgestellt, dass Menschen mit Erinnerungen an Abduktionen auch oft diese „Indikatorerfahrungen“ berichten. Doch was sagt das kritisch betrachtet aus? Dass jemand zum Beispiel Narben an sich entdeckt, muss überhaupt nichts mit Außerirdischen zu tun haben. Wohl jeder Heimwerker hat sich schon einmal verletzt, ohne das sofort zu bemerken. Auch viele Hautkrankheiten können unbemerkt entstehen und Narben oder verletzungsähnliche Spuren hinterlassen. Es dürften also viel weniger als vier Millionen Amerikaner sein, die sich wirklich an Ufo-Entführungen erinnern. Doch es bleibt das Rätsel bestehen: Was steckt hinter den lebhaften Berichten, die die Forscher aufgezeichnet und veröffentlicht haben, warum erzählen „normale“ Menschen so etwas?

Die Abduktions-Berichte drehen sich um die Erfahrung, nachts aufzuwachen und sich gelähmt zu fühlen. Aber auch das ist ein normales, leicht erklärbares Phänomen, nämlich die so genannte Schlaflähmung (sleep paralysis). Wenn wir schlafen, werden im Gehirn die Bewegungszentren „abgekoppelt“ – das muss so sein, denn sonst würden wir jede Bewegung, die wir im Traum machen, auch wirklich ausführen (wie es Schlafwandler tun). Dieser an sich sinnvolle und nützliche Mechanismus hat nun einen Nebeneffekt: Kurz vor dem Einschlafen oder nach dem Aufwachen kann das Bewusstsein schon überwiegend im Wachzustand sein, aber der Körper noch im gelähmten Schlafzustand. Wir fühlen uns hellwach, haben aber keine Kontrolle über unseren Körper. Unser Wahrnehmungssystem versucht, diesen merkwürdigen Zustand zu interpretieren, ihm einen Sinn zu geben. Sich nicht bewegen zu können, bedeutet (im normalen Leben) oft eine Gefahr. Hält uns etwas – zum Beispiel ein fremdes Wesen – fest? Auch andere Teile des Gehirns sind noch nicht ganz im Wachzustand, unzusammenhängende Bilder und Erinnerungen können ins Bewusstsein dringen, sich mit realen Sinneseindrücken mischen und zu Halluzinationen führen.[4]

Eine Schlaflähmungen mit Halluzinationen ist eine völlig normale Erfahrung, die die meisten gesunden Menschen irgendwann in ihrem Leben machen. Es ist kein Traum, sondern viel lebendiger und realer, und man fühlt sich dabei hellwach. Der Zustand beunruhigt uns, weil er nicht recht in unsere normalen Erfahrungen passen will und wir ihn nicht verstehen oder interpretieren können. Aber wo kommen jetzt die Aliens ins Spiel?

Tatsächlich quälen uns nicht nur Außerirdische. Im europäischen Volksglauben sind Berichte vom Alp (auch Nachtmahr oder Drude) verbreitet, einem mythischen Wesen, das sich nachts schwer auf den Schläfer setzt, ihn festhält, sodass er sich nicht bewegen, manchmal kaum atmen kann; man wird umgangssprachlich vom Alp gedrückt beziehungsweise von der „Mahre“ oder „Drude“ geritten und muss wundersame und erschreckende Dinge mitmachen – Erfahrungen, die alle Merkmale von Schlaflähmungen haben. Andere Menschen fühlen sich (auch heutzutage) vom Teufel oder anderen mythologischen Wesen gelähmt.

Ob nun Nachtmahre, Teufel oder Außerirdische gesehen werden und wie die Erfahrungen konkret aussehen, hängt offenbar von der Person und ihrem kulturellen Hintergrund ab. Im Zustand der Schlaflähmung versucht das Gehirn, den Zustand der körperlichen Hilflosigkeit zu deuten. Dabei werden alle Erinnerungen und Wissensfragmente aktiviert, die eine Erklärung dafür geben könnten. In früheren Zeiten hatten die Menschen Bilder von seltsamen Wesen aus Sagen und Überlieferungen im Kopf. Heute kann sich kaum jemand einen Nachtmahr vorstellen, aber Aliens treten uns in Filmen und Büchern alltäglich entgegen. Jeder kennt die „kleinen Grauen“, die selbst in der Werbung für eine bekannte Biersorte Menschen in ihre Raumschiffe entführen. Verständlich also, dass die „sleep paralysis“ all die bekannten Bilder von Außerirdischen hervorbringt. Und je mehr entsprechende „Entführungsberichte“ in den Medien verbreitet werden und zum Thema von Büchern und Filmen werden, desto stärker setzen sie sich als Deutungsmuster im allgemeinen Bewusstsein fest und werden dann hervorgeholt, wenn das Gehirn keine andere Deutung für eine erschreckende Erfahrung findet.

Bei den Berichten, die Forscher wie Hopkins oder Mack gesammelt haben, kommt jedoch noch ein ganz anderer Aspekt hinzu. Viele der befragten Personen erinnerten sich nicht etwa sofort daran, sondern erst, als sie lange Zeit später unter Hypnose befragt wurden. Aber Hypnose ist kein verlässliches Mittel, um die Wahrheit zu finden. Denn unsere Erinnerungen werden nicht einfach unverändert aufgezeichnet, sondern im Nachhinein ständig verändert und neu interpretiert. Das passiert schon im ganz normalen Leben, aber unter Hypnose besonders stark. Auch völlig falsche Erinnerungen können so entstehen, wie in vielen Versuchen nachgewiesen wurde.

Ein Hypnotiseur, der von der Realität von Ufo-Entführungen überzeugt ist, kann (auch unabsichtlich) seine Interpretation einbringen. Fragt er etwa „Wie sahen die Aliens aus?", obwohl der oder die Hypnotisierte noch gar nicht von Außerirdischen gesprochen hatte, dann beginnt der Befragte automatisch an Aliens zu denken und diese neue Information mit den alten Erinnerungen zu vermischen, denn unter Hypnose ist man sehr empfänglich für Suggestionen. Insgesamt können also – mit unserem gut bestätigten Wissen über die Funktionsweise unserer Wahrnehmung und unseres Gedächtnisses – die spektakulären Berichte von Alien-Entführungen überzeugend erklärt werden: Als die Erfahrungen einer Schlaflähmung, die mit kulturell geprägten Bildern interpretiert wird und mitunter nachträglich durch eine Hypnose-Befragung weiter verändert und verfestigt wird. Die Betroffenen „spinnen" nicht und lügen auch nicht, sondern sind felsenfest von den Erinnerungen überzeugt und können regelrecht traumatisiert sein. Doch Erinnerungen geben nicht unbedingt etwas Reales wieder.

➥ Was hat es mit Dänikens Astronautengöttern auf sich?

Hingebungsvolle Laien, die als Querdenker auftreten und berechtigte Fragen stellen, die das wissenschaftliche Establishment nicht erkennen kann oder will, sei es aus Angst um das Theoriengebäude oder aus Borniertheit: So präsentieren sich die Wortführer der „Prä-Astronautik" gerne in den Medien. Ihre These lautet kurz gefasst: Die Götter waren außerirdische Raumfahrer – die durch genetische Experimente das Leben auf der Erde hervorgebracht und den frühen Hochkulturen ihr überlegenes Wissen vermittelt haben.

Einerseits ist es verständlich, dass Rätsel-Fans gerne in mythologischen Überlieferungen wühlen, wo keine DNS, kein Infrarot und nur selten eine Kohlenstoffanalyse hinreicht. Andererseits quält der ehemalige Schweizer Hotelier Erich von Däniken unbedarfte RTL-Zuschauer mit pseudowissenschaftlichem Geraune, dessen Ansätze bereits so fehlerhaft sind, dass sie in einer vernünftigen Diskussion eigentlich keine Berücksichtigung finden können. In seiner TV-Show *Die Bibel-Connection* führte Däniken zum Beispiel vor, wie Schallwellen eine Mauer zum Einsturz bringen. Ganz so, wie im Alten Testament (Buch Joshua) der Mauerfall von Jericho beschrieben wird. „Doch wer konnte damals schon etwas von der zerstörerischen Kraft des Schalls wissen?“, munkelte der Bestseller-Autor bedeutungsschwer. – Aha. Und vor der Entdeckung der Schwerkraft schwebten alle Menschen in der Luft. Oder wie? – Zugleich gab Däniken mit diesem Beispiel unbeabsichtigt Einblicke in seine Denk- und Vorgehensweise: Quellenkritik beziehungsweise die Frage, ob der biblische Mauerfall von Jericho überhaupt archäologisch verifiziert werden kann, ist seine Sache nicht.

„Wo immer Däniken die Bibel aufschlägt – für ihn wird alles zur Reportage über die Astronautengötter“, merkte der Autor Helmut Höfling zu den skurrilen Deutungskünsten des Prä-Astronautik-Stars an. In Dänikens Bestseller *Zurück in die Zukunft* liest man zum Beispiel: „Dass das Weib aus dem Manne erschaffen wurde, kann durchaus möglich sein. Aber Eva wird doch wohl kaum mit einem Zaubertrick – nach einem chirurgischen Eingriff? – aus einem schmalen Knochen des männlichen Brustkorbs zu ihrer nackten Schönheit erblüht sein! Vielleicht entstand sie mit Hilfe einer männlichen Samenzelle. Da es aber der biblischen Genesis zufolge kein menschliches Wesen im Paradies gab, das den Samen hätte austragen können, müsste Eva in einer Retorte gezüchtet worden sein.“

Entweder das – oder aber man darf Mythen und Überlieferungen, Visionen, Gleichnisse und die Beschreibung sinnbildlicher Handlungen nicht wortwörtlich nehmen. Letzteres indes kommt Däniken anscheinend nicht in den Sinn.

„Wenn auf den Felsbildern und Steinfriesen vorgeschichtlicher Epochen Kreise vorkommen, dann sind das für Däniken Kugel-Raumschiffe“, schrieb Höfling weiter. „Wenn Götter dargestellt werden mit ihren Symbolen, wie etwa bei dem keltischen Gott Kernunnos das Geweih des Hirsches, dann sind das Antennen. Wenn die Gottheit mit Strahlen um den Kopf wiedergegeben ist, dann sind das Raumfahrer. Wenn über dem Körper der Gottheit ein Symbol für Wasser eingraviert ist, dann ist das nicht göttlich, sondern technisch zu interpretieren. Wenn um die Göttergestalt die Beter stehen, dann sind das Marsmenschen. Wenn eine Maske gemalt ist, dann ist das ein kosmischer Besucher mit antennenähnlichen Auswüchsen. Und sein Helm hat Schlitze für Augen, Nase und Mund.“

Umgekehrte, auf den Kopf gestellte Sciencefiction nennen Kritiker das. Denn ein Buch über den Besuch zukünftiger irdischer Astronauten auf fremden Sternen hat nicht annähernd den Sensationswert wie die Behauptung, in grauer Vorzeit sei die Erde von Aliens besucht worden. Däniken projiziert also moderne technische Entwicklungen nach rückwärts, in die Vergangenheit. Und so schließen Prä-Astronautik-Fans aus den Schriften des Alten Testaments, dass der Gotteswagen des Propheten Hesekiel die Landefähre eines außerirdischen Raumfahrzeugs von genau 63 Tonnen Gewicht war. Dass eine Atombombe Sodom und Gomorrha zerstörte. Dass es sich bei der Bundeslade der Israeliten um eine elektrische Funksprechanlage gehandelt habe.

Auch in die Archäologie verirrt sich Däniken, dem die riesigen Scharrbilder und Bodenzeichnungen der Inkas in der Hochebene von Nazca in Peru „unzweifelhaft den Eindruck einer Flugplatzanlage“ vermitteln. Fachwissenschaftler gehen davon aus, dass das bis zu 250 Meter lange geometrische Liniensystem astronomisch-kalendarischen Zwecken diente. Aber wissenschaftlichen Erkenntnissen begegnen Prä-Astronautik-Anhänger entweder mit Ignoranz, Datenselektion oder schlicht mit Hohn und Spott.

„Geschickt verstehen es Autoren wie Däniken und andere, die Wissenschaften als verkrusteten und unbeweglichen Behemot darzustellen, der sich neuen Fragen verweigert, nur weil sie nicht in ihr Weltbild passen“, kommentiert der Jurist und Prä-Astronautik-Kritiker Klaus Richter diese Vorgehensweise. „So abstrus dieser Vorwurf auch ist, er kommt gut an. Mit Erstaunen registriere ich immer wieder, wie viele Menschen sich dieses pseudowissenschaftliche Postulat zu eigen machen und felsenfest von seiner Richtigkeit überzeugt sind. Dabei merken sie gar nicht, dass sie selbst es sind, die unbeweglich und verkrustet geworden sind. Viele wollen es auch gar nicht merken, denn sie verstehen sich als eine Form der Opposition gegen die Welt der Wissenschaft, mit der sie aus unterschiedlichen Gründen ihre Probleme haben: Sie haben die Hochschulreife nicht erreicht, eine gescheiterte wissenschaftliche Ausbildung hinter sich oder fühlen sich ganz einfach zurückgesetzt und wollen es nicht hinnehmen, dass die Fragen, die die Welt in ihrer Vorstellung bewegen, nur von Magistern, Doktoren und Professoren behandelt werden."

Nun ist substanzielle Kritik am Wissenschaftsbetrieb durchaus statthaft und sogar notwendig in einer Zeit, da die Öffentlichkeit immer häufiger mit Betrug in der Forschung konfrontiert wird. Und auch Laienforschung (per definitionem die Arbeit außerhalb des eigentlichen Berufsfeldes) ist an sich eine prima Sache, wenn sie den Regeln wissenschaftlichen Arbeitens folgt und mit Leidenschaft und redlichem Engagement betrieben wird – und nicht von kühl kalkulierenden Sensationsautoren, die mit geheimnisvoll erscheinenden Falschbehauptungen ihre Leserschaft bei der Stange halten wollen.

Prä-Astronautik ergeht sich in erster Linie darin, Fachwissenschaftler als verkrustet, verbohrt und hilflos gegenüber scheinbaren Rätseln darzustellen. Diese „Rätsel" bestehen aber eben nur dann, wenn man die wissenschaftlich gesicherten Fakten rund um den betreffenden Fund oder die historische Stätte gänzlich ausblendet.

In seinem Buch *Die Augen der Sphinx* zum Beispiel stürzt Däniken sich auf das Kult-Objekt seiner Zunft: die Cheops-Pyramide in Gizeh, nahe Kairo. Natürlich unterstellt der Vielschreiber auch hier einen Einfluss hoch zivilisierter außerirdischer Architekten. Und ebenso selbstgewiss ignoriert Däniken das Umfeld der Cheops-Pyramide, löst sie aus ihrem Kontext heraus, in dem sie gemeinsam mit den Pyramiden von Cheops' Vorgängern steht und die klar eine Evolution des Pyramidenbaus belegen. Isoliert man die Cheops-Pyramide, lassen sich in der Tat viele Rätsel konstruieren – die sich jedoch bei genauer Untersuchung schnell auflösen. Jedenfalls hat die Ägyptologie bislang keinerlei Hinweise auf extraterrestrische Baumeister oder Spuren einer unbekannten Hochtechnologie gefunden. Alle bisher vorgebrachten Vermutungen in dieser Richtung ließen sich entweder relativ leicht widerlegen oder sind aufgrund fehlerhafter Argumentationen beziehungsweise auf der Basis unbeweisbarer Spekulationen nicht diskutabel.

Beispiel: der Pyramidenkomplex von Abusir, rund zehn Kilometer von der Cheops-Pyramide entfernt. Dort wurden von den alten Ägyptern Dioritblöcke bearbeitet. Diorit ist ein sehr hartes Tiefengestein, das heute noch für Massivarbeiten und Pflastersteine verwendet wird und dessen Gefügestruktur der von Granit ähnelt. Wie sollten die Ägypter vor 4500 Jahren in der Lage gewesen sein, in diese massiven Quader kreisrunde Bohrlöcher zu treiben, die wie heutige Kernbohrungen aussehen?

Denn eben diese erblickte 1992 Christian Sollner, Mitglied der pseudoarchäologisch orientierten *Ancient Astronaut Society* (AAS), als er die Ruinenstätte besuchte. „In Abusir stimmt etwas nicht!“, ließ Sollner sogleich die Leser der AAS-Zeitschrift *Ancient Skies* wissen. Denn die moderne Kernbohrungs-Technologie gebe es erst seit 1876. Sollner wörtlich: „Das Gestein kann nicht mit Steinwerkzeugen, Holz, Knochen oder anderen weichen Werkzeugen mit einer derartigen Präzision bearbeitet worden sein. Zum Vergleich: Diamant ist mit dem Härtegrad 10 das härteste Material. Diorit nimmt auf dieser Skala den Wert 8,4 ein. Die heutigen Kernbohrer durchlöchern Diorit immerhin mit einem Pressdruck von 200 Atmosphären.“

Prompt stieg Erich von Däniken auf die Spekulationen seines deutschen Kollegen ein und schrieb in *Auf den Spuren der Allmächtigen*: „Den ägyptischen Baumeistern müssen Arbeitsgeräte zur Verfügung gestanden haben, von denen wir bislang keine Kenntnis haben. Doch Techniken wie die Kernbohrung werden nicht über Nacht erfunden. Auch die Technologie hat ihre Evolution, die Erfindung des Bohrers allein genügt nicht. Für eine Kernbohrung wird das richtige Werkmaterial benötigt, beispielsweise eine mit Diamanten bestückte Bohrspitze.

Dazu muss der harte Kunststoff, welcher die Diamanten mit dem Bohrer verklebt, entwickelt werden. Schließlich ist eine Apparatur zur präzisen Führung des Bohrers erforderlich. Ich finde es faszinierend, dass auch in unserer Zeit noch lange nicht alle Fragen beantwortet sind. Dass wir oft gezwungen werden, über alte Dinge, die längst abgehakt scheinen, neu nachzudenken. Im Falle der Kernbohrung müsste man sich auch fragen, weshalb bestimmte Bohrkerne in den Granit, andere wiederum in den Diorit getrieben wurden.

Die unterschiedlichen Gesteinsarten setzen schließlich voraus, dass die Konstrukteure über die Zug- und Druckfähigkeit der zu verarbeitenden Materialien Bescheid wussten und sie dementsprechend einsetzten. Für all dies ist ein Lernprozess langjähriger Erfahrung vonnöten – vor über viertausend Jahren? Oder haben meine All-Mächtigen im alten Ägypten etwas Nachhilfeunterricht erteilt?“

Trefflich in dieses Bild passt, dass Däniken die frühen Kulturen der Menschheit schlicht „Neger“ oder „primitive Idioten“ nennt. Diese Sichtweise offenbart nicht nur ignorante Borniertheit und latenten Rassismus, sondern ist darüber hinaus schlicht falsch. Ägyptologen gehen davon aus, dass an einer Pyramide etwa 20.000 technisch versierte Profis bauten; der griechische Historiker Herodot (um 485 v. Chr.) berichtet sogar von 100.000 Mann, die mit Muskelkraft und Kreativität und ohne den Zwang zeitlicher Rentabilität erstaunliche, aber nachvollziehbare Leistungen vollbrachten.

So auch bei der Bearbeitung von granithartem Diorit-Gestein. Der englische Archäologe Denys A. Stocks von der Universität Manchester hat seit den 1980er Jahren zahlreiche praktische Versuche unternommen um herauszufinden, mit welchen Werkzeugen und Arbeitsmethoden die alten Ägypter sowohl hartes als auch weiches Gestein bearbeiteten. Sehr wahrscheinlich benutzten die Ägypter eine Art zylindrischer „Rohrbohrer" aus Kupfer mit kristallinem Quarz als Schleifmittel. Stocks wies experimentell nach, dass mit dieser Technik drei Handwerker in 20 Stunden ein sechs Zentimeter tiefes Loch mit einem Volumen von rund 100 Kubikzentimetern bohren können.

Wie titelte die Schweizer *Sonntagszeitung* lakonisch, als Erich von Däniken im Mai 2003 in Interlaken seinen (mittlerweile defizitären) „Mystery-Park" eröffnete: „Zur Feier kamen nur Irdische."

Weiterführende Literatur:

Dennis Kirstein: Ufo – Anatomie eines Phänomens. Book on Demand (zu beziehen unter http://kirstein.alien.de/)

Werner Walter: Ufos – Die Wahrheit. Goldmann-Verlag, München 2000

Klaus Richter: Kernbohrungen im Alten Ägypten. Im Internet unter: http://richter.alien.de/psh.htm

Markus Pössel: Phantastische Wissenschaft. Rowohlt-Verlag, Reinbek 2000 (ergänzt und aktualisiert im Internet unter: http://www.markuspoessel.de/phantwiss/)

Helmut Höfling: Ufos, Urwelt, Ungeheuer. Bastei Lübbe-Verlag, Bergisch-Gladbach 1993

Zu einzelnen Ufo-Mythen wie Roswell, Area 51, Alien-Autoposiefilme etc. siehe:

Bernd Harder: Lexikon der Großstadtmythen. Eichborn-Verlag, Frankfurt a.M. 2005

5. Gespenster: Schall und Rauch

➥ Wer ist Bloody Mary – und wieso erscheint sie um Mitternacht im Spiegel?

„Wenn Du vor einem Spiegel stehst, dann sag 40-mal Bloody Mary oder 20-mal blutige Maria, dann siehst Du eine Art Zombie, aber doch ist es keiner. Es ist unfassbar… Eine Art verschimmelte Leiche geht auf Dich zu, kommt immer näher und näher. Zuerst hebt sie die Hand und legt sie Dir auf die Schulter. Aber dann wird der Druck immer fester, immer fester. Plötzlich, wenn Du zwinkerst, siehst Du die verschimmelte Leiche vor Deinen Augen davon schweben. Wer weiß, was verbirgt sich hinter Deinem Spiegel? Probier es einfach mal aus!"

Dieses Internet-Grusical von der Seite www.unterhaltungsspiele.com ist eine der zahllosen Varianten eines neuen Geisterglaubens. Immer mehr Eltern, Lehrer oder Okkultismusbeauftragte werden von Schülern mit Fragen zu einer schaurigen Gespensterbeschwörung konfrontiert, die sogar Gläserrücken und Pendeln den Rang abzulaufen scheint. Mal heißt die Prozedur „Spiegelritual" oder es ist von „Maria im Spiegel" oder von „Bloody Mary" die Rede. Gemeinsam ist allen Erzählungen, dass man sich in völliger Dunkelheit um Mitternacht mit einer brennenden Kerze vor einen Spiegel stellen muss.

Über das, was dann geschieht, kursieren unterschiedliche Ansichten: Im „Forum" der grenzwissenschaftlichen Webseite www.einsamer-schuetze.com liest man: „Es gibt auch diese Zeremonie, wo man sich im Dunklen, mit einer Kerze in der Hand, vor einen Spiegel stellen muss und dreimal 'heilige blutige Maria' sagt, dann würde sie im Spiegel erscheinen und eine Hand herauskommen, die einen würgen soll."

Bei www.hexenboard.de wird das Ganze hingegen so beschrieben: „Dein Zimmer muss dunkel sein, bei Tag oder Nacht. Setz dich vor deinen Spiegel, zünde um dich die zwölf Kerzen an und sage konzentriert in den Spiegel: 'Blondi, Blondi, Blondi'. Es erscheint eine Frau mit einem

Messer. Erschrecke nicht, du musst ihr den Namen deines/deiner Ex sagen, und sie wird verschwinden und ihn/sie über die Woche jede Nacht schlaflos legen vor Angst. Sie kommt aber wieder und will einen angemessenen Lohn haben."

In der harmlosen Version der Geschichte soll nach einer entsprechenden Anrufung die heilige Jungfrau Maria im Spiegel zu sehen sein.

Und genau diese vielen verschiedenen Ausformungen des immer selben Erzählkerns sind es, die das „Spiegel-Ritual" als lupenreine Wandersage entlarven. Die amerikanische Erzählforscherin Janet Langlois konnte schon 1978 mehr als 100 Variationen dieser urbanen Legende identifizieren: Überwiegend wird der Geist „Bloody Mary" genannt, manchmal aber auch „Hell Mary", „Mary Worth", „Mary Lou", „Mary Whales", „Mary Jane" oder „Mary Johnson". Die Anzahl der Kerzen, die notwendig sind, um das Gespenst herbeizuzitieren, variiert ebenso wie die „richtige" Beschwörungsformel, die mal gesungen, mal gesummt und mal geflüstert werden muss. Auch die irdische Identität der Geisterfrau wird von jedem nachbetenden Mund leicht abgewandelt. In der populärsten Version war „Bloody Mary" eine junge Frau, die bei einem Autounfall schwere Gesichtsverletzungen davontrug und schließlich daran starb. Und seither trachtet ihr rachsüchtiger Geist danach, jedem das Gesicht zu zerkratzen, der sie in ihrer düsteren Twilight Zone zwischen Leben und Tod anruft. Andere dagegen erzählen den „Bloody Mary"-Mythos als die Geschichte einer im Mittelalter verbrannten Hexe – oder es geht um eine Kindesmörderin oder schlicht um eine „verrückte Alte", der ein lokaler Hintergrund verpasst wird.

Dass die Erscheinung „Mary" heißt, könnte auf die englische Königin Maria I. aus dem Hause Tudor zurückgehen, die 1553 den Thron bestieg und einige hundert Protestanten als Ketzer verbrennen ließ, was ihr den Beinamen „Bloody Mary" (die blutige Maria) einbrachte. Denkbar ist auch, dass die Urheber der Gruselstory das katholische Mariengebet „Hail Mary" (Gegrüßet seist du, Maria) sprachlich zu „Hell Mary" abwandelten. Wie auch immer: „Bloody Mary" oder „Hell Mary" ist ein in den USA seit Jahrzehnten sehr populäres „Campfire Tale" – eine gruselige Geschichte fürs allabendliche Lagerfeuer im Ferienlager. Sie bedient sich des klassischen Märchenmotivs vom Spiegel als Tor zur Geisterwelt („Spieglein, Spieglein an der Wand...") ebenso wie der unwiderstehlichen Faszination, die Rituale und Mutproben auf Jugendliche ausüben.

Aber wie gelangte „Bloody Mary" nach Deutschland? Üblicherweise waren es die Massenmedien, die für die Verbreitung der Wandersage sorgten. 1989 kam *Candymans Fluch* in die Kinos, der auf der Kurzgeschichte „Das Verbotene" im fünften *Buch des Blutes* von Clive Barker basiert. Darin geht es um den mordlüsternen Geist eines getöteten Sklaven, der sich aus einem Spiegel ins Diesseits materialisiert, wenn jemand fünfmal laut seinen Namen ausspricht. Wie sehr dieser Film bis heute nachwirkt, zeigt ein Interview, das die Jugendzeitschrift *Bravo* in ihrer Halloween-Ausgabe 2003 mit der Boygroup *B3* führte.[1] Unter anderem wollte das Pop-Blatt wissen: „Hattet ihr Monster unterm Bett, als ihr klein wart?" Darauf antwortete Tim, der Sänger der Band: „Das nicht, aber man sagt doch, dass du niemals in den Spiegel blicken und dreimal 'Candy Man' sagen darfst. Ich habe es zweimal gesagt – und hatte dann voll Panik, dass ich sterben muss. Drei Monate lang habe ich danach nicht mehr in den Spiegel geguckt!" *Candymans Fluch* zog zwei Fortsetzungen nach sich, und auch in dem Teenhorrorstreifen „Düstere Legenden" sowie in der *Akte X*-Folge „Energie" spielten die „Bloody Mary"-Sage und ein entsprechendes Ritual eine Rolle.

„Man muss wohl kaum betonen, dass niemand Bloody Mary je zu Gesicht bekommen hat", schreibt die amerikanische Autorin Jane Goldman dazu in ihrem Buch *Die wahren X-Akten*. Doch das dürfte zumindest ergänzungsbedürftig sein. Wie stellt ein namenloser User auf der Webseite *Der einsame Schütze* als Response auf das eingangs geschilderte Erlebnis wohl zu Recht fest: „Ich denke mir auch, dass das nicht funktioniert. Aber es könnte den Hintergrund haben, dass die Leute, die so etwas machen, sich vor lauter Angst und Aufregung eine Frau im Spiegel einbilden. Das kann ich mir sehr gut vorstellen."

➡ Wieso sehen manche Leute Gespenster?

Sogar Prominente versorgen die Boulevardpresse hin und wieder mit Schlagzeilen wie „Bei uns spukt's!" So zum Beispiel Claudia Schiffer, die sich laut *Woman* (Nr. 25/2003) sicher ist, dass auf ihrem Herrensitz im englischen Suffolk seit Jahrhunderten eine junge Nonne ruhelos umherirrt. Der Popsänger Sting will die Geister in seinem Haus in Witshire, England, sogar selbst gesehen haben, und die Schauspielerin Kate Winslet habe für die 636.000 Dollar, die der *Titanic*-Star für ein Anwesen in Cornwall hinblätterte, „den Hausgeist gleich mitgekauft".

Der Chefreporter der *Glamour*, Peter Hummel, stöberte für die Halloween-Ausgabe 2003 einem Spuk auf Schloss Tratzberg im Tiroler Inntal hinterher.[2] Das 500 Jahre alte Renaissance-Bauwerk soll einige „unerlöste

Seelen" beherbergen. Vor allem in den oberen Stockwerken wollen die Angestellten Geräusche wie von schlurfenden Schritten gehört haben, obwohl niemand dort sein konnte. Beim Besuch des Journalisten indes blieb alles ruhig: „Auf Schloss Tratzberg werden unterdessen die letzten Lichter gelöscht", beendete Hummel seine Geistergeschichte. „Im angrenzenden Wald hinter dem großen Tor raschelt etwas. Genau an dieser Stelle werden in wenigen Stunden wieder Hunderte von Besuchern aus dem Touristen-Bähnchen steigen und sich mit einer spannenden Schlossführung ins Mittelalter entführen lassen. Dass Menschen jener Zeit noch heute durch die Gemäuer geistern, erfahren sie dabei nicht, denn darüber redet die gräfliche Familie nicht. Aber der eine oder andere wird es spüren, vielleicht."

Die Rückkehr aus dem Totenreich ist ein beliebtes Filmthema (hier eine Szene aus The Crow*). „Echte" Geister spuken dagegen höchst selten auf Friedhöfen.*

Das zeigt auch ein nächtliches Erlebnis des englischen Ingenieurs Vic Tandy von der Universität Coventry. Tandy arbeitete zu später Stunde noch allein an seinem Schreibtisch, als ihn plötzlich ein unheimliches Gefühl beschlich, welches in zahllosen Gruselgeschichten üblicherweise als „Schaudern" beschrieben wird. Obwohl niemand im Raum war, fühlte sich Tandy beobachtet. Dann huschte eine schemenhafte graue Gestalt an ihm vorbei und war in der nächsten Sekunde wieder verschwunden. Der

Wissenschaftler wähnte sich übermüdet und maß dem Vorfall keine Bedeutung bei. Doch in der nächsten Nacht tauchte die Gestalt erneut auf: „Grau, verschwommen und an der äußersten Sichtgrenze“ beschrieb Tandy sie. Zugleich fingen die Bleistifte auf seinem Schreibtisch sowie eine Florettklinge von seiner Fechtausrüstung leicht zu vibrieren an. Der Ingenieur beschloss, der Sache auf den Grund zu gehen, und nach einigen Tagen und zahlreichen Messungen hatte er des Rätsels Lösung gefunden: eine kürzlich installierte Klimaanlage mit Ventilator in der Wand erzeugte so genannten Infraschall – Töne mit einer so niedrigen Frequenz, dass sie nicht gehört, aber gefühlt werden können. Und zwar konkret als Angst, Beklemmung, Nervosität. – Wieso ist das so?

✗ *Infraschall und andere Umwelteinflüsse*: Extrem tiefe Schallschwingungen im Niederfrequenzbereich von unter 20 Hertz lassen die Muskeln verkrampfen, beschleunigen den Atem und beeinflussen das Nervensystem, was zu Wahrnehmungsstörungen und somit zu verschleierter Sicht führen kann. Die NASA will bei Infraschall-Experimenten mit einer Frequenz von 18 Hertz sogar Atemnot, Hyperventilation und Todesängste bei Versuchspersonen hervorgerufen haben. Infraschall kann nicht nur von elektrischen Geräten ausgehen, sondern entsteht auch durch Luftströmungen in langen Gängen, Tunneln, Gewölben und hohen Räumen – an jenen Lokalitäten also, die klassischerweise als Tummelplatz für Gespenster gelten.

Verbirgt sich hinter dem Spuk auf Schloss Tratzberg also bloß der Wind, der durch Kamine, Spalten und alte Schießscharten pfeift? Der Psychologe Richard Wiseman von der Universität Hertfordshire würde dem wohl zustimmen. Als erstem Wissenschaftler erlaubte ihm anno 2000 Queen Elizabeth II., die königlichen Gemäuer von Hampton Court zu untersuchen. Der Palast gilt als der prächtigste Ihrer Majestät – und als der schaurigste. Neben dem Geist von Catherine Howard, der unglücklichen fünften Frau Heinrichs VIII., sollen dort mehr als 20 weitere Geister ruhelos umgehen. Wiseman schickte 462 Testpersonen durch die Korridore und untersuchte anschließend jene Plätze, an denen die Freiwilligen von eigenartigen Gefühlen heimgesucht wurden. Überall dort konnte der Forscher mit Messinstrumenten so genannte Cold Spots ausmachen, also Bereiche mit abruptem Temperaturabfall, magnetischen Schwankungen, Infraschall oder Lichtveränderungen. Ein Jahr später wiederholte Wiseman die groß angelegte „Geisterjagd“ im Schloss von Edinburg. Wieder verspürten seine 218 Testpersonen plötzliche Kälte, unerklärliche Gerüche und sogar Berührungen, hörten Atemgeräusche direkt neben sich oder bestätigten, einen Geist gesehen zu haben. „Im letzten Raum, da war irgendwas, ganz bestimmt! Es war sehr kalt und ich hatte das Gefühl, dass jemand hinter mir steht. Und dann hörte ich so etwas wie ein Weinen. Ich habe so etwas noch nie vorher erlebt", berichtete beispielsweise eine junge Frau. Und wieder entmystifizierte der Psychologe den Spuk mit Hilfe von Thermoscannern, Magnetometern, Lichtwärme-Projektoren etc. als körperlich-seelische Reaktion auf bestimmte Umwelteinflüsse.

Sind Geister also nur „tiefe Töne", wie die Presse nach den beiden Wiseman-Studien titelte? Vermutlich nicht. Denn ebenso wenig, wie es eine gemeinsame Ursache für sämtliche Autounfälle gibt, lassen sich alle Aspekte des Jahrhunderte alten Phänomens „Spuk" ausschließlich mit Infraschall erklären.

✗ *Innerseelische Projektionen und Halluzinationen:* Sogar Richard Wiseman gibt zu, schon mal einen Geist zuhause, in seinem eigenen Schlafzimmer gesehen zu haben: „Eines Nachts bin ich aufgewacht und habe plötzlich ein Gespenst am Fuß meines Bettes stehen sehen", erzählt der Wissenschaftler. Seine Erklärung dafür geht über einen rein physikalischen Ansatz hinaus: „Mein Gehirn versucht mich wieder auszutricksen, habe ich gedacht. Das ist nur eine Figur aus meinem Traum von vorhin, die ist gleich wieder weg."

Tatsächlich gibt es sowohl beim Einschlafen wie auch beim Aufwachen Phasen, in denen man sich selbst hellwach glaubt, obwohl man noch dahindämmert. In solchen Momenten sind unsere Sinne nicht in der Lage, eindeutig zwischen Wirklichkeit und Träumerei zu unterscheiden. Auch Wunschdenken kann Geister erscheinen lassen, vorzugsweise die von unlängst verstorbenen Angehörigen. „Das Gehirn hat von einem geliebten Menschen noch einen riesigen Fundus von Erinnerungen", erklärt der Psychologe Wolfgang Hell von der Universität Münster. „Den Geruch, den Gang, den Atem, die Stimme, das Gefühl seiner Anwesenheit. Im Rausch oder im Halbschlaf kann das Gehirn solche Erinnerungen und die Wirklichkeit vermengen. Wenn man dann mit halber Aufmerksamkeit ein solches Wahrnehmungsbild vor sich hat, weiß man oft schon eine Minute nach dem Erleben nicht mehr, ob man wach war oder nicht."

✗ *Fehldeutungen natürlicher Ursachen:* In den 1950er Jahren wurde ein Haus im englischen Yorkshire von mysteriösen und unheimlichen Geräuschen „befallen". Explosionen und das Schlagen von Türen wurden mehrere Monate lang andauernd gehört. Die lautesten dieser Geräusche erschütterten buchstäblich die Mauern des Hauses. Zwei Ärzte, die in dem Gebäude ihre Praxen hatten, ließen die Wasserleitungen und später auch noch die Gas- und Elektrizitätsleitungen überprüfen. Sogar die Polizei kam und durchsuchte das Haus von oben bis unten. Aber niemand fand eine Ursache für die Geräusche.

Ein Team von Technikern und Psychologen entdeckte schließlich Risse in den Wänden des Spukhauses, schlecht eingepasste Türen und eine Delle im Dach. All das schienen Anzeichen dafür zu sein, dass sich das Fundament bewegte. Bei der Untersuchung des Untergrundes fand man im Garten einen stillgelegten Abwasserkanal. Er führte nahe am Haus vorbei, und da er früher einmal abgesunken war, hatte man ihn mit Erde aufgefüllt. Somit war es nicht möglich, durch den Abwasserkanal hindurchzukriechen, aber es war offensichtlich, dass er in einen Fluss mündete. Der Wasserstand des Flusses war hier, in Mündungsnähe, von den Gezeiten abhängig. Er stieg also bei Flut und senkte sich bei Ebbe. Die Forscher stellten fest, dass bei Flut Wasser in den Kanal hinaufgedrängt wurde und – obwohl der Kanal verstopft war – unter dem Haus in den Boden sickerte. Dadurch senkte sich das Fundament des Hauses, und diese Bewegung verursachte die unheimlichen Geräusche. Endgültige Gewissheit brachte schließlich die Beobachtung, dass die Geräusche immer dann am lautesten waren, wenn die Flut am höchsten stand.

Will heißen: Viele Geisterberichte beruhen auf Irrtümern. Da gibt es etwa merkwürdige Klopfgeräusche, die von den Rohren der Zentralheizung verursacht werden; „Phantome“, die sich als Nebelschwaden herausstellen oder unheimliche Lichter, die Spiegelungen des Mondlichts auf einer Fensterscheibe sind.

✗ *Schwindel und Betrug:* In früheren Zeiten waren vor allem Schmuggler dafür bekannt, Gespenstersagen in die Welt zu setzen oder zu reaktivieren, um ihre illegalen Aktivitäten zu verschleiern. Angeblich soll einer sogar sein Pferd überall weiß angemalt haben, außer am Kopf. An die Kutsche, mit der der finstere Geselle die geschmuggelte Ware transportierte, hängte er eine Reihe von Lampen. Jeder, der ihn so bei Nacht zufällig beobachtete, schwor Stein und Bein, eine Gespensterkutsche gesehen zu haben, die von einem Pferd ohne Kopf gezogen wurde. Auch heute geht so mancher berühmte Spukfall auf Habgier oder auf einen Jux zurück. So entstand beispielsweise die Geschichte vom *Amityville Horror* (ein Remake des bekannten Films von 1978 geisterte 2005 erneut über die Leinwand) bei einigen Flaschen Wein, die die hoch verschuldeten Besitzer des angeblichen Spukhauses in Amityville auf Long Island (New York) mit einem cleveren Anwalt pichelten. Auch das meist umspukte

Haus Englands, das Pfarrhaus von Borley in der Grafschaft Essex, ist wenig mehr als ein „Kartenhaus, erbaut aus platten Lügen", urteilt die englische Parapsychologenvereinigung *Society for Psychical Research.*

Im Januar 2005 stand ein „Schlossgeist" sogar vor Gericht: Weil sie die Bewohner in einem alten Schloss in Südtirol als Gespenst in Angst und Schrecken versetzt hatte, musste eine 42-jährige Polin ins Gefängnis. Die Frau hatte über Wochen in einem Gemäuer in der Nähe von Meran, in dem ein Kulturzentrum untergebracht ist, nachts mysteriöse Geräusche produziert. Knarrende Dielen, ins Schloss fallende Türen sowie Schritte auf den Fluren brachten die Schlossherrin und Leiterin des Kulturzentrums dazu, die Carabinieri zu alarmieren. Diese kamen der Urheberin des nächtlichen Treibens mit Videokameras auf die Schliche. Die Polin sei aus Ärger über die Schlossherrin, bei der ihr Ehemann angestellt war, zu dem „Spuk" veranlasst worden. Ein Richter verhängte vier Monate Haft wegen Belästigung.

➥ Was geschieht bei einer Séance?

Das Thema „Schwindel und Betrug" führt unweigerlich zum Thema „Séancen" – also zur Spukerei mit System. „Die Prozedur findet gewöhnlich so statt", liest man in einer Anleitung, „dass mehrere Personen sich um einen nicht allzu schweren Tisch setzen und ihre Hände derart auf die Tischplatte legen, dass die Handflächen glatt auf der Platte liegen, ein Finger jeder Hand aber stets einen Finger der Hand des Nachbarn berührt (es geht allerdings auch ohne diese Berührung). Nach einer kürzeren oder längeren Zeit beginnt der Tisch sich zu bewegen, er schaukelt, rutscht hin und her oder hebt sich auch auf einer Seite in die Höhe. Haben sich diese Bewegungen etwas eingespielt, kann man Fragen stellen. Hierzu wird ein bestimmtes Klopf-Alphabet ausgemacht, zum Beispiel a = einmal klopfen, b = zweimal klopfen und so weiter. Und siehe da, der Tisch antwortet auf die ihm gestellten Fragen."

Anstatt nun die zahllosen Fälle überführter betrügerischer „Medien" bei solchen Tischexperimenten aufzulisten, wollen wir uns der Sache einmal anders nähern. Im Oktober 2003 bat die Zeitschrift *Maxim* (www.maximonline.de) den Psychologen und skeptischen Geisterforscher Richard Wiseman den Lesern zu erklären, wie man eine Séance vorgaukele. Die Zusammenfassung des *Maxim*-Reporters mag geringfügig zugespitzt sein – sagt aber eigentlich alles:

1. Die Vorarbeit: Am leichtesten können Sie Leute beeindrucken, wenn die Geister etwas Privates über sie erzählen. Und wie kommen Sie an diese Informationen? Ihre Tricks:

a) Rufen Sie einige Tage vor der Séance bei Ihrem Opfer an und geben Sie vor, für eine Marktforschungsagentur zu arbeiten.

b) Bleiben Sie allgemein: „Dein Opa hatte eine Narbe am Knie." Ein Drittel aller Menschen hat eine.

c) Verwanzen Sie die Wohnung Ihres potenziellen Séance-Opfers.

2. Die Auswahl: Lassen Sie die hundertprozentigen Kopfmenschen außen vor. Wählen Sie all die anderen, auch solche, die „eigentlich" an so etwas nicht glauben. Wiseman bestätigt, dass mehr als die Hälfte aller „Ungläubigen" am Ende dachten, dass der Tisch schweben würde. Am einfachsten haben Sie es mit Menschen, die ständig glauben, dass sie den Herd noch angelassen haben.

3. Die Dunkelheit: Glücklicherweise erwarten die Teilnehmer, dass es bei der Séance schummrig-dunkel ist. Das macht es dem Assistenten, den Sie engagiert haben, entschieden leichter. So kann er ungesehen auf dem Boden herumkrabbeln und Dinge „fliegen" lassen. Es ist auch kein Widerstand zu erwarten, wenn Sie esoterische Musik auflegen. Offiziell, um die Geister anzulocken, während Sie in Wahrheit nur die Geräusche des Helfers überdecken wollen.

4. Das Licht: Wenn Ihre Opfer selber glauben, dass Sitar-Musik die Geister anlocken kann, werden sie auch ein Faible für rotes Licht haben. Bingo! „Rötliches Licht wirft harte Schatten, die Ihr Gesicht völlig unterschiedlich aussehen lassen", erklärt Wiseman. So kann das Bewegen der Lippen sogar einen Oberlippenbart hervorzaubern. Oh, Mann! Schauen Sie nur: Wenn sich da mal nicht der Geist eines Toten in Ihrem Körper manifestiert!

5. Der Handschlag: Jetzt geht es los: Lassen Sie Ihre Probanden im geschlossenen Kreis um den Tisch sitzen. Die Handflächen liegen dabei auf der Tischplatte, wobei sich die kleinen Finger einer Person jeweils mit denen der nächsten berühren. In der Dunkelheit werden die Deppen nicht merken, dass Sie in Wahrheit nur eine Hand auf dem Tisch liegen haben, während Ihre andere mit einem kleinen Stab Dinge auf der Platte hin und her schiebt.

6. Die Abkühlung: Sprenkeln Sie ein wenig Wasser auf Ihre Probanden oder lassen Sie Ihren Assistenten ein nasses Handtuch durch die Luft wirbeln. Die Personen am Tisch werden eine leichte Abkühlung empfinden, ohne die Ursache wirklich zuordnen zu können. Gruselig, was? Auch

Geräusche in der Dunkelheit sind schwer zu orten. Also, zögern Sie nicht lange, die Geister richtig tanzen zu lassen – mit ein paar Knallerbsen, die Sie gegen die Wand werfen.
7. Der Ekel: Richtig lustig wird es aber erst, wenn Sie tief in die Trickkiste greifen: Keine Séance ist perfekt, wenn nicht ein bisschen Schleim im Spiel ist. Greifen Sie auf Industrieprodukte oder die Rezepte Ihrer Vorfahren zurück. Die haben sich beim Fleischer Lunge und Nieren besorgt und diese fein säuberlich zerhackt. Lassen Sie einfach einen Klacks auf den Tisch gleiten – am lustigsten wird es, wenn Sie damit die Hand eines Vegetariers treffen.

➥ Wie kommen Geisterstimmen auf ein Tonband?

Anhänger des Spiritismus sind davon überzeugt, „Geister zu beschwören, ihnen Fragen zu stellen und geistlose Antworten zu bekommen", schreibt der amerikanische Aberglauben-Aufklärer James Randi in seinem *Lexikon der übersinnlichen Phänomene* lapidar. Als Resonanzgeräte für den heißen Draht ins Jenseits werden traditionell Tische, Ouija-Bretter, umgedrehte Gläser oder eben auch Tonbandgeräte hergenommen – letztere seit 1959, als der Schwede Friedrich Jürgenson im Garten seines Hauses Vogelstimmen aufnahm, beim Abspielen aber plötzlich den Satz „Friedrich, du wirst beobachtet!" zu vernehmen glaubte. „Ich spürte ein überwältigendes Verlangen, einen Kontakt mit jemand oder etwas Unbekanntem herzustellen", erzählte Jürgenson später. Der Schwede war davon überzeugt, dass die Stimme auf dem Tonband transzendentaler Natur sei, also von „Drüben" komme. Gemeinsam mit dem in Deutschland lebenden Konstantin Raudive und dem Engländer Colin Smythe begründete Jürgenson die Tonbandstimmenforschung, eine Art Existenzphilosophie moralisch-pseudoreligiösen Inhalts. Denn wirklich brauchbare Informationen sind den größtenteils nur bruchstückhaften und sehr schwer hörbaren „Einspielungen" der modernen Spiritisten nicht zu entnehmen; die „Geister" stammeln meistens so einsilbig daher, als sei es im Jenseits etwa so spannend wie ein „Ballermann"-Urlaub im Winter. Jedenfalls wissen wir immer noch nicht, wer Jack the Ripper war oder wie Uwe Barschel starb.

Möglicherweise liegt das daran, dass „Tonbandstimmen" mitnichten Äußerungen von Verstorbenen oder höheren Wesen sind, sondern nur ein Phänomen unserer begrenzten und fehlbaren Sinneswahrnehmung. Experten kennen zwei Methoden der Tonbandstimmenforschung: „Die erste besteht darin, dass man das Tonbandgerät (natürlich ist auch ein Kassettenrekorder geeignet) mit einem Mikrofon verbindet und auf ‘Aufnahme’ stellt. Dann stellt man eine Frage, etwa ‘Hörst du mich in deinem dunklen Raum?’, und lässt das Band weiterlaufen, 15, 20 oder auch mehr Sekunden. Nun spult man zurück bis zum Startpunkt und hört sich das Band an – nicht einmal, nein, mehrmals, bis zu 15-mal, denn man muss sich einhören.“[3]

Die zweite Methode besteht darin, das Tonbandgerät an ein Radio anzuschließen und das so genannte weiße Rauschen einer nicht vergebenen Frequenz auf Mittel- oder Kurzwelle aufzunehmen und anschließend konzentriert nach „Botschaften“ abzuhören.

Wer suchet, der findet natürlich auch – allerdings keine Geisterstimmen. Aber was dann? Sagen wir einfach: Geräusche, die auf mindestens drei verschiedene Arten zustande kommen können:

1. Rauschen: Rauschen entsteht durch thermische Bewegungen von Elektronen in elektrischen Leitern und Halbleitern (Transistoren, Dioden etc.). Dieses Rauschen nimmt mit der Temperatur zu. Die Geräusche, die nach der oben beschriebenen Prozedur beim Abspielen des Tonbands oder der Kassette zu hören sind, haben mithin zwei Quellen: Es handelt sich zum einen um das Rauschen der Elektronen, zum anderen um das Rauschen, das entsteht, wenn ein leeres Band am Tonkopf vorbeigleitet. Ein Magnetband besteht nämlich aus winzigen magnetisierbaren Partikeln (Eisen, Eisenoxyd, Kobalt, Nickel), die auf einem Kunststoffband aufgebracht sind. Da die magnetisierbaren Partikel nicht beliebig klein hergestellt werden können (sonst würden sie sich kaum mehr magnetisieren lassen), entsteht eine gewisse magnetische Rauigkeit. Hört man sich nun kurze Passagen dieses Rauschens immer wieder an, kann der Eindruck entstehen, dass ein sinnvolles Geräusch darin steckt.

2. Magnetisches Kopieren: Nimmt man auf ein leeres Band oder eine unbespielte Kassette ein kurzes Stück auf und lässt dieses Band längere Zeit liegen, dann kopiert sich die magnetische Information auf benachbarte Wickelschichten. Dadurch kann man später beim Abspielen Töne an Stellen hören, die eigentlich leer sein müssten. Da tiefe Frequenzen mit größerer Amplitude aufgezeichnet werden, werden hauptsächlich diese kopiert und die „Geisterstimme“ klingt eindrucksvoll dumpf.

3. Mischen an Nichtlinearitäten: An nicht linearen elektronischen Bauteilen wie zum Beispiel Transistoren und Dioden passiert mitunter ein unfreiwilliges „multiplikatives Mischen“, also eine spezielle Form der Vervielfältigung von elektrischen Signalen. Wenn etwa ein amplitudenmoduliertes Hochfrequenzsignal (Rundfunk, Kurzwelle, CB-Funk o.ä.) in den Mikrofoneingang eines qualitativ nicht sehr hochwertigen Tonbandgeräts gelangt, dann mischt sich das Rundfunksignal mit der Information auf dem Band, sodass später Musik oder Sprache zu hören ist – je nach Tageszeit und Frequenzband sogar Russisch oder Arabisch, was bei Tonbandstimmen-Fans fast zwangsläufig zu einer Interpretation als „Geisterstimme“ führt.

Dass „Tonbandstimmenforschung“ mitnichten etwas mit echter Forschung und Wissenschaft zu tun hat, sondern eine okkulte Praktik ist, wird auch auf den Internetseiten des *Vereins für Transkommunikationsforschung* (VTF) deutlich, einer Art Dachverband der Tonbandstimmen-Fans in Deutschland. „Tonbandstimmen sind ein wahres Geschenk des Himmels und können Trost, Hoffnung, Zuversicht und Lebensmut spenden“, heißt es dort unter anderem. Und weiter: „Wer mit der richtigen Einstellung an solche Versuche herangeht, wird davon nur profitieren.“ Tatsächlich? Die Redaktionsleiterin der GWUP-Zeitschrift *Skeptiker*, Inge Huesgen, hat ihre eigenen Erfahrungen mit „Tonbandstimmen“ gemacht. Als Lokalreporterin besuchte sie eine ältere Dame, die in der Überzeugung lebte, als Retterin der Welt vor dem nuklearen Overkill auserwählt zu sein. Wieso? Aus einem englischsprachigen Radio-Mitschnitt hörte sie statt „World Trade“ und „Country“ heraus: „Waltraud“ (ihr Name) und „kein Krieg“. Ihre subjektive Deutung: Der Geist des verstorbenen sowjetischen Staatschefs Leonid Breschnew habe ihr via Rundfunk aus dem Jenseits die Botschaft übermittelt: „Waltraud, du bist lieb, darum gibt es keinen Krieg.“

Selbst wenn man einmal die Tatsache außen vor lässt, dass die vermeintliche Kontaktaufnahme mit verstorbenen Angehörigen zu einer Obsession mit wahnartigen Zügen ausarten kann, hat „Tonbandstimmen-“ oder „Transkommunikationsforschung“ nur sehr wenig mit „Lebensmut und Zuversicht“ zu tun – sondern letztendlich mit Selbstbetrug. „Tonbandstimmen sind ein Wahrnehmungsphänomen“, erklärt der studierte Biologe und Lehrerausbilder Wolfgang Hund aus Hersbruck bei Nürnberg. Unser Gehirn ist konditioniert, bekannte Muster zu erkennen: „Daher hört man auf einem Basar deutsche Worte, obwohl niemand deutsch spricht.“ Häufig sei auch Fremdsuggestion mit ihm Spiel. „Einer hört etwas, sagt es, und dann hören auch die anderen den Satz.“

Diese Erfahrung machte auch eine *Welt am Sonntag*-Reporterin, die zum Kinostart des Paranormal-Thrillers *White Noise* im Februar 2005 die „Tonbandstimmenforscher“ Jürgen Nett und Carola Zimmermann vom VTF besuchte. „Nett mischt per Computer wahllos griechische Sprachfetzen durcheinander und nimmt das Kauderwelsch auf“, gab sie später ihre Eindrücke wieder. „Er schließt die Augen und begrüßt die Toten. Schließlich fordert er den Fotografen und mich auf, sie anzusprechen. Wir fragen nach verstorbenen Verwandten, wie es ihnen geht. Jürgen Nett bittet seine Mutter um ein Zeichen. Plötzlich ruft er: ‘Da wars’ und erklärt, dass sie früher immer eine Melodie gesummt habe, um ihn zu ärgern. Wir haben sie nicht gehört. Dann beginnt er, das Band abzuhören, immer wieder die gleichen Stellen. ‘Willkommen in Melsungen’, will Carola Zimmermann gehört haben. Auch wir hören diesen Satz nun. ‘Ne schöne Katze hier’, ist ein weiterer, schließlich noch: ‘Der Tote liegt im Auto.’ ‘Die Sätze geben keine Antwort auf die Fragen’, sage ich. Jürgen Nett erklärt das so: ‘Wir haben nur einen Bruchteil dessen gehört, was wirklich auf dem Band ist. Man muss sich einhören.’“ Kurz gesagt: Man hört das, was man hören will.

➡ Was ist ein Poltergeist?

„Glühbirnen explodieren, Bilder rotieren an der Wand. Hunderte von Anrufen gehen bei der Zeitansage ein, kommen auf die Telefonrechnung, doch niemand hat dort angerufen. Das Licht flackert, eine zerplatzte Glühbirne hinterlässt Löcher in der Wand, ein drei Zentner schwerer Aktenschrank bewegt sich vor Zeugen zweimal wie von Geisterhand um 30 Zentimeter von der Wand weg. Knallgeräusche in der Luft – und all dies ohne eine vernünftige Erklärung.“ So beschreibt der TV-Journalist Oliver Halmburger im Begleitbuch zur ARD-Serie *Dimension Psi* (ausgestrahlt im November 2003) den berühmtesten Poltergeist-Fall in Deutschland: den Spuk von Rosenheim. In der Anwaltskanzlei Adams in der Königstraße 13 im bayerischen Rosenheim kam es 1967 zu einer Reihe von rätselhaften Geschehnissen, die sich über Monate hinzogen und bundesweit Schlagzeilen machten. Parapsychologen und „Geisterbanner“ fahndeten ebenso nach der Ursache der Phänomene wie Techniker der Post und Physiker von der Universität München. Offenkundig war nur eines: Es spukte nur während der Bürostunden. Und stets war die 19-jährige Angestellte Annemarie nicht weit, wenn Leuchtstoffröhren von der Decke fielen oder Lampen hin und her schwangen.

Auch der bekannte Freiburger „Spukprofessor“ Hans Bender begab sich an den Tatort, wo er nichts weiter tat, als die urzeitliche Gespensterlehre wissenschaftlich zu verbrämen. Statt um Geister gehe es um Geisteskraft, dozierte der Parapsychologe Bender und führte den zungenbrecherischen Begriff „Recurrent Spontaneous Psychokinesis“ (RSPK) ins Feld, was auf Deutsch soviel bedeutet wie „physikalisch vorläufig unerklärbare, psychisch ausgelöste Einwirkungen auf materielle Systeme“. Was soll das bedeuten? Ein Poltergeist, erklärte Bender fachmännisch, sei gar kein richtiger Geist, sondern eine Form von „psychischer Energie“. Pubertäre Krisen und seelische Spannungen bei Jugendlichen und jungen Erwachsenen würden eine unbekannte Kraft in ihnen aktivieren, die stellvertretend für den Betroffenen oder die Betroffene zum großen Rundumschlag gegen das berufliche oder familiäre Umfeld aushole. Spuk stelle mithin auch ein therapeutisches Problem dar – und damit hatte Bender sogar ausnahmsweise Recht. Denn in den allermeisten Poltergeist-Fällen lassen sich mit relativ schlichten kriminalistischen Ansätzen unzufriedene oder geltungsbedürftige Kinder und Jugendliche als mutwillig handelnde Täter ermitteln.

✘ 1965 spukte es in einem Einzelhandelsgeschäft im Bremer Stadtteil Neue Vahr. Teller, Tassen und Vasen sprangen buchstäblich aus den Regalen, Kaffeekannen flogen durch die Luft, Gläser zerbrachen noch in ihren Originalkartons. Der „Scherbengeist“ rief Polizei und Presse auf den Plan, und auch hier witterte Professor Bender einen „Jahrhundertfall“. Der Bundesverdienstkreuzträger (gestorben 1991) blieb auch dann noch bei dieser Einschätzung, als der 14 Jahre alte Lehrling Heiner Sch. längst ein umfassendes Geständnis abgelegt und seine effektvollen Tricks offengelegt hatte.

✘ „Chopper“ tauften die Medien einen Poltergeist, der 1982 sein Unwesen in der Praxis des Zahnarztes Kurt Bachseitz in Neutraubling bei Regensburg trieb. Chopper spukte auf „atypische“ Weise, wie sogar Professor Bender einräumen musste. Der Geist grunzte und grummelte äußerst ungebührlich aus Wasch- und Klobecken und schließlich sogar aus der Spuckschüssel neben den Behandlungsstühlen. „Mach das Maul zu, du stinkst!“, flog den entsetzten Patienten um die Ohren, oder schlicht „Du Arschloch!“ Kein Wunder, dass am Ende die 16-jährige Arzthelferin Claudia wegen Beleidigung vom Amtsgericht Regensburg zu einer Geldstrafe verurteilt wurde. Denn sie selbst hatte emsig gechoppert, „mit verstellter Stimme und unter Zuhilfenahme eines Gegenstandes, der innen hohl ist“, hieß es im Ermittlungsprotokoll der Behörden. Auch im Fall

Chopper hatten Polizei und Ingenieure die Räumlichkeiten mit aufwändiger Technik durchmustert, Telefonleitungen, Stromnetz und Wasserinstallation genau überprüft – und waren nicht fündig geworden. Wie auch? Denn ein Trickser kann nur von Trickexperten entlarvt werden und nicht von Physikern oder Chemikern, und die Leichtgläubigkeit ungeschulter Beobachter ist aus vielen vergleichbaren Fällen sattsam bekannt.

✗ In dem Städtchen Columbus im US-Bundesstaat Ohio geriet im März 1984 eine ganze Familie in den Fokus mysteriöser Vorgänge. John und Joan Resch, ihre 14 Jahre alte Adoptivtochter Tina und die vier Pflegekinder erlebten, dass das Telefon mehrmals wie von einer unsichtbaren Macht durch den Raum katapultiert wurde, Gegenstände wie Stehlampen, Wandbehänge und Kerzenständer sich bewegten, Gläser zerbrachen und Messer aus der Küchenschublade flogen. Reportern gelang es, die Ereignisse zu fotografieren und zu filmen. Der Skeptiker und Profi-Illusionist James Randi analysierte die Aufnahmen vom fliegenden Telefon und stellte fest, dass eindeutig Tinas Hand an der Telefonschnur und auch am Apparat zu sehen war. Außerdem war eine Videokamera versehentlich nicht abgeschaltet worden und filmte auch dann noch weiter, als die Phänomene ruhten und alle Beteiligten sich unbeobachtet glaubten.

Auf diese Weise entstand eine kurze Sequenz, die zeigt, dass Tina heimlich an der Schnur einer Stehlampe zog, diese zum Umfallen brachte und danach einen lauten Schreckensschrei schauspielerte. Anscheinend hatte das 14-jährige Mädchen mit beträchtlichem Geschick den ganzen Spuk selbst herbeigeführt. Das Motiv des Columbus-Poltergeists: Das Adoptivkind wollte seine wahren Eltern ausfindig machen und erhoffte sich hierfür positive Effekte durch die Aufmerksamkeit der Medien. Tina Reschs weiterer Lebensweg verlief tragisch. Zehn Jahre später wurde sie wegen Mordes an ihrer Tochter zu lebenslanger Haft verurteilt.

Dieser und vieler ähnlicher Fälle eingedenk, lagen die Wissenschaftler vom Max-Planck-Institut für Plasmaphysik in München wohl richtig, als sie 1967 bei der Untersuchung der Anwaltskanzlei in Rosenheim feststellten, dass die Vorgänge nicht „elektrodynamisch“, sondern einfach mechanisch erzeugt würden. Die Erscheinungen müssten von „intelligent gesteuerten Kräften herrühren, die die Tendenz zu haben scheinen, sich der Untersuchung zu entziehen“. Bezeichnenderweise endete der Spuk, als die 19 Jahre alte Bürogehilfin Annemarie die Kanzlei verließ. Tatsache ist, dass die junge Frau – anders als Tina Resch, „Chopper“-Claudia oder Heiner Sch. – nie eindeutig der bewussten Manipulation überführt werden konnte, weshalb Rosenheim bis heute (zum Beispiel in der besagten ARD-Reihe *Dimension Psi*) als ungelöster Top-Spukfall gilt.

Möglicherweise zu Unrecht. Denn neben Bender und Co. stattete auch der Wiener Zauberkünstler Allan der Kanzlei einen Besuch ab. Er fand dort unter anderem hinter einem Wandregal einen Gummiknüppel, der die gleichen Klopfgeräusche verursachte wie der Poltergeist. Mehr noch: An den Wänden entdeckte Allan sogar entsprechende „seltsame schwarze Wischspuren". Auch kaum sichtbare Nylonfäden waren „die große Mode in der Anwaltskanzlei", schrieb Allan später in seinem Buch *Falsche Geister – echte Schwindler: Geisterjagd durch drei Jahrhunderte.* Auch an einem Drahtgestell, das einen „besonders springfreudigen Wandteller trug", befand sich laut Allan ein Nylonfaden, ebenso an einem Kettenglied der Deckenlampe.

Allans Zauberkollege Wolfgang Hund, Okkultismusbeauftragter des *Bayerischen Lehrerinnen- und Lehrerverbands*, hat sich intensiv mit Allans Aufzeichnungen und dem Fall Rosenheim beschäftigt. Dass in mittlerweile etlichen aktuellen TV-Sendungen und Presseartikeln über die alte Geschichte immer wieder die gleichen Augenzeugen mit den gleichen Aussagen wie damals zitiert werden, ist für Hund nicht verwunderlich: „Wer würde denn jetzt, nach der langen Zeit, zugeben, dass er sich eigentlich nur noch an das erinnert, was er schon x-mal erzählt hat? Und dass er aus heutiger Sicht, nach der inzwischen gewonnenen Lebens- und Berufserfahrung als Kripobeamter, Elektriker etc., das Ganze wohl völlig anders sehen würde."

Weiterführende Literatur:

Walter von Lucadou: Dimension Psi. List-Verlag, München 2003

Diethart Sawicki: Leben mit den Toten. Geisterglauben und die Entstehung des Spiritismus in Deutschland, Schöningh-Verlag, Paderborn 2002

Wolfgang Hund: Was wir wahrnehmen, ist nicht wahr – Pink Floyd & Co. Pädagogischer Verlag Gabriele Hund, Hersbruck 2001 (zu beziehen unter www.hund-hersbruck.de)

Herbert Schäfer: Poltergeister und Professoren. Fachschriftenverlag Schäfer, Bremen 1994

Andreas Gertler / Wolfgang Mattig: Stimmen aus dem Jenseits – Parapsychologie und Wissenschaft, Verlag Neues Leben, Berlin 1984

Zu einzelnen Spuk-Fällen wie „Amityville Horror", Borley etc. siehe:

Bernd Harder: Lexikon der Großstadtmythen. Eichborn-Verlag, Frankfurt 2005

6. Okkultismus: Geistlose Fingerzeige

➥ Wieso bewegt sich beim Gläserrücken das Glas?

„Beim Gläserrücken schreiben Sie die Buchstaben des Alphabets auf Zettel und legen Sie auf dem Tisch im Kreis aus. In die Mitte kommen Zettel für Ja und Nein. Nun stellen Sie ein flaches Glas auf den Kopf, jeder der Teilnehmer legt einen Zeigefinger auf den Glasboden. Das Glas bewegt sich zu den Ja- und Nein-Zetteln beziehungsweise zu einzelnen Buchstaben – und liefert die Antwort." So macht die Zeitschrift *Woman* ihren Leserinnen das Gläserrücken als Orakel-Technik schmackhaft (in Nr. 5/2003). Wenn auch mit dem Hinweis: „Aber: Kann man sicher sein, dass keiner dem Glas nachhilft?" Nein, das kann man gewiss nicht.

Der Humorist Ephraim Kishon beschreibt in seinem Buch *Arche Noah, Touristenklasse*, wie er von seinem Freund Kunststetter zum Gläserrücken eingeladen wird. Lange Zeit geschieht nichts, dann ergreift Kishon die Initiative: „Eine Viertelstunde später, als meine Nerven das Schweigen nicht länger ertrugen, kam mir ein großartiger Einfall: Ich stieß mit der Spitze meines Zeigefingers ganz leicht gegen das Glas. Wunder über Wunder: Es bewegte sich. ‘Kontakt!’, verkündete Kunststetter und wandte sich an den Geist. ‘Sei gegrüßt in unserer Mitte, teurer Bruder…’ Um diese Zeit war ich bereits mit den meisten wissenschaftlichen Grundlagen des Spiritismus vertraut. Blitzartig hatte mich die Erkenntnis überkommen, dass das Glas sich nur bewegte, wenn es geschoben wurde. Warum sollte sich auch ein ganz gewöhnliches Wasserglas ohne fremde Hilfe bewegen? Ein Glas ist ein Glas und kein Ringelspiel." Doch hier irrte der weltberühmte Satiriker. Das Glas bewegt sich auch dann, wenn keiner der Teilnehmer es anschiebt. Also doch ein unleugbarer Beweis für die Existenz von Geistwesen? Nicht unbedingt.

Ein einfacher Kontrollversuch bringt erste Erkenntnisse: „Einige Tropfen Spülmittel oben, also auf dem Boden des umgestülpten Glases, bringen dort die Reibung auf null", schlägt Wolfgang Hund vor. Was zur Folge hat, dass „gar nichts mehr geht, das heißt: Allenfalls rutschen die

Finger auf dem Glas herum, aber das Glas selbst rückt keinen Zentimeter mehr vor.“ Eine ähnliche Erfahrung können die Teilnehmer beim Tischrücken machen, wenn unter ihre Hände ein dünnes Stück Pappe gelegt wird, also kein fester Kontakt mehr zur Tischplatte besteht. Das lässt vermuten, dass das bloße Aufliegen der Finger eine Kraft auf das Glas ausübt. Kein Wunder, denn immerhin hängt ein ganzer Mensch an dem Finger.

Wenn der Tisch glatt und das Glas leicht genug ist, würde das Gewicht eines aufgelegten Finger ausreichen, um das Glas früher oder später leicht nach vorne zu bewegen. Beim Gläserrücken sind aber mehrere Finger im Spiel, und somit addieren sich die von den Teilnehmern aufgebrachten Einzelkräfte zu einer Gesamtkraft. Diese Kraft ist stark genug, um das Glas kreuz und quer über den Tisch zu schieben. Dass das Glas dabei häufig die Richtung ändert und mal langsamer und dann wieder sehr schnell los ruckelt, liegt daran, dass die Teilnehmer unterschiedlich engagiert zur Sache gehen. Manche winkeln den Arm an, andere strecken ihn aus, der eine legt seinen Zeigefinger flach auf das Glas, der andere leicht geknickt und so weiter, und so fort. In der Summe ergibt diese Heterogenität ein scheinbar „geisterhaftes“ Ergebnis: Das Glas bewegt sich wie von selbst in eine Richtung, in die keiner der aufgelegten Finger zeigt und in die keiner der Teilnehmer drückt oder zieht.

➥ Woher weiß das Glas den Geburtstag der verstorbenen Großmutter?

„Hier … ist … Albert … Rauschmann“, meldet sich während einer Séance der Geist eines kürzlich Verstorbenen bei den Schülern Sandra, Jens, Thorsten und Karl. Als Beweis gibt der Geist an: „Meine … Todesanzeige … im … Kurier … vom … 12. … November.“ Als der 16-jährige Jens daraufhin am nächsten Tag die Zeitung vom 12. November durchgeht, findet er bei den Todesannoncen tatsächlich den Namen Albert Rauschmann. Unheimlich – aber als die beiden Okkultexperten Guido und Michael Grandt Jens befragen, gibt der Junge zu, öfter die Todesanzeigen in der Zeitung zu lesen. „Einfach so“, weil ihn das interessiere, und es könne auch sein, dass er in den Tagen vor der Séance „mal im *Kurier* geblättert“ habe.[1]

Ist es denkbar, dass Jens die besagte Todesannonce überflogen hatte und in der besonderen Atmosphäre einer affektiven Erschütterung der Name „Albert Rauschmann“ zusammen mit anderen gefilterten, vergessenen oder emotional verdrängten Bildern und Erinnerungen wieder an die Oberfläche drängte? Sehr wahrscheinlich. Denn neben den rein physikalischen spielen beim Gläserrücken auch physiologische und psychologische Effekte eine Rolle. Ein anderes Beispiel: Eine Schülerin erfährt von dem „Geist“, dass ihr Großvater an Lungenkrebs starb. Das Mädchen wusste dies gar nicht; erst die Eltern bestätigen ihr, dass die Antwort des Glases richtig war. Aber auch hier handelt es sich mutmaßlich um einen Fall von unbewusstem Wissen: Im Alter von drei Jahren hatte das Kind den Tod des Großvaters miterlebt. Dabei sprach die versammelte Familie natürlich auch über die Krankheit, ohne dass das Mädchen etwas mit dem Wort „Lungenkrebs“ anfangen konnte. Erst viele Jahre, bei flackerndem Kerzenschein, Räucherstäbchen und mit dem rückenden Gläschen als eine Art „Fahrstuhl“ in die Tiefenschichten ihrer Persönlichkeit, kehrte jener Tag wieder in das Bewusstsein des Mädchens zurück.

Ein Rätsel bleibt indes bestehen: Wer verknüpft die auf das Glas einwirkenden Kräfte mit dem (bewussten oder unbewussten) Wissen der Teilnehmer zu sinnvollen Antworten? Anders gefragt: Wieso rückt das Glas nicht irgendwo hin, sondern genau zu den Buchstaben, die zusammengesetzt Richtiges ergeben und nicht etwa „Grmblpvz“ oder ähnliches? Hier kommt ein ideomotorisches Verhalten ins Spiel, das wir aus alltäglichen Situationen kennen: Ob wir im Fernsehen ein Fußballspiel oder einen schwungvollen Tanz sehen oder als Beifahrer im Auto ein plötzliches Bremsmanöver miterleben – die intensive Betrachtung und sogar die bloße Vorstellung einer Bewegung ruft in uns den Anreiz hervor, selbst eine solche Handlung auszuführen.

Dieser Mechanismus ist sehr sinnvoll, denn er bewirkt, dass unsere Muskulatur durch so genannte Intentionsbewegungen, durch eine Erhöhung der Muskelspannung usw. auf diejenigen Aktivitäten vorbereitet sind, die gleich nötig sein werden. Würden unsere Muskeln in völliger Ruhe bleiben, bis das Gehirn sein Programm fertig hat und den Startbefehl gibt, würde sich unsere Reaktionszeit erheblich verlängern. Ein Sport wie Tischtennis wäre dann kaum mehr möglich, weil niemand mehr den Ball treffen würde. Aber da die Intentionsbewegungen der Muskeln uns nicht bewusst werden, verursachen sie einige überraschende Nebeneffekte. Zum Beispiel beim Gläserrücken. Auch hier macht sich Vorstellungs- und Einbildungskraft bemerkbar, die über die entsprechenden Intentionsbewegungen in den Muskeln der aufliegenden Finger das Glas in Gang setzt und koordiniert. Die Teilnehmer brauchen nur intensiv „Ja“

oder „Nein“ oder an einen bestimmten Buchstaben zu denken, und schon führt das Glas dieses gedachte Bewegung aus.

Meist ist ein einzelner Teilnehmer der unbewusst führende „Automatist“, manchmal scheinen bei den Produktionen der Botschaften auch mehrere zugleich zusammenzuwirken („Polypsychismus“). In der Regel spiegeln die Botschaften bewusstseinsnahe Alltagsprobleme wider. Gläserrücken ist also nichts Geheimnisvolles, sondern abhängig vom Erwartungsdruck und von den Gedanken der Teilnehmer, die ohne es zu merken die Vorgänge steuern.

➥ Sagt das Pendel die Wahrheit?

Exakt dasselbe gilt für das Pendeln. Auch hier wirken sich unsere Vorstellungen und Wünsche aus, wie das Pendel ausschlagen soll. Selbst mit eisernem Willen ist es unmöglich, ein Pendel ganz ruhig zu halten. Allein das Ein- und Ausatmen, der Blutfluss in den Fingerspitzen und die Ermüdung der Hand führen zu Zitterbewegungen, die sich auf die Pendelkette übertragen und schließlich dem Pendel die notwendigen Anfangsanstöße geben. Ein eindrucksvoller Beweis dafür, dass das Pendel tatsächlich ideomotorisch und nicht von Geistern angestoßen wird, ist das sofortige Einsetzen von Pendelschwingungen bei routinierten Pendlern, noch bevor Ermüdungserscheinungen und damit Muskelzittern auftreten. Denn auch ideomotorische Reflexe kann man trainieren.

Aber ob nun das Pendel „Ja“ sagt (es schwingt von links nach rechts) oder „Nein“ (es schwingt vom Pendler weg und wieder zu ihm hin) – immer ist dabei der Wunsch Vater des Gedanken. Zu objektiven Antworten auf bedrängende Lebensfragen kommt man mit solchen Selbstgesprächen nicht, als letzte Instanz zur Lösung persönlicher Probleme sind die „Geisterbotschaften“ eines Pendels oder des rückenden Gläschens völlig untauglich und sollten in keinem Fall für bare Münze genommen werden. Und auch da, wo Pendeln korrekt bloß als „einfache Methode zur Kommunikation mit dem eigenen Unterbewusstsein“ angepriesen wird, (z. B. in Frauenzeitschriften), ist Vorsicht angebracht. Die Antwort, auch wenn sie vorgeblich nicht ernst genommen wird, kann die betreffende Person dennoch unbewusst negativ beeinflussen. Die Psyche hat ihre eigenen Gesetze.

➥ Kann man vom Gläserrücken oder vom Pendeln verrückt werden?

Ob okkulte Praktiken gefährlich sind, ist nicht pauschal zu beantworten. Es kommt immer auf den Einzelfall an beziehungsweise auf die Motive, warum Jugendliche sich mit okkulten Praktiken beschäftigen. Lesen wir beispielsweise den folgenden Brief dreier 15-jähriger Mädchen, die ein besorgter Lehrer einer Beratungsstelle mit der Bitte um Stellungnahme zugeleitet hat:

„Wir haben einen runden, geleimten Tisch genommen und ein umgestülptes Glas in die Mitte gestellt. Dann haben wir die Buchstaben des Alphabets und Zahlen sowie die Worte 'Ja' und 'Nein' auf Zettel aufgeschrieben, ausgeschnitten und im Kreis um das Glas herumgelegt, sodass sie sich berührten.

Wir fragten: 'Geist, bist du da, so antworte mit Ja'. Dann bewegte sich das Glas zum 'Ja'. Wir stellten einige Sicherheitsfragen, wie Geburtsdaten, Namen, Alter von uns. Diese Fragen konnte der Geist alle beantworten, indem sich das Glas zu den einzelnen Buchstaben hinbewegte. Er [der Geist] hieß 'Uxu' [?] und kam aus dem 16. Jahrhundert. Danach baten wir um einen neuen Geist. Wir bekamen Nora Anders [Ex-Frau von Ex-*Modern Talking*-Sänger Thomas Anders], die noch lebt [!]. Wir fragten sie, ob sie wüsste, dass wir *Modern Talking* nicht mögen. Sie antwortete mit 'Ja'. Dann war sie nicht mehr bereit, mit uns zu sprechen. Sie ließ uns wissen, dass sie sauer auf uns wäre, und nach langem Betteln gab sie uns einen neuen Geist. Es kam Rock Hudson. Wir fragten ihn nach Sachen zu seiner Person, zum Beispiel Todesursache, Frauen u. a. Er beantwortete alles korrekt. Wir fragten ihn auch nach Noten in Klassenarbeiten. Hier allerdings machte er einige Fehler, aber einige Angaben stimmten genau. Zum Schluss fragten wir mehrere Geister, wen wir später heiraten würden, sie schrieben Namen, die wir bereits kennen. Das alles ist kein Schwindel. Erst war es nur Spaß, aber langsam wissen wir nicht mehr, ob wir daran glauben sollen oder nicht. Gibt es für diesen Vorgang eine [logische] Erklärung?“[2]

Der Beweggrund der drei Schülerinnen ist offensichtlich: Neugier. Dieses Motiv ist das häufigste und wird bei verschiedenen Erhebungen von mehr als 70 Prozent der Befragten angeführt. Zugleich ist es das am wenigsten problematische, denn man kann davon ausgehen, dass der Reiz des Neuen, Aufregenden und Geheimnisvollen schnell verfliegt, wenn die logische Erklärung von glaubwürdigen Bezugspersonen geliefert wird.

„Botschaften" des Pendels oder des rückenden Glases kommen nicht aus dem Jenseits, sondern aus dem eigenen Unterbewusstsein. Séancen sind mithin Selbstgespräche ohne objektiven Erkenntnisgewinn.

Problematischer war die Sache bei einem jungen Mädchen namens Silke, deren Bruder bei einem Motorradunfall ums Leben kam und die sich mit folgender Geschichte einer Sektenberatungsstelle anvertraute: „Als das mit meinem Bruder passiert ist, da wollte ich mich umbringen. Ich war sowieso mit Tabletten zu. Bald hoffte ich, den sehe ich noch mal, bald hatte ich plötzlich Angst, mich umzubringen." In dieser Situation wird Silke von einer Clique jugendlicher Gläserrücker angesprochen: „Sie haben gesagt, sie hätten das mit dem Glas gemacht und Kontakt mit meinem Bruder bekommen. Sie haben mich gefragt, ob ich an so was glaube, wie Leben nach dem Tod, ob ich einmal mitmachen würde. Zuerst wusste ich nicht genau, ob ich das tun sollte. Ich glaube zwar schon, dass irgendwie etwas nach dem Tod ist, aber ich wusste nicht, ob man auch Kontakt zu den Toten aufnehmen kann." Schließlich lässt Silke sich doch zu einer Sitzung überreden: „Da kamen Sachen darin vor, die nur mein Bruder wissen konnte. Da habe ich erst furchtbar geheult, war total fertig. Weil ich Angst gehabt habe, war mir total elend."[3]

Gewiss hatte Silke sich etwas Wohltuendes und Befreiendes unter der vermeintlichen Kontaktaufnahme mit dem Jenseits vorgestellt – in Wirklichkeit jedoch verhinderten die fortan regelmäßigen „Gespräche“ mit ihrem toten Bruder die eigentliche Lösung des Problems, nämlich die seelische Verarbeitung des tödlichen Unfalls und des Verlustes eines lieben Menschen, der ihr sehr nahe stand.

Ein anderes Beispiel aus der Beratungsarbeit professioneller Helfer zeigt ebenfalls, dass okkulte Praktiken keine Lebensbewältigungshilfen sind, sondern selbst ein mitunter erhebliches psychosoziales Problem darstellen: Die 15 Jahre alte Susi gewöhnte sich an, jeden Tag längere Zeit zu pendeln. Das Mädchen wollte unter anderem wissen, „ob die Welt bald explodiert, ob mein Freund mich noch mag, ob wir bald sterben, wie lange unsere Haustiere noch leben. Oft hat Satan geantwortet. Er sagte, er sei gut, er sei nicht böse. Ich habe damals Probleme mit meinem Freund gehabt und habe dauernd gependelt. Eine Woche war das ganz schlimm, ich hatte jemanden gesucht, der mich versteht, fand aber niemanden. Beim Pendeln ist es mir gut gegangen, ich habe Antworten gekriegt und immer weitergemacht. Wenn ich aufgehört habe, ist es mir schlecht gegangen. Meine Mutter hat gemerkt, dass bei mir was war. Sie hat mit mir geredet. Das Pendel sagte aber, dass ich nicht aufhören darf, wenn doch, bringt *er* mich um. Ich hatte schreckliche Angst. Ich habe immer wieder nach dem Sterben gefragt, ob ich nächstes Jahr sterben müsste, an welchem Monat oder Tag. Es kam: nah bevor. Ich habe gefragt: Soll ich sterben, soll ich zu dir kommen, magst du mich? Es kam immer: JA. Dann habe ich gefragt: Magst du meine Freunde? NEIN. Soll ich die umbringen? JA. Ich wollte immer aufhören zu pendeln und habe es immer weitergemacht.“[4]

Ein breites Spektrum von Motiven und Reaktionen ist beim Pendeln oder Gläserrücken möglich: vom amüsierten Kopfschütteln (wenn es als gruppendynamischer Partyspaß oder lustbetonter Nervenkitzel betrieben wird) bis hin zu Tränenausbrüchen und Panik (wenn seelische Probleme oder allgemeine Lebensängste hineinspielen). Man kann also vom Pendeln oder Gläserrücken tatsächlich „verrückt“ werden; oder abhängig bis zur Unfähigkeit, Entscheidungen ohne den Rat der „Geister“ zu treffen. Der Grad der persönlichen Betroffenheit ist denn auch maßgebend für die Art und Weise der Aufklärung – die von eher unterhaltsamer „Entzauberung“ der Phänomene in der Gruppe bis hin zu langen Einzelgesprächen über individuelle Probleme Jugendlicher reichen kann. Ganz allgemein raten Experten dazu,

- die Erfahrungen der Jugendlichen ernst zu nehmen und sich um eine realistische Einschätzung zu bemühen, ohne zu übertreiben oder zu verharmlosen;
- die sachliche Auseinandersetzung zu suchen – ohne „Verteufelung", weder mit psychologischem noch mit theologischem Pathos;
- okkulte Praktiken zu kennen und Erklärungen anbieten zu können (dazu gehört auch das Wissen, was keine Okkultpraktiken sind, zum Beispiel „Satansrock" o. ä.);
- bei der Aufklärungsarbeit nicht ausschließlich auf die Vermittlung von Informationen zu bauen. Die Entmystifizierung der „Geister" ist zwar wichtig, weil sie den Reiz des Rätselhaften und damit die Faszination wegnimmt; sie bleibt aber wirkungslos, wenn nicht zugleich auch vermittelt wird, dass Pendeln und Gläserrücken keine persönlichen Probleme lösen, sondern häufig schaffen.

➡ Passiert beim Gläserrücken nicht manchmal auch etwas völlig Unerklärliches?

Davon sind in der Tat nicht wenige Menschen überzeugt – darunter auch solche, die es eigentlich besser wissen müssten. So schreibt zum Beispiel Dr. Werner Thiede, der an der Universität Erlangen-Nürnberg Systematische Theologie lehrt, im Materialdienst der *Evangelischen Zentralstelle für Weltanschauungsfragen* (EZW) zum Thema Jugendokkultismus: „Gewiss lässt sich vieles relativ banal erklären, und es liegen genügend Berichte von unzutreffenden Angaben angeblicher Geister gerade über zukünftige Dinge und Daten vor. Doch was will man seriösen Berichten entgegenhalten, denen zufolge an einer Schule im Großraum Mönchengladbach beim Tisch- oder Gläserrücken nicht nur Klausurergebnisse, sondern auch eine Todesankündigung tatsächlich Wirklichkeit wurden? Wie will man tausendfache spontane Telepathie-Erlebnisse von Schülern und Schülerinnen weginterpretieren, die als außersinnliche Wahrnehmung der Parapsychologie geläufig, aber von der bisherigen Naturwissenschaft nicht einzuordnen sind? Vor allem dann, wenn Jugendliche selber authentische Erfahrungen gemacht haben, sind sie wenig zugänglich für Argumente, die kaum Verständnis für die Wirklichkeit dieser Erfahrungen bezeugen."

Thiede scheint davon überzeugt zu sein, dass die Botschaften des rückenden Glases auch „paranormale" Komponenten enthalten (also über die in der Tiefen- und Wahrnehmungspsychologie herrschenden Paradigmen hinausgehen). Und immer wieder berichten Jugendliche, dass sich das Glas „wie von selbst" (ohne direkte Berührung) bewegt habe, dass also möglicherweise ein „psychokinetischer" Effekt beteiligt war. Aber sind solche Schlussfolgerungen zwingend?

Skeptiker verweisen in diesem Zusammenhang auf „Ockhams Rasiermesser", ein methodologisches Prinzip, das dem Philosophen Wilhelm von Ockham (1285-1349) zugeschrieben wird. In der Praxis bedeutet Ockhams Regel: Existieren für ein Problem zwei mögliche Lösungen, von denen die eine nur zutrifft, wenn feststehende Gesetze von Logik und Wissenschaft ignoriert oder aufgehoben werden, während die andere keine derartige Anpassung erfordert, dann ist es sehr wahrscheinlich, dass die einfachere – die zweite – Lösung zutrifft.

Seziert man die oben genannten Fälle mit Ockhams Rasiermesser, dürften sich wohl eher folgende Sachverhalte ergeben:

✘ Das rückende Glas sagt einem Schüler eine Fünf in der nächsten Klassenarbeit voraus. Die Prophezeiung bewahrheit sich. Ist das nun ein Beweis für die Existenz von allwissenden Geistern? Oder könnte es nicht vielmehr so gewesen sein, dass der betreffende Schüler angesichts der düsteren Verheißung des Glases resignierte und nichts mehr lernte für die Klausur? Und möglicherweise ist die Erklärung sogar noch viel einfacher: Da das rückende Glas unbewusste Ängste und Befürchtungen manifest werden lässt, dürfte ein mittelmäßiger bis schlechter Schüler fast immer bei der Voraussage einer mangelhaften oder ungenügenden Note landen – verbunden mit einer recht hohen Wahrscheinlichkeit, dass diese sich auch tatsächlich realisiert. Denn dass ein schlechter Mathematiker in der nächsten Mathe-Arbeit wieder schlecht abschneidet, dürfte eher die Regel als die Ausnahme sein.

✘ Das Glas nennt einem Schüler konkret sein Todesdatum (üblicherweise kommt bei solchen Fragen ein Termin in sehr naher Zukunft heraus). Tatsächlich verunglückt die betreffende Person an diesem Tag tödlich. Geister? Oder vielleicht eher eine sich selbst erfüllende Prophezeiung, die sich dem Schüler unbewusst tief ins Gedächtnis eingebrannt hatte und ihn am besagten Tag in einer alltäglichen Verkehrssituation überängstlich und damit unvorsichtig reagieren ließ?

✘ Das Glas ruckelt ganz von selbst über den Tisch, ohne dass die Teilnehmer ihre Finger aufliegen haben. Das wäre in der Tat ein höchst erstaunliches Phänomen – wenn es sich denn wirklich so zutragen würde.

„Bislang jedenfalls war es allerdings immer so", erklärt der Pädagoge und Okkultismusexperte Wolfgang Hund, „dass – wie sich herausstellte – dieser Vorgang nicht aus eigener Erfahrung beobachtet wurde, man aber jemanden kennt, dessen Onkel jemanden kennt, der…"

Ähnlich äußert sich der Weltanschauungsbeauftragte der Evangelischen Kirche in Württemberg, Hansjörg Hemminger: „Mein Problem als erwachsener Gesprächspartner in einer solchen Situation ist, dass ich so etwas – im Unterschied zum üblichen Gläserrücken – noch nie erlebt habe und den Jugendlichen deshalb schlicht nicht glaube. In meiner Gegenwart rühren sich Gläser nie von selbst vom Fleck."

✘ Das Glas liefert den Teilnehmern Informationen, die niemand in der Runde wissen konnte. Übernatürlich? Paranormal? Heide-Marie Cammans von der überkonfessionellen und unabhängigen Beratungsstelle *Sekten-Info Essen* sagt zu diesem Punkt: „Ich erlebe meist, dass (...) durch genaue Betrachtung der Situation sowie durch die Erhellung der Vorgänge (...) fast durchweg das Zustandekommen auch solcher Botschaften erklärt werden kann."

✘ Bei einer Séance passieren seltsame, unerklärliche Dinge, beispielsweise fallen Bilder von den Wänden oder ein herumliegendes Messer zeigt mit der Spitze genau auf einen der Teilnehmer. So schrieb ein 15-Jähriger namens Günther an die *Bravo*: „Ich habe ein großes Problem, mit dem ich allein nicht mehr fertig werde. Zusammen mit meiner Clique mache ich des Öfteren Gläserrücken und so. Am Anfang habe ich es nur als Zeitvertreib und Spaß angesehen, aber langsam bekomme ich echt Angst. Ich fühle mich richtig verfolgt, zumal in meinem Zimmer neuerdings so mysteriöse Dinge geschehen. Mir wird das nun langsam echt unheimlich."

Geister? Davon war das Dr. Sommer-Team keineswegs überzeugt. Es antwortete Günther: „Du bist durch deine übersinnlichen Freizeitbeschäftigungen übersensibel geworden. So kann es durchaus sein, dass du Geräusche, Gerüche, kurz alle Sinnesempfinden, die du früher überhaupt nicht besonders beachtet hast, jetzt erst so richtig wahrnimmst… Die Macht der menschlichen Einbildung und Fantasie ist grenzenlos und hat schon viele Menschen in den Wahnsinn geführt."

Ist das ein überhebliches „Weginterpretieren", wie Werner Thiede unterstellt? Kaum. Wenn in einem dunklen Raum bei Kerzenlicht alle Teilnehmer aufgeregt die Köpfe zusammenstecken und auf den „Geist" warten, vorher vielleicht noch etwas Alkoholisches getrunken haben, kann die Sinneswahrnehmung erheblich eingeschränkt und verändert werden. In einer solchen Spontansituation (in der nicht selten „übernatürliche“ Vorgänge und Effekte berichtet werden) ist es unmöglich, alle Täuschungen und Selbsttäuschungen der Teilnehmer auszuschließen. Sicher ist die Geister-Hypothese für viele Okkultgläubige anschaulicher – aber das macht sie nun einmal nicht richtiger.

➥ Kann man mit einer Wünschelrute Wasser finden?

Ebenso wie Pendeln oder Gläserrücken ist auch Rutengehen eine Sache der Ideomotorik und ihrer Folgen. Denn die Wünschelrute schlägt tatsächlich aus – allerdings würde man das gleiche Ergebnis erzielen, wenn man im Gelände alle paar Meter eine Münze wirft und bei „Zahl“ nach Wasser gräbt, bei „Kopf“ hingegen weitergeht.

„Bei Versuchen mit der Wünschelrute umschließt man die beiden Gabelenden fest im Obergriff (Kammgriff) oder Untergriff (Ristgriff), spannt die Rute, indem man die Hände leicht dreht, und streckt die Gabel etwa in der Mitte des Körpers waagerecht nach vorn. Das alles erfordert eine bestimmte Kraft, die mehr oder weniger rasch zur Ermüdung und Verkrampfung der Hand- und Armmuskeln führt. Während des Umhergehens im Gelände gerät deshalb die Rute aus ihrem labilen Gleichgewicht. Wie von einer geheimnisvollen Kraft gezogen, schlägt sie plötzlich nach unten oder oben aus – infolge des Tremors der Muskeln und auch durch die Annahme, im Boden wäre vielleicht etwas verborgen, was die Rute anzeigen müsse. Oft kommt es zu einer verblüffenden Nachbewegung der Rute, die sich physiologisch ebenfalls erklären lässt.“[5]

Die Wünschelrute reagiert also nicht auf Wasser oder „Erdstrahlen“, sondern schlägt dort aus, wo der Rutengeher es unbewusst wünscht – nicht umsonst heißt sie „Wünschelrute“. Dass Rutengeher dennoch häufig auf Wasser stoßen, ist ebenfalls nichts Okkultes: Sie sind häufig regional verwurzelt und naturverbunden und wissen aus langer Lebenserfahrung, wo unterirdische Wasservorkommen womöglich leicht zu erreichen sind. Außerdem haben wir es – zumindest im Flachland – mit einem zusammenhängenden Grundwasserspiegel zu tun, das heißt: Wenn man tief genug bohrt, stößt man fast immer auf Wasser. Leider honorieren die Auftraggeber von so genannten „Mutungen“ in aller Regel unkritisch jeden vermeintlichen Erfolg von Rutengehern; dabei würde eine Kontrollbohrung zwei Meter weiter links oder fünf Meter weiter rechts von der bezeichneten Stelle ebenfalls Wasser zutage fördern.

Kein Wunder, dass angebliche „Wasseradern" in keinem Lehrbuch zur Hydrogeologie zu finden sind. „Wasseradern" sind eine reine Fantasievorstellung. Gleiches gilt für „Erdstrahlen", das zweite Betätigungsfeld der Rutengänger – und das gefährlichere.

Nicht für sie selbst, aber für ihre Klienten, die von derlei unsinnigen Behauptungen mitunter massiv geängstigt werden. Dass das Wasser-Reservoir unter der Erdoberfläche nicht zu gesundheitlichen Schäden bis hin zu Krebs führen kann, sagt einem eigentlich schon die Logik: „Würde alles Lebende dauernd von gefährlichen Strahlen durchflutet werden, so hätten sich hoch entwickelte Organismen nie entwickeln können, Leben wäre schon auf niedriger Entwicklungsstufe zugrunde gegangen".[6] Oder anders formuliert: Würden „Erdstrahlen" und „Wasseradern" tatsächlich existieren, gäbe es überhaupt keine Stelle, an der man unbesorgt wohnen könnte.

Sofern Rutengeher überhaupt konkrete Begründungen für ihr Tun angeben, dann zum Beispiel diese: Durch die Bewegung von „unterirdischen Wasserläufen" (die es gar nicht gibt, Grundwasser bewegt sich flächenartig und sehr langsam durch die Poren und Klüfte des Gesteins) komme es zu einem „Reibungs- oder Strömungsstrom", der über diesen Stellen als elektromagnetisches Feld nachweisbar sei. – Doch das stimmt nicht. Zwar ist richtig, dass Reibung statische Elektrizität zwischen A und B aufbaut; aber Wasser leitet Strom ab, sodass das Potenzial zwischen A und B – so überhaupt eines entsteht – sofort wieder ausgeglichen wird.

Oder: Infolge der Unregelmäßigkeit im Aufbau des Bodens komme es zu „Strahlenbündelungen" sowie zum „verstärkten Austritt von Gamma- und Neutronenstrahlen", die wiederum von Wasser gebrochen und gebündelt würden, denn „Wasser ist stärker leitfähig für Strahlungen". Auch das widerspricht allen naturwissenschaftlichen Erkenntnissen, erklärt Prof. Erhard Wielandt vom Institut für Geophysik der Universität Stuttgart: „Die Erde gibt natürlich auch Strahlen ab, etwa radioaktive Strahlung oder Wärmestrahlung. Diese Dinge sind aber physikalisch sehr genau untersucht. Sie sind beschreibbar, messbar und werden für Forschungszwecke verwendet. Aber Erdstrahlen sind nicht messbar und bisher konnte auch niemand glaubhaft beschreiben, was das eigentlich sein soll."[7] Auch eine Störung des Magnetfelds über einem unterirdischen Wasserlauf konnte noch nie gemessen werden – obwohl es geophysikalische Messgeräte gibt, die jede kleinste Veränderung des Erdmagnetfelds registrieren.

„Wenn Erdstrahlen ein physikalisches Phänomen wären, dann müssten sie doch auch gewissen Gesetzmäßigkeiten gehorchen, denen jede Art von Strahlung gehorcht, nämlich die Abnahme der Intensität mit der Entfernung und es wäre auch nicht erklärbar, warum Erdstrahlen im Untergrund genau senkrecht nach oben gehen sollen", so Wielandt weiter. „Sie haben ja überhaupt nichts mit der Schwerkraft zu tun. Da müsste man die wildesten physikalischen Zusammenhänge fordern, um das zu erklären."

Vielleicht können aber doch nur besonders „strahlenfühlige" Personen, also Rutengeher oder „Radiästheten", die Störzonen aufspüren? Um das festzustellen, wurden immer wieder wissenschaftliche Tests mit Rutengängern durchgeführt. Das Ergebnis: Keiner konnte bisher signifikante und reproduzierbare Erfolge vorweisen. Und wenn mehrere Rutengänger auf dieselbe Wiese geführt werden, findet jeder woanders eine Störzone. Die jüngste Untersuchung dieser Art führte die *Gesellschaft zur wissenschaftlichen Untersuchung von Parawissenschaften* (GWUP) im Sommer 2004 durch. Die Skeptiker hatten in Zusammenarbeit mit der amerikanischen *James Randi Educational Foundation* (www.randi.org) ein Preisgeld von einer Million Dollar für den Nachweis eines echten übersinnlichen Phänomens ausgelobt. Unter den 12 Probanten, die sich der Herausforderung stellten, befand sich auch der 64 Jahre alte Rentner Karl-Heinz R., der seit fast 40 Jahren mit seiner Wünschelrute nach Wasseradern fahndet. Für den Test wurden zehn Eimer in einem großen Raum verteilt und abgedeckt. Neun davon waren leer, einer mit Wasser gefüllt – ein Versuchsaufbau, dem der Kandidat zuvor ausdrücklich zugestimmt hatte. Dreizehnmal ging Karl-Heinz R. mit seiner Wünschelrute den Parcours ab, überzeugt davon, jedes Mal den richtigen – also vollen – Eimer ausfindig zu machen. Eine Quote von nur sieben Treffern bei den 13 Durchgängen hätte genügt, um die Million mit nach Hause zu nehmen. Tatsächlich konnte Karl-Heinz nicht ein einziges Mal den Wassereimer orten.

Weiterführende Literatur:

Michael Link: Geokomiker. Im Internet unter: www.gwup.org/mitglieder/regionalgruppen/bamberg/projekte/geokomiker/index.html

Wolfgang Hund: „Gibt's das wirklich?" Care-Line-Verlag, Neuried 2004

Hansjörg Hemminger: Geister, Hexen, Halloween. Esoterik und Okkultismus im Alltag. Brunnen-Verlag, Gießen 2004 (Neuauflage)

Katrin Selinger: Affinität zu Okkultismus in der Adoleszenz. Univ. Diss., Jena 2002

Heide-Marie Cammans: Ratgeber Okkultismus. Patmos-Verlag, Düsseldorf 1998

Hund, Wolfgang: Okkultismus. Materialien zur kritischen Auseinandersetzung. Verlag an der Ruhr, Mülheim 1998

Hund, Wolfgang: Das gibt's doch gar nicht! Okkultismus im Experiment. Verlag an der Ruhr, Mülheim 1998

Guido Grandt / Michael Grandt: Jugendokkultismus. Falken-Verlag, Niedernhausen 1997

Rudolf Drößler / Manuela Freyberg: Handlesen, Kartenschlagen, Pendeln. Herder-Verlag, Freiburg 1994

Harald Petri (Hrsg.): Wissen – Glaube – Aberglaube. Universitätsverlag Dr. Brockmeyer, Bochum 1992

Hubert Knoblauch: Die Welt der Wünschelrutengänger und Pendler. Campus-Verlag, Frankfurt a.M. 1991

Heiner Barz: Dämonen im Klassenzimmer. Beltz-Verlag, Weinheim 1990

Andreas Gertler / Wolfgang Mattig: Stimmen aus dem Jenseits – Parapsychologie und Wissenschaft, Verlag Neues Leben, Berlin 1984

Unterrichtsmaterialien, pädagogische Konzepte, Kopiervorlagen etc. zum Thema Jugendokkultismus gibt es bei:

Gaby's Zauberland (Gabriele Hund) – Lehr- und Lernmittel / Zauberartikel, Amberger Str. 8, 91217 Hersbruck, Telefon (09151) 47 16, Fax (09151) 43 63, www.hund-hersbruck.de

7. Übersinnliche Phänomene: Total paranormal

➥ Hat die Parapsychologie übersinnliche Phänomene nicht schon längst bewiesen?

Wenn dem so wäre – wieso sind dann Phänomene wie Außersinnliche Wahrnehmung (ASW) oder Psychokinese (PK) nicht das Thema Nummer eins in der Wissenschaft und in den seriösen Medien? Wieso hat noch kein Parapsychologe einen Nobelpreis erhalten für den Nachweis eines über die bekannten fünf Sinne hinausgehenden „Informationskanals" oder einer Kraft des „Geistes über die Materie"? Warum ist es bislang noch keiner Testperson gelungen, die hoch dotierten Preise mit nach Hause zu nehmen, die Skeptiker-Organisationen für den Nachweis eines echten „Psi"-Phänomens ausgeschrieben haben? (Psi ist ein Sammelbegriff für alles Übersinnliche und Paranormale, abgeleitet vom 23. Buchstaben des griechischen Alphabets). Irgendetwas scheint also nicht zu stimmen mit den Behauptungen, dass zum Beispiel Telekinese (die direkte Beeinflussung physikalischer Systeme durch den Geist, ohne Muskelkraft oder Tricks) „grundsätzlich bewiesen ist", wie die US-Parapsychologen Dean Radin und Jessica Utts öffentlich erklären.

Parapsychologen in Deutschland sind deutlich vorsichtiger mit solchen Aussagen. Eberhard Bauer vom Freiburger *Institut für Grenzgebiete der Psychologie und Psychohygiene* (IGPP) weist darauf hin, dass es sich bei „ASW" oder „Psychokinese" um vorläufige Begriffe handele, die „bloß beschreibend gemeint sind und keinen Erklärungswert beanspruchen können". Die wissenschaftlich vernünftige Frage laute daher nicht: „Gibt es Psi?" Sondern: „Wie können solche anomalen Berichte, die zweifelsfrei existieren, am besten erklärt werden?" Das Spektrum möglicher Erklärungen reiche dann von Einbildung, Betrug oder Täuschung („dem einen Extrem") bis zur Annahme eines paranormal vermittelten Informationsprozesses („dem anderen Extrem").

Ähnlich äußert sich der promovierte Physiker und Psychologe Walter von Lucadou, der in Freiburg eine (nur lose mit dem IGPP verbandelte) *Parapsychologische Beratungsstelle* betreibt: Scheinbar übersinnliche Erlebnisse, von denen viele Menschen immer wieder glaubwürdig berichten, könnten nicht durch ASW oder PK „erklärt" werden: „Vielmehr werden ASW und PK lediglich als Klassifikationsmerkmale verwendet, die eine Arbeitshypothese nahe legen – nämlich dass es ASW und PK geben könnte. Erst wenn sich diese als experimentell erwiesene Effekte nachweisen lassen, könnte man ihnen einen Erklärungswert zusprechen."

Nach dem Urteil des überwiegenden Teils der parapsychologischen Gemeinschaft gilt dieser Nachweis der Existenz statistischer Psi-Anomalien indes längst als erbracht. So wollen die beiden Parapsychologen Daryl Bem und Chuck Honorton bei so genannten Ganzfeld-Experimenten *(siehe „Was ist ein Ganzfeld-Experiment?")* Ergebnisse erzielt haben, die zum Beispiel weit über die Effektgröße der Wirksamkeit von Aspirin als Prophylaxe gegen Herzinfarkt und Schlaganfall hinausgehen. Auch der amerikanische Parapsychologie-Pionier Joseph Banks Rhine legte in den 1930er und 1940er Jahren Trefferreihen vor, die weit über den Zufall hinauszugehen schienen. Rhine arbeitete mit Zener-Karten, die jeweils eines von fünf verschiedenen geometrischen Symbolen zeigen: Stern, Quadrat, Wellenlinie, Kreis und Kreuz. Ein Satz besteht aus 25 Karten, sodass eine Person bei dem Versuch, das jeweilige Symbol von verdeckt gezogenen Zener-Karten zu erraten, durchschnittlich fünf Treffer und 20 Nieten haben müsste. Denn die statistische Zufallserwartung liegt bei 20 Prozent. Rhines Testpersonen aber schnitten weitaus besser ab und lagen teilweise bei 40 Prozent richtig geratener Karten-Symbolen. „Ich bin der Meinung", erklärte Rhine daraufhin, „dass Psi-Fähigkeiten nachgewiesen sind."

Doch das sind sie mitnichten – und wären es selbst dann nicht, wenn Rhines zahllose Versuchsreihen wissenschaftlich einwandfrei durchgeführt worden wären, was Kritiker und Statistik-Experten massiv in Zweifel ziehen. Denn es sind gar nicht in erster Linie Fehler bei der Durchführung der Experimente oder bei der Interpretation der gewonnenen Daten, die Skeptiker gegen die Parapsychologie aufbringen – auch wenn viele Effekte anscheinend nur dadurch überhaupt erst entstehen, dass die Experimentatoren systematische Fehler systematisch übersehen. Das Hauptproblem der Parapsychologie ist vielmehr: Sie kann nicht im Ansatz erklären, was „Psi" eigentlich ist – sondern nur, was es nicht ist, etwa Informationsübertragung *ohne* die bekannten Sinneskanäle einzuschalten oder die Beeinflussung der materiellen Umwelt *ohne* Körpereinsatz. Bezeichnend für diesen Umstand ist die Definition, die Walter von Lucadou für Psychokinese gibt: „Psychokinese ist, was bei einem Psychokinese-Experiment produziert wird." Zum Beispiel bei Experimenten mit so genannten Schmidt-Maschinen, bei denen Versuchspersonen die Zerfallsrate eines radioaktiven Präparats beeinflussen sollen.

Testperson in einem Ganzfeld. Da sich hinter Psi möglicherweise eine Art schwacher Körpersinn verbergen könnte, wird der Proband von allen äußeren Sinneseindrücken abgekapselt. Seine Augen bedecken halbierte Tischtennisbälle, die mit einer diffusen Lichtquelle angestrahlt werden; gleichzeitig bekommt die Versuchsperson „weißes Rauschen" über einen Kopfhörer eingespielt. Dieser Trance-Zustand soll empfänglich machen für paranormale Wahrnehmungen.

Aber was sagen die Ergebnisse parapsychologischer Studien, ob mit Schmidt-Maschinen oder im Ganzfeld, letztendlich aus? Bleiben wir exemplarisch bei den Ganzfeld-Versuchen: Diese gehen von der Kernannahme aus, dass bei Psi-Prozessen in einem empiristischen Sinn (das heißt quantifizierbar, reproduzierbar und prognostizierbar) Informationen übertragen werden. Belegen wollen Parapsychologen dieses Phänomen durch überzufällig hohe Trefferraten bei Ganzfeld-Experimenten. Aber: „Die Annahme eines Informationstransfers aufgrund signifikant erhöhter Trefferraten ist alleine nicht zwingend", erklärt der Wiener Psychologie-Professor Andreas Hergovich. „Haben zum Beispiel Sender und Empfänger einer Serie von Symbolen die gleichen Präferenzen für ein bestimmtes Symbol, wird die Trefferrate über dem Zufall liegen, ohne dass ein Informationstransfer stattfand. So ist es möglich, dass ein täglicher Gast in einem Restaurant überdurchschnittlich zufrieden mit dem Tagesteller ist, ohne dass die Küche von seinen Vorlieben für bestimmte Speisen weiß. Handelt es sich aber nur anscheinend um einen unerklärten Informationstransfer, ist nicht nur fraglich, ob die Bezeichnung Anomalie dafür noch gerechtfertigt ist, sondern auch, ob nicht das Phänomen als solches nur dem Anschein nach besteht." Anders gesagt: Statistische Signifikanz reicht nie aus, um ein Phänomen eindeutig zu belegen – und schon gar nicht, wenn die Abweichung von der Zufallserwartung so verschwindend gering ist wie bei den Psi-Experimenten.

Sicher, wohl nur noch A-Priori- („Hardcore"-) Skeptiker gehen davon aus, dass positive Effekte bei parapsychologischen Experimenten samt und sonders durch den Zufall oder durch Fehler in der Versuchsanordnung zustande kommen. Aber wie sonst sind sie zu erklären? Physikalisch? Psychologisch? Metaphysisch? Solange die Parapsychologie nicht in der Lage ist, ihr Fach ausreichend theoretisch zu fundieren und zum Beispiel einen plausiblen Wirkmechanismus oder eine minimale Erklärungskomponente aufzuzeigen, bleibt „Psi" ein leerer Begriff, der inhaltlich überhaupt nichts impliziert. Zumal wissenschaftliche Fundamentalprinzipien wie Raum, Zeit und Kausalität gegen die Vermutung sprechen, dass paranormale Phänomene tatsächlich im Sinne eines unbekannten Energie- oder Informationstransfers existieren. In diesem Zusammenhang wäre beispielsweise der „psycho-physikalische Hauptsatz" des Berliner Physik-Professors und Parapsychologie-Kritikers Martin Lambeck zu nennen: „Kein Mensch kann allein durch Denken (mental) Wirkungen außerhalb des eigenen Körpers hervorbringen oder Informationen aus der Umwelt aufnehmen."

Zusammengefasst kann die Parapsychologie übersinnliche Phänomene aus mehreren Gründen nicht beweisen:

- Sie kennt keine positive Definition von „Psi". Psi steht als Leerformel lediglich dafür, dass die Daten eines Experimentes nicht hundertprozentig erklärt werden können. Statt von Psi könnte ebenso gut von „Fehlervarianz" oder ähnlichem gesprochen werden.
- Replikationen haben sich stets als problematisch bis unmöglich erwiesen, egal um welches neue „Vorzeige-Experiment" auch immer es sich handelte (Ganzfeld, Zener-Karten, Schmidt-Maschinen etc.).
- Die Effektgrößen sind so klein, dass eine praktische Anwendbarkeit von „Psi-Fähigkeiten" nicht gegeben ist.

- Parapsychologen verwenden als Ersatz für empirisch überprüfbare Erklärungen selbstimmunisierende Argumente. Begriffe wie „Psi-Missing", Absink-Effekt" oder „Beobachter-Effekt" werden eingeführt, um ergebnislose oder inkonsistente Resultate trotzdem mit der Psi-These in Einklang bringen zu können.

Bis heute kann die Parapsychologie kein einziges stichhaltiges, wiederholbares Experiment vorweisen, das die Annahme von Phänomenen rechtfertigen würde, die nicht auf konventionell-natürliche Weise erklärbar sind. Fazit des Parapsychologen John Palmer von der Duke University in Durham (England): „Unwissenheit bleibt Unwissenheit."

➥ Was ist ein Ganzfeld-Experiment?

Als viel versprechender Versuchstyp der parapsychologischen Forschung erschienen lange die so genannten Ganzfeld-Experimente. Dafür sind zwei Versuchspersonen nötig, meist „Sender" und „Empfänger" genannt. Der „Sender" bekommt verschiedene Foto-Motive gezeigt, auf die er sich konzentrieren muss. Der „Empfänger" sitzt oder liegt entspannt in einem anderen Raum und beschreibt alle Bilder, die ihm spontan in den Kopf kommen. Während des Versuchs decken halbierte Tischtennisbälle die Augen des „Empfängers" ab und er wird mit rotem oder weißem Licht bestrahlt. Seine optische Sinneswahrnehmung ist auf eine diffuse, formlose, einfarbige Helligkeit beschränkt (was zu dem Namen „Ganzfeld" führte), und hören kann der „Empfänger" nur ein eintöniges Rauschen, das über Kopfhörer eingespielt wird. Alle äußeren Reize sollen somit ausgeschaltet werden, damit die Testperson besonders aufnahmebereit für die vom „Sender" übertragenen Bilder ist. Am Ende werden die Eindrücke und Berichte des „Empfängers" mit den Bildern des „Senders" verglichen.

Bei der gesamten Prozedur muss genau darauf geachtet werden, dass alle konventionellen Möglichkeiten einer Signalübertragung ausgeschlossen sind. Das bedeutet: „Sender" und „Empfänger" müssen völlig voneinander isoliert werden. Bei heutigen Versuchen befinden sie sich nicht nur in verschiedenen Räumen, sondern werden in geldschrankartige Kammern gesetzt, durch deren Wände nicht das kleinste Geräusch dringen kann.

Auch bei der Auswertung der Experimente ist Vorsicht geboten, denn der Vergleich der „Empfänger"-Berichte mit den gesendeten Bildern ist letztendlich eine recht subjektive Sache. Angenommen, der „Sender" betrachtet das Bild eines großen Baumes und der „Empfänger“ beschreibt einen Turm – ist das nun ein Treffer, weil beides hohe Strukturen sind? Der Auswerter der Versuchsreihe erhält daher zu jeder Beschreibung des „Empfängers“ mehrere (meist vier) Bilder, davon das richtige (also das gesendete) und drei falsche. Er muss nun entscheiden, auf welches Bild die Beschreibung des „Empfängers“ am besten passt. Mit einer Wahrscheinlichkeit von einem Viertel (25 Prozent) wird der Auswerter dabei allein durch den Zufall das richtige Bild wählen; dies muss ebenso berücksichtigt werden wie die Frage, ob der Auswerter nicht doch auf irgendeine Weise hätte erfahren können, welches Bild das richtige ist – denn diese Kenntnis könnte bewusst oder unbewusst in seine Wahl einfließen und so das Ergebnis verbessern. Diese letzt genannte Bedingung ist nicht leicht zu erfüllen: Wenn zum Beispiel Fotos bei den Experimenten verwendet werden, dann hat der „Sender“ das gesendete Bild möglicherweise länger in der Hand gehalten und es sieht abgenutzter aus, was der Auswerter erkennen könnte.

Bei heutigen Ganzfeld-Experimenten wählt daher ein Computer nach dem Zufallsprinzip aus, auf welche Bilder sich der „Sender“ konzentrieren soll und welche Bilder der Auswerter zum Vergleich erhält (das so genannte Auto-Ganzfeld-Verfahren). Parapsychologen haben diese Methodik inzwischen sehr verfeinert und viele mögliche Fehlerquellen, die das Ergebnis verfälschen können, ausgeschaltet.

Dennoch stellen sich die Ergebnisse der einzelnen Studien sehr unterschiedlich dar: Mal werden viele Treffer erzielt, andere Studien zeigen dagegen nur Zufallstreffer. Das spricht zunächst noch nicht zwingend gegen die Existenz eines Psi-Phänomens. Wissenschaftler sind es gewohnt, dass auch bei Experimenten, die zweifellos existente Fähigkeiten messen, oft ganz unterschiedliche Ergebnisse herauskommen. Letztlich kann man sich nicht auf ein einzelnes Experiment verlassen, sondern muss die Ergebnisse aller Forschungen zusammen bewerten. Systematisch wird das durch eine so genannte Meta-Analyse erreicht – dabei werden möglichst viele Studien gesammelt und ihre Ergebnisse zusammengeworfen. Doch auch die zahlreichen Ganzfeld-Metastudien schaffen mehr Verwirrung als Klarheit: Obwohl sie sich im Wesentlichen auf dieselben Experimente beziehen, kommen die Statistiker zu unterschiedlichen Bewertungen. Am bekanntesten ist eine Meta-Analysen des Parapsychologen Charles Honorton von 1985, bei der ein sehr deutlicher Effekt gefunden wurde. Der Kritiker Ray Hyman reanalysierte Honortons Datenbasis und kam zu einer ganz anderen Bewertung. In einer gemeinsamen Veröffentlichung einigten sich Honorton und Hyman 1994 darauf, dass viele früheren Ganzfeld-Versuche methodische Probleme aufwiesen und eine eindeutige Schlussfolgerung daher noch nicht möglich sei. Die Parapsychologin Julie Milton und der Skeptiker Richard Wiseman kommen in einer gemeinsamen Meta-Analyse aller Ganzfeld-Studien zwischen 1987 und 1999 zu dem Schluss, dass das Gesamtergebnis nicht über der Zufallserwartung liegt. Andere Autoren bezweifeln diese Folgerung jedoch und weisen ihrerseits auf methodische Fehler dieser Meta-Analyse hin.

Daher brachte Julie Milton 1999 alle Ganzfeld-Forscher zu einer Diskussion unter dem Titel „Soll die Ganzfeld-Forschung weiterhin wesentlich für die Suche nach einem replizierbaren Psi-Effekt sein?“ zusammen, deren Transskript in der Fachzeitschrift *Journal of Parapsychology* (Dezember 1999) veröffentlicht wurde. Das Ergebnis war ernüchternd: Die Beteiligten (die allesamt der parapsychologischen Forschung aufgeschlossen gegenüber stehen) erzielten keine Einigung darüber, ob die bisherigen Ganzfeld-Experimente einen ausreichenden Beweis für den geheimnisvollen Faktor Psi erbracht haben, noch wie die Experimente in Zukunft verbessert werden können.

➡ Ist Parapsychologie eine Wissenschaft?

Der Begriff „Parapsychologie“ sagt eigentlich schon alles: „Para“ ist die griechische Vorsilbe für „neben“, die Parapsychologie beschäftigt sich also mit Phänomenen neben dem normalen Forschungsbereich der Wissenschaft, über deren Existenz kein „common sense“ besteht. Diese Tatsache allein macht Parapsychologie noch nicht unseriös, denn natürlich kommt es immer wieder vor, dass Theorien erst einmal heftig angefeindet werden und sich später dennoch als richtig erweisen. Als Beispiel mag der Wiener Arzt Ignaz Philipp Semmelweis gelten, der 1847 entdeckte, dass das Kindbettfieber eine Schmutzinfektion ist, die über die ungewaschenen Hände von Geburtshelfern übertragen wird.

Und vermutlich wäre jeder milde belächelt worden, der vor 200 Jahren etwas von „fernsehen“ oder „telefonieren“ erzählt hätte. Nur: Ab dem Zeitpunkt, da elektrischer Strom oder Magnetismus bekannt waren, konnte man die Phänomene, die auf diesen Kräften beruhen, zuverlässig erzeugen – und ein kontrollierter Einsatz war von da an möglich. Parapsychologen dagegen behaupten Phänomene, deren Existenz nicht zweifelsfrei nachgewiesen ist, die man nicht positiv definieren kann und die darüber hinaus nicht mit normalwissenschaftlichen Mitteln erklärbar sind.

„Normalwissenschaftlich" bedeutet zum Beispiel, dass Theorien einen Erklärungswert und prognostische Relevanz besitzen, also Voraussagen erlauben. Dafür aber müssen entsprechende Versuchsergebnisse reliabel (zuverlässig und wiederholbar) sein. Bleiben wir exemplarisch bei diesem Punkt: „Wenn die Parapsychologen ihr Forschungsgebiet als wissenschaftlich ansehen wollen, dann müssen sie die normalen Regeln akzeptieren, die für Wissenschaftler vorgeschrieben sind", merkte der walisische Psychologie-Professor Mark Hansel von der Universität Swansea in seinem kritischen Buch *ESP – A Scientific Evaluation* (1980) an. „Und wenn jemand die Existenz eines sehr unwahrscheinlichen Phänomens demonstrieren will, dann braucht man weitere Demonstrationen dieses Phänomens, die dasselbe Resultat ergeben." Dem widersprechen Parapsychologen vehement. Walter von Lucadou etwa hält es sogar für „prinzipiell nicht möglich", ein Experiment identisch zu wiederholen, da psychologische Fragestellungen von großer Komplexität seien, „die in der Parapsychologie durch verschiedene Faktoren noch erhöht wird".

Aber was will Lucadou damit eigentlich sagen? Die Behauptungen der Parapsychologen sind meist nicht so gewagt, dass eine empirische Überprüfung unmöglich wäre.[1] Letztendlich kapituliert auch Lucadou vor der wissenschaftlichen Anforderung, eine lückenlose Kausalkette vom „Psychischen" zum „Physikalischen" zu belegen. Denn neben dem psychologischen Aspekt paranormaler Phänomene (etwa dass diese durch einen besonderen seelischen Zustand hervorgerufen werden) müsste die Parapsychologie auch physikalische Gesetze (wie die Gravitation oder die Energieerhaltungssätze) mentalistisch erklären. Davon aber ist sie noch weit entfernt, sodass nicht nur der Wiener Parapsychologie-Kritiker Andreas Hergovich derzeit „keine Notwendigkeit für einen durch parapsychologische Resultate induzierten grundlegenden Paradigmenwechsel in den Naturwissenschaften" sieht. Für Normalwissenschaftler gibt es keinen Grund, sich vertieft mit parapsychologischen Modellen oder Thesen zu beschäftigen, weil diese

- Vorhandenes nicht erklären, dafür aber
- Nichtvorhandenes zu erklären versuchen,
- im Widerspruch zu gesicherten Erkenntnissen stehen,
- kein theoretisches Gerüst vorzuweisen können, das auch nur unter den Parapsychologen selbst allgemein anerkannt wäre.

Parapsychologen, die ihrem Betätigungsfeld mit der notwendigen kritischen Distanz gegenüberstehen, wissen dies auch. Eberhard Bauer vom Freiburger *Institut für Grenzgebiete der Psychologie und Psychohygiene* (IGPP) zitiert in einem Aufsatz „Parapsychologie zwischen Wissenschaft und Aberglauben“ die Meinung einiger Kollegen so: „Die Parapsychologie verfügt über keine umfassende disziplinäre Matrix, um alle ihre Phänomene zu erklären, und es gibt keine Theorie, die ihre Daten mit denjenigen der Normalwissenschaft sauber verbindet. Diese Mängel bedeuten für die Parapsychologie Schwierigkeiten. Es bedeutet, dass innerhalb wie außerhalb des Gebietes die Daten kritischer betrachtet werden müssen. Es bedeutet, dass Parapsychologen fortwährend bessere Kontrollen suchen müssen. Es bedeutet, dass Parapsychologen sich um die Suche nach einer umfassenden Theorie bemühen und sich so eng wie möglich an die Normalwissenschaft annähern müssen.“

Dem folgenden Nachsatz werden die Parapsychologie-Kritiker indes wohl nur zur Hälfte zustimmen: „Aber das bedeutet nicht das Scheitern der Parapsychologie als Wissenschaft, obwohl sie keine voll entwickelte normale Wissenschaft sein mag.“

➥ Könnten paranormale Phänomene mit der Quantenphysik zusammenhängen?

Eine Art „Schlupfloch“ für Psychokinese und ASW sieht nicht nur der Freiburger Parapsychologe Walter von Lucadou in der Quantenphysik – also in der Welt der Atome und Elementarteilchen. Tatsächlich stoßen Wissenschaftler bei der Erforschung der kleinsten Teilchen auf seltsame Abläufe; ob damit jedoch auch alle möglichen seltsamen Vermutungen erklärt werden können, ist eine ganz andere Frage.

Lucadou zum Beispiel leitet aus der Quantenphysik eine Erklärung für paranormale Effekte ab, die er „Modell der pragmatischen Information“ (MPI) nennt. Grob vereinfacht geht es dabei um eine Verknüpfung zwischen dem menschlichen Bewusstsein und dem Mikrokosmos. Psychokinese etwa sei keine wie auch immer geartete Kraft, sondern eben jene Verknüpfung oder Koppelung des Gehirns mit atomaren Teilchen außerhalb des menschlichen Körpers.

Angeregt wurde Lucadous Idee vom MPI durch die Beobachtung der Quantenphysik, dass Teilchen auch räumlich voneinander getrennt noch verbunden zu sein scheinen. Dieses Phänomen ist bekannt als EPR-Paradoxon und wurde in den 1930er Jahren von Albert Einstein und seinen

Mitarbeitern Boris Podolsky und Nathan Rosen in einem Aufsatz mit dem Titel „Kann man die quantenmechanische Beschreibung der physikalischen Wirklichkeit als vollständig betrachten?" dargelegt.

Einstein und seine Kollegen führten dazu folgendes Gedankenexperiment durch – also einen Versuch, der aus technischen Gründen noch nicht praktisch durchgeführt, sondern nur logisch aus der Quantenphysik abgeleitet werden konnte: Licht besteht aus Teilchen, den Photonen oder Lichtquanten. Das Gedankenexperiment beruht auf der Eigenschaft der so genannten Polarisation, eine Art „Schwingungsebene" oder Ausrichtung der Photonen: Spezielle halbdurchlässige Platten (Polarisatoren) lassen ausschließlich Photonen hindurch, deren Polarisation zum Beispiel nur waagrecht ist. Schickt man nun ein unpolarisiertes Lichtteilchen gegen einen waagrechten Polarisator, so geht es entweder hindurch oder nicht. Ob es durchgelassen wird, lässt sich nicht vorhersagen, denn das „steht objektiv noch nicht fest", wie Physiker sich ausdrücken. Aber nach dem Durchlaufen des Polarisators ist es waagrecht polarisiert und wird danach von jedem weiteren waagrechten Polarisator ebenfalls durchgelassen – von einem diagonalen Polarisator hingegen wird es mal durchgelassen und mal nicht. Erst der Polarisator bestimmt also die Ausrichtung des Photons und wirkt so quasi wie ein Messinstrument.

Als nun die Quantenphysik zunehmend populärer wurde, begannen sich einige Wissenschaftler zu fragen, ob es nicht genauso gut sein könne, dass irgendeine „verborgene" Eigenschaft des Lichtteilchens, die wir noch nicht kennen, für das Durchkommen oder die Reflexion verantwortlich ist? Anders gefragt: Sind die Unbestimmtheiten (oder Unschärfen), von denen in der Quantentheorie so oft die Rede ist, vielleicht nur ein Ausdruck unserer Unkenntnis über einen ansonsten durchaus objektiv bestehenden und überprüfbaren Sachverhalt?

Mit der Erfindung des Lasers ist es möglich geworden, ein Atom dazu zu veranlassen, zwei Lichtphotonen gleichzeitig in verschiedene Richtungen auszusenden. Weil die beiden Lichtteilchen vom gleichen Atom stammen, nennt man sie „Zwillings-Photonen". Diese kommen nun bei zwei räumlich getrennten Polarisatoren an. Obwohl die beiden Photonen weit voneinander entfernt sind und somit keine „Verabredungsmöglichkeit" besteht, weisen sie eine eigenartige Verschränkung auf. Was bedeutet das?

Angenommen, der Polarisator, durch den eines der Photonen (nennen wir es das linke Photon) geht, ist diagonal ausgerichtet. Wenn der rechte Polarisator waagrecht ausgerichtet ist, dann geht das rechte Photon mal durch und mal nicht, ganz unabhängig vom linken. Aber wenn man nun den linken Polarisator ebenfalls auf waagrecht dreht, dann wird das rechte Photon immer dann durchgelassen, wenn auch das linke Photon durchgeht. Also: Wenn die waagrechte Polarisation des linken Photons einen definitiven Wert hat (quantenphysikalisch formuliert: „scharf" ist), dann ist die diagonale Polarisation des rechten Photons unscharf, aber die waagrechte Polarisation ebenfalls scharf, und umgekehrt. So scheint also das rechte Photon zu wissen, was das linken Photon macht beziehungsweise in welche Richtung der linke Polarisator ausgerichtet ist, obwohl die beiden Teilchen weit voneinander entfernt sind.

Auf ein anschauliches Beispiel übertragen bedeutet das: Würde dasselbe etwa auf Schuhe zutreffen, so entstünde der Eindruck, als könnten wir ein uns völlig unverständliches Geschehen beobachten: Wenn wir den einen Schuh putzen, wird auch der andere blank, und das sogar wenn die Schuhe weit voneinander entfernt sind.

Dieses EPR-Paradoxon wird von Parapsychologen begeistert aufgegriffen, weil es zu belegen scheint, dass alles mit allem quantenphysikalisch verschränkt ist, mithin also „spukhafte" und weit reichende Verbindungen sowohl zwischen Personen als auch zwischen Personen und Gegenständen bestehen. Doch dieser Schluss ist durchaus nicht zwingend, denn (um bei dem obigen Beispiel zu bleiben): Schuhe sind eben keine Elementarteilchen, und deshalb bricht jede Analogie zur makroskopischen – also unserer normalen – Welt irgendwann zusammen.

Ohne tiefer in die komplizierten Verästelungen dieses wissenschaftlichen Disputs um die Interpretation eines Gedankenexperiments einzudringen, ist Folgendes gewiss: „Erstens sind entfernte Gegenstände wie die Gehirne zweier Personen nicht in einem solchen atomaren Zwillingsquanten-Erzeugungsprozess entstanden", erklärt der Parapsychologie-Kritiker Martin Lambeck. „Sie waren also niemals verschränkt."

Zweitens: Die Verschränkung der „Schuhe" besteht nur so lange, wie sie sozusagen „im Karton" sind, also nicht anderen Einflüssen ausgesetzt sind. Wenn sie getragen werden, also mit den Füßen und der Straße in Berührung kommen, vergessen sie ihre Verschränkung und werden unabhängig voneinander schmutzig. Wenn wir blanke Schuhe haben wollen, müssen wir beide putzen. Daher, folgert Lambeck, sei es nicht möglich, Psi-Phänomene auf die Quantentheorie zu stützen, zumal die Anwendung verschränkter Photonen aktuell ein sehr intensiv bearbeitetes Forschungsgebiet sei, weil man sich hiervon die Entwicklung enorm leistungsfähiger Quantencomputer und Fortschritte in der Ver- und Entschlüsselung von (wirtschaftlichen und militärischen) Daten in Form der so genannten Quantenkryptographie erhoffe. „Bis heute aber“, so Lambeck weiter, „gelingt es nur unter Aufbietung aller Tricks der Experimentalphysik, die Verschränkung zweier Photonen auch nur für Sekundenbruchteile aufrecht zu erhalten. Danach sind die Photonen schon wieder entschränkt.“

Drittens: Wenn man durch die Verschränkung paranormale Effekte erklären wollte, dann müssten sich die verschränkten Teilchen irgendwie beeinflussen, und zwar dahingehend, dass sich das rechte Teilchen verändert, wenn man auf das linke Teilchen einwirkt. Dem ist aber gar nicht so. Genauer gesagt, am Beispiel der Polarisation: Auch wenn beide Polarisatoren waagrecht stehen, dann gehen die Photonen bloß in der Hälfte der Fälle durch, nur eben korreliert (also entweder beide oder gar keines). Aber nichts, was der Experimentator tut, hat einen Einfluss darauf, ob ein bestimmtes Photonenpaar nun durchgeht oder nicht.

Um bei dem Beispiel „Schuhe“ zu bleiben ist das ungefähr so wie bei einem Exzentriker, der ein Paar italienische Tanzschuhe und ein Paar norwegische Bergsteigerstiefel besitzt und diese miteinander kombiniert – das heißt, er zieht nie beide Tanzschuhe oder beide Bergsteigerstiefel an, sondern mal einen rechten Tanzschuh und dazu einen linken Bergsteigerstiefel oder einen linken Tanzschuh und dazu einen rechten Bergsteigerstiefel.

Wenn er nun auf sein linkes Bein schaut und einen Bergsteigerstiefel sieht, weiß er sofort, dass bei ihm zuhause im Schuhschrank ein linker Tanzschuh steht. Und wenn der Mann einen rechten Tanzschuh trägt, steht zuhause ein rechter Stiefel – unser Exzentriker weiß also auch unterwegs immer, was zur selben Zeit zuhause in seinem Schuhschrank los ist.

Allerdings (und ab hier versagt der bildhafte Vergleich zwischen Schuhen und Elementarteilchen): Wenn unser Exzentriker auf seinen Schuh schaut, verändert er dadurch nicht den Schuh im Schuhschrank. Egal was er auch tut, das Pendant zuhause bleibt stets unverändert; unser Mann kann also durch das bloße Betrachten seines Schuhes keine Informationen oder Impulse nach Hause übertragen, die die beiden Schuhe im Schrank veranlassen würden, ihre Position zu tauschen oder sich sonst wie zu verändern.

Genau davon aber gehen Parapsychologen aus. Sie glauben, dass das menschliche Bewusstsein (also der Beobachter) mit dem Mikrokosmos verknüpft ist und diesen allein durch die Beobachtung beeinflussen kann. In der Realität sieht es aber so aus, dass der Beobachter – bleiben wir bei unserem Exzentriker – die Schuhe in seinem Schuhschrank nicht mehr verändern kann. Er kann bestenfalls durch einen Blick auf seine Füße etwas über die beiden Schuhe zuhause im Schrank herausfinden. Aber er übt dadurch keinen mysteriösen Einfluss auf sie aus.

Kurz und knapp kann man also die Frage, ob paranormale Phänomene mit der Quantenphysik erklärt werden können, so beantworten: Nein, denn die Quantenphysik erscheint zwar seltsam und unlogisch, ist aber trotzdem sehr exakt bekannt und erlaubt eine umfassende, in sich widerspruchsfreie Theorie, die klare und eindeutige Voraussagen macht und durch Experimente bestätigt werden kann. Vor allem aber ist es nicht möglich, quantenphysikalische Vorgänge, die ja nur in den Elementarteilchen wirksam werden, auch auf Tische, Stühle, Tassen oder auf den Menschen zu übertragen.

➥ Gibt es „Psi-Agenten"?

„Unter höchster Geheimhaltung verlässt 1958 das erste Atom-U-Boot der Welt, die Nautilus, seinen Marinestützpunkt auf Hawaii und nimmt Kurs auf die Beringstraße. Nur wenige Meilen von der sowjetischen Küste entfernt, tief unter dem Packeis, bahnt sich die Nautilus ihren Weg ins polare Eismeer. Am 3. August 1958, exakt um 11.15 Uhr, meldet der Kommandant die Position 90 Grad nördlicher Breite: der geographische Nordpol. Eine Sensation! Für die Russen jedoch ein Schock. Raketenbestückte US-Atom-U-Boote können sich jetzt unbemerkt nähern und praktisch vor der Haustür lauern. Wenig später veröffentlicht das französische Magazin *Constellation* unter dem Titel 'Gedankenübertragung – Waffe des Krieges' einen Bericht über ein Telepathie-Experiment, das an Bord der Nautilus während ihrer Nordpolfahrt durchgeführt worden sein soll. Das Ergebnis der Trefferquote lag angeblich bei sagenhaften 75 Prozent. Bis heute ist nicht geklärt, ob dieses Experiment tatsächlich stattgefunden hat. Für die Sowjets allerdings wird die Meldung zum Auslöser für eigene umfangreiche Forschungen auf dem Gebiet der Parapsychologie. Der Stein ist ins Rollen gebracht, das parapsychologische Wettrüsten der Supermächte beginnt: Psychic Warfare."

Derart marktschreierisch kündigte der *Mitteldeutsche Rundfunk* (MDR) im Dezember 2003 die Folge „Gedankenübertragung" im Rahmen der mehrteiligen Dokumentation *Dimension Psi* an. Ein Blick ins Archiv hätte genügt um herauszufinden, dass das besagte „Nautilus-Experiment" eine reine Erfindung zweier französischer Journalisten war.

Doch anscheinend macht nicht der vernünftige Zweifel das Thema „parapsychologische Kriegsführung" interessant. Agenten, die mit psychischen Kräften aus der Ferne alles über die Feinde herausfinden können – für Militärs ist das gewiss eine attraktive Vorstellung. Und Tatsache ist auch, dass der US-Geheimdienst CIA dieser Möglichkeit ernsthaft nachging.

In den frühen 1970er Jahren starteten die Amerikaner ein geheimes Forschungsprogramm. Das Ziel: herauszufinden, ob begabte „Medien" auf telepathischem Weg geheimdienstrelevante Informationen sammeln können. Schon kurze Zeit später gab die CIA das Projekt wieder auf, aber der weniger bekannte DIA (Defense Intelligence Agency) sprang ein. Unter dem mittlerweile legendären Code-Namen „Stargate" liefen die Forschungen unter militärischer Geheimhaltung weiter, und zwar bis zum Jahr 1995.

Heute sind die Ergebnisse nicht mehr geheim. Denn nach zunehmenden internen Kontroversen innerhalb des „Stargate"-Projekts beschloss der amerikanische Senat 1995, das Programm wieder der CIA zu überantworten. Aber lohnte sich die Fortführung überhaupt? Waren von parapsychologischen Methoden tatsächlich brauchbare Hilfen für die Geheimdienstarbeit zu erwarten? Diese Fragen wollte man bei der CIA erst einmal geklärt wissen. Die Verantwortlichen gaben ein Gutachten bei unabhängigen Experten in Auftrag, die sich in der Parapsychologie einen Namen gemacht hatten und unterschiedliche Positionen vertraten: die Statistikerin Jessica Utts von der University of California, die mehrfach positiv über die Existenz paranormaler Phänomene geschrieben hatte, und der skeptische Psychologe Ray Hyman von der Universität von Oregon. Um diesen beiden zivilen Wissenschaftlern eine Beurteilung von „Stargate" zu ermöglichen, musste die Geheimhaltung der Ergebnisse aufgehoben werden, sodass wir heute recht gut über das Programm Bescheid wissen.

„Stargate" bestand aus drei Teilen. Der erste Teil war keine direkte parapsychologische Forschung, sondern eine reine Geheimdienstoperation: Man beobachtete, ob andere Länder Forschungen zur parapsychologischen Kriegsführung unternahmen. Interessanter sind die anderen beiden Komponenten, die sich mit „Remote Viewing" („Sehen über Entfernungen", vergleichbar mit Telepathie) befassten: Im „operationellen Programm" wurden sechs (später drei) Telepathen eingestellt, deren Hilfe jede Regierungsbehörde anfordern konnte. Die dritte „Stargate"-Komponente waren Laborforschungen, die typischerweise so abliefen: Der empfangende „Seher" oder „Remote Viewer" befand sich an einem isolierten Ort zusammen mit einem Versuchsleiter. Irgendwo anders befand sich ein „Sender“, also eine Person, die sich auf zufällig ausgewählte Bilder konzentrierte. Der „Empfänger“ sollte nun die Bilder, die ihm der „Sender“ übermittelte, beschreiben. Anschließend wurden die Beschreibung des Empfängers und fünf Bilder (darunter das gesendete Bild) einem Auswerter vorgelegt, der entscheiden musste, auf welches Bild die Beschreibung am besten passte. Durch den bloßen Zufall würde also in einem Fünftel der Fälle (20 Prozent) das richtige Bild gewählt, eine höhere Trefferquote könnte auf telepathische Fähigkeiten deuten.

Und die Ergebnisse? Utts und Hyman waren sich zunächst darüber einig, dass die zehn besten der begutachteten Experimente eine Trefferquote zeigten, die robust über der Zufallserwartung lag. Also war „Stargate“ ein Erfolg? Nein, denn die Gutachter waren sich auch einig, dass einige methodische Fehler die Ergebnisse möglicherweise verfälscht hatten. So bemängelten sie zum Beispiel, dass stets nur der Versuchsleiter selbst die Auswertung vornahm, was problematisch ist, da er die Ergebnisse – bewusst oder unbewusst – hätte „hinbiegen“ können.

Ob die „Remote Viewing“-Versuchsreihen nun grundsätzlich die Existenz von Psi-Phänomenen belegen, darüber erzielten Utts und Hyman keinen Konsens. Während Jessica Utts die Daten – im Zusammenhang mit den übrigen Ergebnissen der weltweiten parapsychologischen Forschung betrachtet – für überzeugend hielt, blieb Ray Hyman ablehnend. Er anerkannte zwar einen statistisch auffälligen Effekt in der „Stargate“-Datensammlung, machte aber geltend, dass es in der Geschichte der parapsychologischen Forschung schon viele Ergebnisse gegeben habe, die als „Durchbruch“ gefeiert worden waren – die man dann später aber nicht mehr replizieren konnte oder bei denen sich in der Nachbetrachtung grobe methodische Fehler gefunden hatten. Hyman vermutete auch bei den „Stargate“-Experimenten solche noch unentdeckten Fehlerquellen und forderte eine intensivere Überprüfung durch mehrere Experten. Deshalb lässt der Abschlussbericht der beiden Kapazitäten offen, ob „irgendwann in der Zukunft ausreichende Beweise für die Existenz des Remote Viewing vorliegen könnten“.

Für die Praktiker vom Geheimdienst stand damit freilich fest: „Stargate“ war ein Flop. Für eine routinemäßige Anwendung von Remote Viewing in der alltäglichen Arbeit hätten die Ergebnisse – selbst bei optimistischer Beurteilung – erheblich eindeutiger ausfallen müssen. Denn in der Geheimdienstarbeit gibt es keine vorher festgelegten Zielbilder, und die gewonnene Information muss „konkret und spezifisch sowie zuverlässig interpretierbar" sein. „Unglücklicherweise", steht es im Abschlussbericht, „zeigen die bisher durchgeführten Forschungen, dass das Phänomen der Fernwahrnehmung diese Voraussetzungen nicht erfüllt".

Mehr noch: Die Auswertung des „operationellen Programms" von „Stargate", bei dem drei beziehungsweise sechs Telepathen auch anderen Behörden als nur dem Geheimdienst zur Verfügung gestanden hatten, ergab ein vernichtendes Urteil: Remote Viewing hatte in keinem einzigen Fall Informationen geliefert, die hinreichend wertvoll oder überzeugend für konkrete Aktionen gewesen wären. Als „besonders beunruhigend" bewerteten die Gutachter dabei den Umstand, dass die Berichte der Remote Viewer teilweise so abgeändert wurden, dass sie zu den bereits bekannten Indizien des jeweiligen Falles passten. Auf diese Weise mögen einige der häufig publizierten „dramatischen Treffer" der „Psi-Agenten" des Pentagon entstanden sein – an den nüchternen Folgerungen aus drei Jahrzehnten „Stargate" ändert auch der spektakulärste Presseartikel nichts, wie aus dem Abschlussbericht hervorgeht:

Denn „ausreichende experimentelle und theoretische Beweise für die Existenz von 'Remote Viewing' als parapsychologisches Phänomen" wurden nicht gefunden, noch konnten die Fern-Seher überzeugend belegen, dass „Remote Viewing" einen Wert für die Geheimdienstarbeit hat. Und so wurde das legendäre Top Secret-Projekt schließlich mit einem lapidaren Satz aus der bürokratischen Gebrauchslyrik beerdigt: „Eine weitere Förderung der operationellen Komponente des Programms kann nicht gerechtfertigt werden."

➥ Wieso kann Uri Geller Löffel verbiegen?

Angeblich kann das berühmte Psi-Medium ja sogar Gedanken lesen. So forderte Geller bei einer RTL-Show im November 2004 die Sängerin und Schauspielerin Yvonne Catterfeld auf, etwas auf einen Block zu zeichnen. Moderator Günther Jauch steckte die Zeichnung in einen Umschlag und gab diesen nicht mehr aus der Hand. Dennoch malte Uri Geller anschließend etwas Kreisförmiges, das mit einiger Fantasie der lachenden Sonne von Yvonne Catterfeld ähnelte.

Verblüffend? Na ja. Eindrucksvoller wäre gewesen, wenn Geller der jungen Schauspielerin oder dem Moderator der Show auf den Kopf zugesagt hätte, was sie oder er gerade denkt. Das müsste doch für einen Telepathen kein Problem sein, oder? Auch Gellers Standardnummer, das Löffelbiegen, funktioniert nur, wenn er das Teil in die Hand nimmt – und nicht etwa rein mental, was „echte" paranormale Effekte ja auszeichnen soll.

Die Vermutung liegt nahe, dass der Medienliebling gute Gründe hat, den Umweg über diverse Requisiten zu wählen, um seine angeblichen „Wunder" zu produzieren. Denn ungezählte Zauberkünstler und Illusionisten können die gleichen Effekte hervorrufen – ohne Psi, nur mit Tricks und Geschick. Umgekehrt gilt, dass die öffentlichen Auftritte von berühmten „Psi-Begabten" nicht über das tricktechnische Know-how und die Präsentationskunst ihrer jeweiligen Zeit hinausgehen. Noch nie haben Uri Geller, Peter Sugleris, Ted Serios, Nina Kulagina und Co. etwas gezeigt, was kein Berufsmagier der Welt jemals zuvor gesehen hat oder nachmachen kann – wenn man auch Uri Geller fairerweise zugute halten muss, dass er „Psychokinese"-Kunststücke mit Löffeln oder Gabeln erst populär gemacht, neue Techniken entwickelt hat und sie meisterlich vorführt. Diese perfekte Show ist nun kein direkter Beweis dafür, dass Geller und andere keine übersinnlichen Kräfte haben. Aber zu denken geben sollte einem das schon, ebenso wie die Tatsache, dass Geller mit schöner Regelmäßigkeit seine Kritiker mit Millionenklagen überzieht, anstatt mit einem unwiderlegbaren Effekt alle Zweifler zum Verstummen zu bringen. Skeptiker gehen denn auch davon aus, dass Uri Geller ein Showman ist. Die *Gesellschaft zur wissenschaftlichen Untersuchung von Parawissenschaften* listet auf ihrer Homepage www.gwup.org eine Reihe von Möglichkeiten auf, mit denen Geller seine „paranormalen" Phänomene vermutlich höchst bodenständig hervorbringt, zum Beispiel:

✗ *Löffelbiegen:* Ein Löffel wird mehrfach vorgebogen, bis eine Sollbruchstelle entsteht. Diese Prozedur kann für Ungeübte lange dauern, aber mit einem weicheren Löffel kann man das in zehn Minuten schaffen. Dies wurde beispielsweise in dem Ausschnitt von einer Geller-Show in London sehr deutlich, den *Stern-TV* am 28. Januar 2004 zeigte. Experten gehen davon aus, dass Geller diese Methode nur dann nutzt, wenn er die Gelegenheit hat, vor der Sendung einen Löffel zu entwenden, um ihn in der Garderobe oder in den Waschräumen zu präparieren.

Eine weitere Methode, die leicht erlernbar ist, ist der so genannte Biegegriff. Dazu benötigt man etwas Kraft in den Fingern und ein kurzes Ablenkungsmanöver für die Zuschauer – kein Wunder also, dass Geller zumeist hektisch durch die Reihen hastet und absichtsvoll mit viel Brimborium eine „chaotische" (und damit kaum kontrollierbare) Atmosphäre schafft. Sichtbar werden lässt Geller den Effekt dann erst, wenn die Prozedur längst vorüber ist. Durch eine geübte und langsame Präsentation des bereits gebogenen Löffels entsteht der Eindruck, der Löffel biege sich erst jetzt, vor den Augen des Publikums. Zauberkünstler kennen inzwischen mehr als 30 Verfahren, wie man Löffel, Gabeln oder Schlüssel verbiegen kann. Es ist fürs Löffelbiegen also nicht einmal notwendig, sich im Voraus auf einen bestimmten Trick festzulegen – sondern das „Medium" kann ganz spontan, je nach Situation und der sich gerade bietenden Gelegenheit, entscheiden, was es macht.

✘ *Kaputte Uhren zum Laufen bringen:* Das ist noch nicht einmal ein Trick, sondern Geller nutzt nur die Tatsache, dass alte Uhren, die nach längerer Lagerung wieder hervorgeholt werden, dabei unweigerlich geschüttelt und erwärmt werden und so oftmals wieder zu ticken anfangen, weil eingedicktes Schmieröl sich wieder verflüssigt. Schon in den 1970er Jahren ergaben Versuche, dass eine Kontrollgruppe – also ohne Gellers Einfluss – ähnliche, teilweise sogar bessere Ergebnisse erzielte. Es ist immer damit zu rechnen, dass zwischen 30 und 80 Prozent der Uhren plötzlich wieder gehen.

✘ *Die verdeckt angefertigte Zeichnung einer anderen Person erraten:* Gellers Hauptmethode besteht nach Einschätzung von Trickexperten wohl darin, sich während des Zeichnens weit genug umzudrehen, um durch seine Finger hindurch sehen zu können, was die Person zu Papier bringt (einem erfahrenen Zauberkünstler genügt es schon, von weitem die Mal-Bewegungen zu verfolgen, um zu erahnen, welches Bild entsteht, zumal die allermeisten Menschen in einer solchen Situation einfache runde oder quadratische Objekte wie ein Haus oder einen Baum zeichnen).

Das bleibt deswegen unbemerkt, weil die Person (und auch die Zuschauer) sich nicht gleichzeitig auf die Zeichnung und auf Geller konzentrieren können. Das ist vermutlich der Trick, den Geller auch bei Yvonne Catterfeld anwandte. In der englischen BBC-Show *Noel's Houseparty* wurde Geller bei einer identischen Vorführung mit versteckter Kamera gefilmt und beim unauffälligen Hinschauen ertappt. Eine weitere Möglichkeit: Jemand zeichnet etwas auf einen Block und reißt anschließend das Blatt mit der Zeichnung ab, das der Moderator sicher verwahrt. Allerdings hinterlässt die Zeichnung auf dem Block einen Abdruck, sodass Geller nur an den Block herankommen muss, auf den keiner mehr achtet.

Eventuell arbeitet Geller auch mit einem High-Tech-Clipboard aus dem Zauberfachhandel, das die Zeichnung der Person speichert und über Funk an das Clipboard überträgt, das der Magier hält. Nicht ganz auszuschließen sind auch vorherige Absprachen – Insider gehen davon aus, dass vorgeführte Tricks im Fernsehen zu 90 Prozent ein abgekartetes Spiel sind.

Allerdings verblüffte Uri Geller in der RTL-Show nicht nur Catterfeld und Jauch, sondern auch Zuschauer zuhause am Bildschirm – namentlich zum Beispiel die Ehefrau von Ex-Arbeitsminister Norbert Blüm, die aufgeregt im Studio anrief und konstatierte, dass der defekte CD-Player der Blüms plötzlich wieder funktioniere. Na und? Welcher Art der Defekt war, wurde nicht erklärt, und jeder kennt CD- oder DVD-Laufwerke, die manchmal zu spinnen scheinen, die auf- und gleich wieder zugehen oder gar nicht mehr aufgehen oder ähnliches. In aller Regel liegt das an Schmutz oder an Schmiermitteln, die nicht mehr richtig schmieren. Und ebenso regelmäßig ist plötzlich alles wieder normal. Fast überflüssig zu erwähnen, dass selbst die Aussicht auf eine Million Dollar für den Beweis seiner geheimnisvollen Fähigkeiten Uri Geller bislang nicht zu einem Test unter kontrollierten Bedingungen bewegen konnten. Diese Summe nämlich hat der amerikanische Illusionist und Aberglauben-Aufklärer James Randi schon seit einigen Jahren für den Nachweis eines echten übersinnlichen Phänomens ausgelobt (www.randi.org).

➡ „Aber ich habe doch selbst erlebt, dass…

… während der Uri-Geller-Show ein Löffel runterfiel, den ich auf meinen Fernseher gelegt hatte!“ Oder dass jemand genau in dem Moment anruft, da man an diese Person denkt.

Oder: „Frank war ein guter Junge und überraschte seine Mutter ab und zu mit einem Geschenk“, zitierte der *Stern* eine merkwürdige Geschichte aus einer wissenschaftlichen Sammlung.[2] „Über eine hübsche Kristallschale freute sie sich besonders, und so bekam die einen Ehrenplatz auf der Anrichte. Einige Zeit später erkrankte Franks Schwester an Windpocken, und der Bruder wurde vorsichtshalber zu den Großeltern geschickt, die rund siebzig Kilometer entfernt lebten. Eines Morgens dann saß Franks Mutter mit einer Nachbarin beim Frühstücksplausch. Plötzlich zersprang die Kristallschale, die Frank ihr geschenkt hatte, in zwei Teile. ‘Mein Gott, Frank ist tot!’, schrie die Mutter auf. Sie ließ sich nicht beruhigen und blieb weiter bei ihrer hellseherischen Behauptung. Zu Recht, wie sich bald herausstellte: Ein Nachbarsjunge der Großeltern hatte Frank die Waffe seines Vaters gezeigt – ohne zu wissen, dass sie geladen war. Genau in dem Augenblick, in dem die Kristallschale zersprungen war, so berichtete später seine Schwester, war Frank tödlich getroffen worden.“

Beeindruckend, erschreckend, fast gruselig ist diese Geschichte. Und doch nur eine subjektive, nachträgliche Schilderung der Beteiligten. „Wie fast immer bei solchen Erlebnissen war keine Kamera dabei, die das Unerklärliche dokumentierte", merkte der *Stern* denn auch an. „Keine Uhr hat gemessen, wann genau die Schale zersprang und wann der Sohn starb. Die Erinnerung ist alles, was bleibt. Und es genügt schon, die oft völlig entgegengesetzten Zeugenaussagen nach einem Autounfall anzusehen, um unserem Gedächtnis nicht mehr fraglos zu trauen. Psychologen wissen, wie sehr unser Gehirn nach einer Erklärung sucht, wenn die wahrgenommenen Fakten keine tragende hergeben. Und je mehr wir emotional betroffen sind, desto drängender wird es für uns offenbar auch, die Puzzlestücke der Erinnerungen zu einem harmonischen Bild zusammenzufügen, das unseren tiefsten Wünschen entspricht."

Eben dieser emotionale Wert fehlt der nüchternen Erklärung des *Stern*-Journalisten, was sie gewiss für viele Leser „kalt" und unbefriedigend erscheinen lässt. Aber macht sie deswegen „Phänomene lächerlich", wie eine Leserbriefschreiberin protestierte? Nahezu alle bekannten physikalischen Kräfte einschließlich der Quantenphysik können als Ursache für Psychokinese mittlerweile ausgeschlossen werden. Das legt den Schluss nahe, dass paranormale Erlebnisse in erster Linie als psychologische Phänomene betrachtet werden sollten.

Natürlich ist es möglich, dass eines Tages ein Weg gefunden wird, nur durch die Kraft der Gedanken die materielle Welt zu beeinflussen. Da dies allerdings durch viele wissenschaftliche Tatsachen sowie zahllose belegte Manipulationen als extrem unwahrscheinlich gelten kann, wäre es wenig sinnvoll, an eine solche Möglichkeit zu glauben. Esoterik-Anhänger oder so genannte Anomalisten geißeln diese Haltung mitunter mit dem Ausdruck „Skeptiker-Syndrom". Umgekehrt indes könnte man eine extrem gläubige Haltung dem Übersinnlichen gegenüber als „Believer-Syndrom" bezeichnen. Denn Skeptiker vermissen bei den Anomalisten, „ernsthaft mit der Möglichkeit zu rechnen, dass es überall auf der Welt tatsächlich naturwissenschaftlich-materialistisch zugehen könnte, und dass Phänomene wie etwa angeblich erfolgreiche Telepathie-Befunde lediglich der Fantasie oder dem Wunschdenken entstammen", erklärt der Würzburger Wahrnehmungsforscher Dr. Rainer Wolf. Und widerspricht zugleich dem Vorwurf, die Wissenschaft würde eh alles ablehnen, was nicht sein darf: „Kein ernsthafter Wissenschaftler käme auf die Idee, die mögliche Existenz von paranormalen Phänomenen aus weltanschaulichen Gründen von vorneherein abzulehnen. Hätte auch nur eines der berühmten Psi-Experimente Erfolg und könnte in vielen Labors unter sauber kontrollierten Bedingungen repliziert werden, so wäre dieser Nachweis von Psychokinese oder ASW eine Sensation für die Wissenschaft, die begierig aufgenommen würde."

Vielmehr geht es um die Abwägung von Plausibilitäten: Ist ein Löffel, der während der TV-Show mit Uri Geller vom Fernsehgerät fällt (nachdem er aufgrund Gellers Anweisung von einem Zuschauer dorthin gelegt worden war) Grund genug, um den „erfolgreichen und sparsamen" (Rainer Wolf) Ansatz der wissenschaftlichen Welterklärung aufzugeben? Kaum, da vermutlich weniger Gellers „Psi-Kräfte" dafür verantwortlich waren als vielmehr die Vibrationen des Lautsprechers, die dafür sorgten, dass der Löffel auf der leicht schrägen Oberfläche des Geräts mit der Zeit immer weiter nach vorne rutschte und schließlich fiel.

Das Reizvolle an Esoterik, Okkultem und Pseudowissenschaften ist, dass sie fast immer eindeutige Antworten haben, wo Wissenschaftler auf langwierige Untersuchungen und komplizierte Studien verweisen müssen, bei denen am Ende vielleicht auch kein hundertprozentig sicheres Ergebnis herauskommt. So wurde der Autor dieses Buches einmal Zeuge, wie eine völlig integre ältere Dame offenkundig ohne Trick, ungeplant, ohne bewussten Schwindel oder Betrugsmöglichkeit einen Löffel massiv verbog. Auf der E-Mail-Liste der *Gesellschaft zur wissenschaftlichen Untersuchung von Parawissenschaften* (GWUP) entspann sich um diesen Vorgang eine lebhafte, aber ratlose Diskussion. Bis schließlich der Okkultismusbeauftragte und Zauberkünstler Wolfgang Hund erklärte, dass so etwas durchaus möglich sei – und sehr schlecht jemandem zu schildern, der das nicht selbst schon ausprobiert habe: „Die gesamte Aufmerksamkeit wird 'auf den Punkt' gebracht, die volle Konzentration liegt auf dem Vorhaben des Biegens ('Ich will, dass es funktioniert!') und auf dem dünnen Metallstil des Löffels. Wenn man das schafft, entwickelt man Kräfte und setzt diese ein, ohne dass man das Geringste dabei merkt."

Es handelt sich also weder um einen Trick noch um ein übersinnliches Phänomen, sondern um ein konventionelles – also physikalisches – Verbiegen, das aber die Person nicht merkt und deshalb hinterher voll (subjektiver) Überzeugung meint, sie habe „überhaupt keine Kraft" angewendet.

Man muss diese Erklärung nicht akzeptieren. Aber genauso wenig sinnvoll ist es, mit quasireligiöser Inbrunst die „Mythologie" zu einer möglicherweise fehlinterpretierten persönlichen Erfahrung zu verteidigen.

➥ Kann die Wissenschaft beweisen, dass es keine übersinnlichen Phänomene gibt?

Nein, das kann sie nicht – denn die Nicht-Existenz von etwas kann man grundsätzlich nicht beweisen. Der Heidelberger Soziologe Edgar Wunder von der *Gesellschaft für Anomalistik* (www.anomalistik.de) verwendet ein anschauliches Beispiel, um diese erkenntnistheoretische Unmöglichkeit zu illustrieren: „Angenommen, eine Person würde die These aufstellen, das Rumpelstilzchen sei nicht nur eine Märchenfigur gewesen, sondern eine tatsächlich existierende, historische Persönlichkeit. Die ‘Rumpelstilziologen’ geben zu, dass sie ihre Behauptung nicht restlos beweisen können, machen aber gleichzeitig geltend, dass die Wissenschaftler die Nicht-Existenz des Rumpelstilzchens ja auch nicht belegen könnten. Deshalb sei der Glaube an die Existenz des Rumpelstilzchens durchaus legitim und wissenschaftlich vertretbar.

Aber tragen hie die Kritiker und die Anhänger der Rumpelstilzchen-These wirklich zu gleichen Teilen die Beweislast? Nehmen wir an, die Wissenschaftler akzeptieren das. Sie beginnen, nach sterblichen Überresten des Rumpelstilzchens zu suchen und graben dafür Quadratmeter für Quadratmeter die Erdoberfläche systematisch um. Doch das negative Resultat (es wurde kein Rumpelstilzchen gefunden) beeindruckt die Rumpelstilziologen nicht; erst müssten noch sämtliche Städte abgerissen und versetzt werden, denn darunter könnte das Rumpelstilzchen ja begraben liegen. Nachdem auch dies geschehen ist und sämtliche Forschungsmittel in dieses Unterfangen investiert wurden (alle anderen drängenden wissenschaftlichen Fragen müssen zurückstehen), gelangen einige Rumpelstilzchen-Anhänger zu der Auffassung, das Rumpelstilzchen sei am Ende seines Erdenlebens durch die Hilfe von Außerirdischen auf den Mars ausgewandert.

Dies alles werde durch eine gigantische Verschwörung der CIA, der Freimaurer und des Vatikans vertuscht. (Wem das alles zu blödsinnig klingt, der hat wenig Erfahrung im Umgang mit Esoterik-Anhängern!) Bevor der Mars nicht umgegraben sei, müsse die Frage der Existenz des Rumpelstilzchens offen bleiben. Derweil tritt eine konkurrierende Gruppe auf den Plan, die die reale Existenz des Froschkönigs behauptet und entsprechende Forschungsgelder und Untersuchungen von Wissenschaftlern fordert…“ Und so weiter, und so fort.

In der Wissenschaft trägt die Beweislast also erst einmal derjenige, der eine Behauptung aufstellt – nicht aber die Bestreiter. Ansonsten käme jede ernsthafte und sinnvolle Forschung zum Erliegen. Anhänger des „Übersinnlichen“ kehren die Beweislast gerne um, nach dem Motto: „Die Fahrer der Autos, die mir heute auf der Autobahn ständig entgegenkommen, sollen mir erst mal beweisen, dass ich der Geisterfahrer bin und nicht sie.“ Doch das ist kaum mehr als ein rhetorischer Trick, der bemänteln soll, dass die Beweislage für das behauptete Phänomen gegen null geht.

Weiterführende Literatur:

Martin Lambeck: Können Paraphänomene durch die Quantentheorie erklärt werden? Im Internet unter: www.gwup.org/themen/texte/parapsychologie/media/lambeck_kritisches_forum.pdf

„Jenseits der Wirklichkeit“. Die wundersame Welt der kleinsten Teilchen In: Der Spiegel 11/2005

Martin Lambeck: Irrt die Physik? Beck-Verlag, München 2003

Andreas Hergovich: Der Glaube an Psi. Verlag Hans Huber, Bern 2001

Peter Mulacz / Hellmut Hofmann: „Psi“ – Die andere Wirklichkeit. Edition Va Bene, Wien 2001

Susan Blackmore / Adam Hart-Davis: Testen Sie Ihre übernatürlichen Kräfte. Moderne Verlagsgesellschaft, Frankfurt a.M. 2000

Robert G. Jahn / Brenda J. Dunne: An den Rändern des Realen. Über die Rolle des Bewusstseins in der physikalischen Welt. Zweitausendeins, Frankfurt a.M. 1999

Dean Radin: The Conscious Universe. The Scientific Truth of Psychic Phenomena. HarperCollins Publishers, San Francisco 1997

Zu einzelnen „übersinnlichen“ Phänomenen wie Spontane Menschliche Selbstentzündung, Astralreisen, Seelenwanderung etc. siehe:

Bernd Harder: Lexikon der Großstadtmythen. Eichborn-Verlag, Frankfurt a.M. 2005

8. Hexen: Alles magic

➥ Wieso wollen junge Mädchen eine Hexe sein?

Frei zu sein von alltäglichen Sorgen und Beschränkungen – wer wünscht sich das nicht? Insbesondere mag das auf die jüngere Generation zutreffen, denn nicht umsonst zielt die Popularisierung und Vermarktung des Hexen-Themas vor allem auf junge Mädchen zwischen 10 und 16 Jahren. In dieser Altersgruppe sind Okkultismus und Magie besonders gefragt – ob bei Liebeskummer, Schulsorgen oder Weltschmerz. Die „neue Hexe", analysiert Matthias Pöhlmann vom Referat Esoterik bei der *Evangelischen Zentralstelle für Weltanschauungsfragen* (EZW), „dient weiblichen Teenagern oft als Identifikationsfigur, um sich der eigenen Bedeutung bewusst zu werden und Probleme auf magisch-spielerische Weise lösen zu können".

Und das sieht dann zum Beispiel so aus: „Dieser Hexenspruch verwandelt das ganze Leben in eine Riesenparty, und du bist herzlich eingeladen!", kann die geneigte Teenie-Hexe dem Taschenbuch *Wie du deinen Ex-Prinzen in eine Kröte verwandelst und andere Hexensprüche für böse Mädchen* aus dem renommierten dtv-Verlag entnehmen. Und wie funktioniert der „Party-Girl-Spruch"? „Die beste Wirkung erzielst du an einem Neumondabend", erklären die Autorinnen Deborah Gray und Athena Starwoman. „Sammele die Zutaten und suche dir einen ruhigen Platz, an dem du für mindestens eine halbe Stunde völlig ungestört bist. Lege das Notizbuch und den Stift auf einen Tisch und setze dich bequem hin. Schließe deine Augen und, nachdem du ein paar Mal tief durchgeatmet hast, stelle dir vor, du seist von einem weißen Licht umgeben. Spüre, wie dieses Licht dich beruhigt und mit Glück erfüllt. Denke nun an etwas, das du in deiner Freizeit gern unternehmen würdest – auf eine schöne Reise oder eine riesige Party gehen vielleicht oder neue und interessante Leute treffen. Wenn du dir ausgesucht hast, was du am liebsten tun würdest, dann schreibe dieses Ereignis in dein Notizbuch und erkläre genau, wie du es dir vorstellst. Achte dabei auf deine Worte. Danach zeichnest du ein Quadrat um das, was du geschrieben hast (in etwa so, dass sich dabei die Umrisse eines Türrahmens ergeben). Nun stelle dir vor, du würdest diese Tür öffnen und über die Schwelle treten. Lasse den Urlaubsort oder das Ereignis deiner Träume vor deinem inneren Augen erstehen. Sieh und fühle, wie alles um dich herum abläuft, und sprich die folgenden Worte: *Zu meiner Rechten und zu meiner Linken, über mir und unter mir, erwecke ich den Geist meiner Natur in meinem Inneren.* Sobald du die Energie in dir spürst und bereit bist zurückzukehren, schließe das Notizbuch und versuche, dir dieses fantastische Gefühl zu bewahren."

Von richtiger Hexerei ist denn auch kaum etwas zu entdecken in den diversen „Hexenratgebern". Stattdessen geht es um „Anregungen für eine Generation, die in einer Cross-over-Kultur lebt und die mit ihrer Identität experimentiert, um ihre Potenziale auszuloten". So jedenfalls stellte der Ehapa-Verlag die Comicserie W.I.T.C.H. 2001 der Presse vor. Bei Licht besehen erschöpft sich dieses „Ausloten von Potenzialen" indes im Umarmen von Bäumen und im magischen Bezirzen von Jungs. So ließ sich etwa die Münchner Jung-Hexe Bettina in dem bunten Pop-Blatt *Mädchen* bereitwillig über ihre „außergewöhnlichen" Fähigkeiten aus: „Mit Hexenkraft die Jungs verzaubern" war der Artikel neckisch überschrieben, und da durften natürlich auch „Rezepte, mit denen du deinen Traumboy erobern kannst" nicht fehlen. Das las sich dann so: „Liebesöle sorgen für eine mit Liebe erfüllte Atmosphäre ... Frösche bringen Liebesglück. Schenk deinem Schwarm einen Frosch (aus Stoff, Ton oder Glas) und wünsch dir ganz fest etwas dabei... Magischer Kerzenzauber soll dafür sorgen, dass ihr immer näher zusammenrückt. Dazu musst du einfach zwei rote Kerzen mit etwas Abstand nebeneinander stellen ... Liebesenergien werden durch Lindenblütentee geweckt."

Reichlich konventionelle, um nicht zu sagen alberne Tipps, sollte man als unbedarfter Leser meinen, der sich nicht vom fotogenen Lächeln der 18-Jährigen verzaubern lässt. Was macht eine Hexe eigentlich? Auch dazu konnte Bettina etwas erzählen: „Das höchste Prinzip überhaupt ist der Einklang mit der Natur", dozierte das Gelegenheits-Model, das als Berufsziel nicht „Hexe", sondern Modedesignerin angibt. Sich mit Magie zu beschäftigen heiße in erster Linie „geduldig sein, innerste Energien einsetzen, nichts erzwingen zu wollen".

Wieso nicht? Diese Frage wurde wenig später in dem *Mädchen*-Sonderheft „Mystery" von der englischen Teen-Witch Samatha Hardie reichlich kurios so beantwortet: „Wenn jemand richtig verzweifelt ist, zuviel in den Zauber hineinlegt, dann hält er die Energie damit am Boden.

Die Zauberkraft muss aber aufsteigen können.“ Bei Schulproblemen rät die 14-Jährige: „Dann sollte man sich ein Zauberbeutelchen machen. Also man nimmt ein kleines Stück Stoff und näht sich mit der Hand ein kleines Säckchen. In das legt man dann ein mit ein paar Tropfen Lavendel- oder Rosmarinöl getränktes Stück Papier oder Stoff. Damit kann man sich Vokabeln besser merken. Dann schließt man die Augen und pustet den Wunsch in den Zauberbeutel hinein.“

Richtig ernst scheint dieser Hokuspokus nicht einmal gemeint zu sein, denn zum guten Schluss fügt „Teenage Witch“ Samantha vorsichtshalber hinzu: „Man muss natürlich trotzdem lernen – und fleißig sein. Nur mit Zauber allein kriegt man keine gute Note.“

„Verspielten Vulgärokkultismus“ nennen kritische Experten das, was Bettina, Samantha und Co. ihren Altersgenossinnen vormachen. „Die Erwartung, dass mehr in einem steckt, ist das durchgängige Thema“, hat EZW-Referatsleiter Pöhlmann festgestellt. „Der Reiz, mit Magie mehr aus seinem Typ zu machen, stößt auf große Resonanz.“

Von den feministischen Bestrebungen der 1970er und 1980er Jahre, die Hexe als positives Leitbild für die Wiedergewinnung der weiblichen Spiritualität und für die Vernetzung von ökologischem, spirituellem und politischem Denken zu etablieren, ist kaum mehr übrig geblieben als ein magischer Power-Trip kesser Girlie-Hexen – und die simple Botschaft von Beherrschung und Machbarkeit. Kein Wunder also, dass die „Hexenfernschule“ Culstar für ihre Internet-Kurse unter anderem mit „Erfolgsmagie“ wirbt, die den „Erfolg in beruflicher und existenzieller Hinsicht“ steigern helfen soll: „Lohnverhandlungen, Prüfungen, Spekulationen, Preisverhandlungen, Unternehmungen.“

➡ Wer sind Will, Irma, Taranee, Cornelia und Hay Lin?

Die Anfangsbuchstaben dieser fünf Mädchen, 13 und 14 Jahre alt, ergeben das Wort „Witch“ (engl. „Hexe“). Sie sind die Heldinnen des internationalen Comic-Projekts W.I.T.C.H., das in Deutschland monatlich vom Ehapa-Verlag herausgegeben wird. Das Quintett kämpft mit vereinten Zauberkräften gegen finstere Wesen, die von einer „Metawelt“ aus die Erde bedrohen. Im redaktionellen Teil der Comic-Reihe geht es um Kräuter-, Koch- und Schminktipps sowie um astrologische und magische Riten, die unterschwellig weibliche Emotionen und Ängste ansprechen.

Es sind in erster Linie Hexenerzählungen in Comics, in der Jugendliteratur und in TV-Serien, die das neue, kommerzialisierte Girlie-Hexentum entdeckt und verbreitet haben – nicht als ungebrochene Fortsetzung historischer Hexen-Muster und -Klischees, sondern als mediengerecht vorgeformte Wiederbelebung. „Ich habe jahrelang Horror-Filme gesehen, in denen blöde blonde Mädchen in dunklen Straßen herumlaufen und von irgendwelchen Kreaturen gemeuchelt werden", erklärt etwa der amerikanische Fernsehproduzent Joss Whedon. „Ich wollte endlich mal einen Film machen, in dem ein blondes Mädchen in eine dunkle Gasse läuft, das stark genug ist, auf sich selbst aufzupassen und das Monster fertig macht."

Jung, attraktiv, funky – so sieht heute eine „Hexe" aus.

Dieses Mädchen heißt Buffy Summers. Whedons TV-Serie um das High-School-Girl, das als „Jägerin" dazu berufen ist, die Geschöpfe der Finsternis zu vernichten, geriet weltweit zum Sensationserfolg und machte „Buffy"-Darstellerin Sarah Michelle Gellar zum Superstar. Gleichwohl Buffy keine Hexe ist, verkörpert die Vampir-Jägerin exakt jene Eigenschaften, die eine moderne Medien-Hexe ausmachen: Die Heldin wurde von höheren Mächten für eine besondere Aufgabe auserwählt, die nur sie vollbringen kann; sie hat das geheime Wissen um die wahren Zusammenhänge der seltsamen Ereignisse in ihrem Umfeld; sie ist körperlich überaus attraktiv, modisch gekleidet und geschminkt, durchtrainiert und verfügt zudem über kämpferische Fähigkeiten, die Buffy weit aus dem Kreis ihrer Mitschülerinnen herausheben. „Ich habe ihm gesagt, dass ich ihn liebe, ich habe ihn geküsst, dann habe ich ihn gekillt", schildert Buffy das Ende der Romanze mit ihrem vampirischen Geliebten. Zu einem Blutsauger, der ihr an den Hals will, sagt sie: „Es gibt hier eine Menge Dinge, die gefährlicher sind als du. Ich zum Beispiel."

Das kommt an bei den Fans. Umso mehr, da die Öffnung traditioneller Vorgaben mitunter zu abstrusen Problemen bei Buffy führt: Zum Beispiel zu der Frage, ob ein 17-jähriges Mädchen, das mit einem 242 Jahre alten Vampir schläft, ein Kondom benutzen muss.

Hexenfiguren wie Buffy und ihre Mitstreiterin Willow, Sabrina (*Sabrina – Total verhext*), die drei Schwestern Prue, Phoebe und Piper (*Charmed – Zauberhafte Hexen*), die W.I.T.C.H.-Mädchen oder Kate, Annie und Cooper aus der Buchreihe *Magic Circle* repräsentieren angeblich die Ansprüche junger Mädchen auf Autonomie, Stärke und Selbstverwirklichung. So beschied der Arena-Verlag den Okkultismusexperten Wolfgang Hund lapidar mit „Das Selbstbewusstsein junger Frauen ist unbedingt zu stärken!", als dieser sich über das Buch *Hexenzauber für Powergirls – Der magische Ratgeber* beschwerte. Aber welchen Beitrag hierzu leisten Buffy und Co. auf dem Schlachtfeld der Unterhaltungsindustrie tatsächlich?

Gewiss ist es reizvoll, dem Alltag mit Hexerei mehr Pep zu verleihen. Aber nicht nur der dicke kommerzielle Lack auf der „Spaß & Stärke"-Oberfläche des inflationären Mystery-Angebots reduziert diesen Anspruch gewaltig. Auch das Bild der selbstbewussten, handlungsfähigen und mutigen weiblichen Protagonistin lugt nur aus dem rigiden Rahmen eines exklusiven Scheins des Magischen oder Auserwählten hervor – und nur diejenigen ziehen daraus einen emanzipatorischen Gewinn, die in die jeweiligen Geschichten und Zusammenhänge eingeweiht sind.[1]

Und außerdem, gibt der evangelische Theologe Hansjörg Hemminger zu bedenken, „ist Identität nach einem bekannten philosophischen Wort das, womit der Mensch Anerkennung findet. Wollen wir wirklich eine Generation hervorbringen, in der man mit magischen Künsten und Kräuterzaubern gesellschaftliche Anerkennung findet?"

➥ Wie funktioniert ein Liebeszauber?

„Was machst du, wenn eine Freundin oder Klassenkameradin zu dir kommt und in einen Jungen verliebt ist, mit dem sie gerne zusammen sein möchte?", wollte die Reporterin des *Mädchen*-Sonderhefts „Mystery" von der Vorzeige-Hexe Samantha wissen. Ohne zu zögern riet die 14-Jährige zu einem „Basilikum-Zauber". Und der geht so: „Man besorgt sich einen schönen Topf, gute Erde und Basilikumsamen aus der Gärtnerei. Den sät man im Topf aus. Man sollte täglich ein bisschen gießen und niemals jemand anderen ranlassen und fest daran denken, dass bald eine schöne Liebe erblühen wird. Kennt man den Boy schon, sollte man seinen Namen auf ein Stück Papier schreiben und das Papierchen zusammengerollt in die Erde stecken. Man darf das Basilikum aber nicht essen!"

Was soll man von diesem Nonsens halten? Zunächst einmal verblüfft, wie fraglos die „weiße" (also „gute") Hexe Samantha davon ausgeht, dass ein Liebeszauber etwas Positives ist. Dass sie im Grunde danach trachtet, Macht über einen anderen Menschen auszuüben (nämlich über den Jungen, der Ziel des Zaubers ist), scheint die „Teenage Witch" nicht weiter zu bekümmern. Dass Samantha „Probleme auf liebevolle Weise lösen" und „keine Manipulationen ausüben" will, wie sie zu Beginn des Interviews erklärt, führt die 14-Jährige also selbst ad absurdum.

Mag sein, dass der faule Zauber mitunter tatsächlich zu funktionieren scheint, weil er das Selbstvertrauen der Auftraggeberin stärkt und somit positiv auf ihr Verhalten ihrem Schwarm gegenüber einwirkt. Ob es aber ein junges Mädchen tatsächlich weiterbringt, sich auf Hexenzauber, Amulette und Glücksbringer zu verlassen anstatt an ihrer sozialen Kompetenz und Bindungsfähigkeit zu arbeiten? Schwer vorstellbar, dass jemand mit einem „Liebeszauber" glücklich wird. Denn: Früher oder später stellt sich das ungute Gefühl ein, den Partner mit unzulässigen Methoden für sich gewonnen zu haben, also eine Art unfreiwillige Marionette an den Fäden einer Hexe bekommen zu haben und dass es eigentlich vielleicht gar nicht hätte sein sollen. Oder aber die Auftraggeberin bekommt Angst, die Wirkung des Zaubers könnte mit der Zeit nachlassen. Das schlechte Gewissen führt erfahrungsgemäß bald zur Trennung – oder aber direkt in die Abhängigkeit von der Hexe, die für den Hokuspokus verantwortlich ist.

Veränderungen an uns selbst oder in der Gesellschaft sind meistens mühsam, manchmal schmerzhaft und immer langwierig. Dank „Hexenzauber" ist damit scheinbar Schluss. Man muss nur die richtige Zauberformel oder das richtige Ritual kennen, und alles wendet sich sogleich zum Guten. Wer's glaubt, wird selig? Irrtum.

➡ Kann man jemanden tothexen?

Beim Geld hört der Spuk auf. Als der ehemalige Fernsehpfarrer und *Wort zum Sonntag*-Sprecher Adolf Sommerauer in den 1980er Jahren die Star-Hexe Ulla von Bernus der Gaukelei und Hochstapelei bezichtigte, fuhr die Dame gekränkt hoch. Nicht auf einem Besen, sondern per Strafanzeige wegen Verleumdung und Beleidigung. Und nicht finstere Mächte sollten ihrem Antrag vor der irdischen Gerichtsbarkeit zum Sieg verhelfen, sondern der Münchner Promi-Anwalt Rolf Bossi.

Was war geschehen? „Ich töte, weil Satan es befiehlt!“, hatte sich Deutschlands berühmteste Hexe in einer ZDF-Sendung enthemmt. 6000 Mark (rund 3000 Euro) kassiere sie dafür, „immer noch billiger als ein Mörder vom Frankfurter Hauptbahnhof“. Diesem schändlichen Treiben wollte der evangelische Kirchenrat Sommerauer nicht tatenlos zusehen und zitierte kurzerhand die Hexe vor Gericht: „Entweder sie beweist, sie kann Menschen in den Tod hexen, und sie wird deswegen bestraft, oder sie hat gelogen“, begründete der Gottesmann sein Ansinnen. „Dann liegt Betrug vor.“

Weder das eine – noch das andere, entschieden schließlich die Richter und stuften die ganze Hexerei als „strafloses Wahndelikt“ ein. Das hielt die mittlerweile verblichene Illustrierte *Quick* nicht davon ab, mit der Schlagzeile „Zwanzig Ehemänner totgehext“ herauszukommen, versehen mit einem doppelseitigen Farbfoto der Hexe Ulla von Bernus. Auch den Bauunternehmer Heinrich Epp aus Oberbayern habe ihr Todesfluch getroffen, steckte die publicityfreudige „Priesterin des Satans“ den Journalisten. Die jedoch gaben die Story am Ende ihrer Recherchen etwas anders wieder: Ehefrau Epp hatte gemeinsam mit ihrem Geliebten den ungeliebten Gatten betäubt und wollte diesen mitsamt seinem Auto in einem Baggersee versenken. Allerdings erwachte Heinrich Epp gerade noch rechtzeitig und zog die Handbremse. Vor Gericht erklärte das Paar, es hätte bloß ein wenig nachgeholfen, weil die hoch bezahlte Hexerei der Ulla von Bernus in angemessener Zeit keinen Erfolg gezeitigt habe. Das wiederum rief die *Quick*-Reporter auf den Plan, die aus einem reichlich konventionellen Familiendrama um Liebe, Geld und Hass ein auflagensteigerndes Hexen-Grusical bastelten.

Das ist lange her. Und doch geistert hin und wieder auch heute noch die Zahl von 2500 „schwarzmagischen Okkulthexen“ durch die Medien, die angeblich in Deutschland genau das anbieten, wofür Frauen während der Hexenverfolgung im Spätmittelalter beschuldigt und getötet wurden: Schadzauber bis hin zur „magischen Ferntötung“. Ist so etwas möglich?

1995 fand der Weltrekord-Kricketspieler Brian Lara in seinem Haus in Port-of-Spain (Trinidad) verstreutes Pulver, schwarze Kerzen, Hühnerköpfe und Eingeweide vor. Anscheinend handelte es sich um die Überreste eines kürzlich durchgeführten Voodoo-Rituals. Prompt war es mit

Laras Rekordleistungen (1993 und 1994 war er zum Sportler des Jahres von Trinidad und Tobago gewählt worden) vorbei, er brach völlig ein.

„Mulder, Voodoo funktioniert nur, wenn man den Leuten, die daran glauben, Angst einjagt", erklärt die Skeptikern Scully in der *Akte-X*-Folge „Frische Knochen" ihrem Partner Mulder. Und da scheint tatsächlich etwas dran zu sein. Wissenschaftler kennen das Phänomen, dass Menschen bei zynischen Schein-Erschießungen gestorben sind, obwohl die Waffen gar nicht geladen waren. Destilliertes Wasser rief bei einem Uni-Experiment starke Übelkeit bei den Studenten hervor, weil der Professor ihnen vorher erklärt hatte, die völlig geruchlose Flüssigkeit verströme einen ekelerregenden Gestank.

Um auf den okkulten Markt zurückzukommen: Entscheidend ist, ob der Betroffene von dem ihm zugedachten „Fluch" einer Hexe oder eines Magiers weiß. „Wenn ein solches Opfer direkt durch den Auftraggeber eine Mitteilung erhält wie 'Ich habe eine Hexe mit deinem Tod beauftragt, du wirst sterben…' oder durch anonyme Anrufe Kenntnis von der Absicht der Tötung erhält, kann der Mann oder die Frau so verunsichert sein, dass das Phänomen der selbsterfüllenden Prophezeiung unverzüglich wirksam werden kann", erklärt Heide-Marie Cammans vom Essener *Sekten-Info*. „Etwaige unglückliche oder fragwürdige Alltagsereignisse werden sofort als Bestätigung der Androhung und als beginnende Wirksamkeit gedeutet."

Hin und wieder wird Cammans in ihrer Beratungspraxis mit Hexerei und Flüchen konfrontiert: „Eine junge Frau erzählte mir in einem solchen Fall, dass ihr jetzt schon dreimal eine Drossel nachgeflogen sei. Jemand anderes rief aufgeregt bei mir an, weil zum wiederholten Male eine Krähe auf seiner Terrasse gesessen hatte und er das böse 'Omen' daraufhin mit einer Schaufel erschlagen habe. Oder: Jemand nimmt eine bestimmte Automarke 'ständig' hinter sich wahr, oder an der Bushaltestelle hat ein Mann 'so auffällig' geschaut. Das sind typische Beispiele für eine veränderte Wahrnehmung. Der Betroffene klinkt sich sozusagen aus der Realität aus und stellt selbst die Bestätigung der Echtheit der Bedrohung her. Panische Angst ist die Folge. Psychosomatische Beschwerden setzen ein, Herzjagen, Schwindelgefühle, Magenkrämpfe, Konzentrationsstörungen – alles 'Beweise', dass der Zauber schon im Gange ist. Die magische Spirale dreht sich immer schneller."

Wissenschaftler nennen das den „Hund von Baskerville-Effekt", benannt nach der Romanfigur Charles Baskerville, die in dem bekannten

Sherlock-Holmes-Roman aus Angst vor einem uralten Familienfluch und einem plötzlich auftauchenden Hund den Sekundenherztod stirbt.

➥ Sind Hexen gefährlich?

Einmal abgesehen von dem Extrembeispiel der „schwarzmagischen Okkulthexen" und deren Fähigkeit, die Kraft der Suggestion auf ungute Weise zu aktivieren, wohl eher nicht – zumindest nicht für andere. Weder die Teenie-Hexen noch die ernsthafteren Vertreterinnen des Wiccatums (die sich in der Tradition eines vorchristlichen Kultes um die „Erdmutter" sehen) beten den Teufel an beziehungsweise geben sich düsteren Ritualen und bedrohlich-aggressiven Exzessen hin, wie ihnen manchmal unterstellt wird. Statt dessen geht es um Selbsterfahrung und Rituale, um die Wiederverzauberung der Welt und die Sehnsucht, die Grenzen des banalen Alltags zu überschreiten. Harmlos? Verschiedene mediale Produkte des Hexen-Trends ermuntern mit ganz konkreten Rezepten, Tipps und Anleitungen Jugendliche durchaus zum Ausprobieren magischer Praktiken. Das mag überwiegend folgenlos bleiben, kann aber dazu führen, dass Einzelne aus der adoleszenten Leser- oder Zuschauerschaft sich intensiver mit der Welt des Okkulten zu befassen beginnen.

Problematisch erscheinen auch die gedruckten „Hexen-Ratgeber" oder die persönlichen Dienstleistungsangebote prominenter und auch weniger prominenter Hexen à la „Thea" oder „Sandra", die nicht selten von Jugend- und Frauenzeitschriften zum „Chatten" oder zum Telefon-Talk mit den Leserinnen eingeladen werden. Okkultismusexperte Wolfgang Hund meint dazu: „Es ist halt sehr einfach, aber auch gefährlich, die Verantwortung für das eigene Leben abzugeben an äußerst obskure Leute, die keinerlei psychologische Ausbildung besitzen, sich aber erdreisten, Lebenshilfe zu geben. Die Mechanismen sind die gleichen wie beim Gläserrücken oder bei der Astrologie: Immer werden einfache Antworten auf sehr komplizierte Fragen versprochen, die den Anwender solcher okkulten Praktiken von der Verantwortung für das eigene Leben entlasten sollen." Darüber hinaus hält Hund es für eine „arrogante Anmaßung", sich als Hexe zu bezeichnen, nur weil es in ist – angesichts der in früheren Zeiten als Hexe ermordeten Frauen.

Eltern, die vermuten, ihre Tochter beschäftige sich mit seltsamen Dingen oder sei in merkwürdige Gesellschaft geraten, rät Hund, dies offen zu thematisieren: „Aber nicht so, dass das Ganze verteufelt wird, weil sonst gleich Konfrontation entsteht. Erwachsene müssen sich also erst einmal über das Thema informieren, damit sie als glaubwürdige Gesprächspartner akzeptiert werden.“ Ein weiterer Rat sei, das neue Interessengebiet des Nachwuchses ernst zu nehmen: „Wenn man das gleich als Unfug abtut, gehen bei den Jugendlichen sofort die Rollläden runter.“

➥ Wieso haben manche Christen Angst vor der „kleinen Hexe“?

Dass durch die „positive Darstellung“ in Ottfried Preußlers berühmtem Buch eine Hexe zur Identifikationsfigur für Kinder werden könnte, befürchtete ernsthaft eine christliche Elterninitiative in Lehrberg bei Ansbach, die *Die kleine Hexe* aus dem Bücherregal des örtlichen Kindergartens verbannen wollte. Ein Sprecher der Gruppe erklärte: „Vom christlichen Weltbild aus kann eine Hexe nie etwas Gutes sein.“ Das war 1992. Acht Jahre später zeigte sich das Ehepaar Derek und Paula Clare überzeugt davon, das Böse sei über ihre Heimatstadt Gloucester (England) gekommen: „Wir haben Angst, das Gloucester zu einem Zentrum für Satanisten wird“, verlautbarte die 39-jährige Frau verzweifelt. Als Beweis druckten die Clares kistenweise Internetseiten über „Harry Potter“ aus und sagten der Presse: „Wir waren entsetzt. Niemand hat protestiert, dass ein Haus Gottes zu einer Hexenschule wurde.“ Wovon redeten Derek und Paula Clarke eigentlich? Es ging um die altehrwürdige Kathedrale von Gloucester. In diesem Gebäude wurden alle Szenen der bisherigen *Harry Potter*-Verfilmungen gedreht, die in dem fiktiven Zauberinternat „Hogwarts“ spielen. Der Hausherr der Gloucester Cathedral, Dekan Nicholas Bury, zeigte wenig Verständnis für die Proteste von Derek und Paula Clare: „Harry Potter bedient ein Bedürfnis nach Mythen. Das Buch ist eine hervorragend geschriebene, wunderbare, traditionelle Kindergeschichte. Außerdem ist es amüsant, aufregend und nützlich.“ Die meisten der 120.000 Einwohner von Gloucester hoffen auf Touristen. Einige andere fürchten dagegen den Teufel. Und nicht nur sie. „Geistige Umweltverschmutzung“ seien die Bücher der britischen Autorin Joanne K. Rowling, die mit ihrer auf sieben Bände angelegten Jugendbuchserie nicht nur Kinder, sondern auch viele Erwachsene im Harry-Potter-Fieber hält. „Die Saat, die hier gestreut wird, kann in christlichen Kreisen nicht gutgeheißen werden. Sie ist antichristlich und gegen die Kinder gerichtet“, urteilte der Schweizer Nationalrat Christian Waber, Präsident der *Eidgenössischen Demokratischen Union*, in einem Interview mit der Zeitung *Der Bund*.

Im März 2000 waren die populären Bücher von der St. Mary's-Island-Grundschule im englischen Chatham in der Grafschaft Kent aus der Schulbibliothek verbannt worden. Vereinzelt gab es solche Vorstöße auch in Deutschland, etwa im schwäbischen Münsingen-Rietheim.

Auch die Verwaltung der Kathedrale von Canterbury sah sich zu einer öffentlichen Stellungnahme veranlasst. Der US-Medienkonzern Warner Bros. hatte eine erhebliche Summe für die Erlaubnis geboten, Teile des ersten *Harry Potter*-Films *Der Stein der Weisen* in dem berühmten Sakralbau drehen zu dürfen. Doch dieses Ansinnen wurde abschlägig beschieden. Offizielle Kirchenvertreter erklärten, sie wollten das Gotteshaus nicht mit einem heidnischen Thema wie Hexerei in Verbindung wissen. Kurz vor dem Start des Films in Deutschland forderte der CSU-Bundestagsabgeordnete Benno Zierer medienwirksam ein Einschreiten des Kultusministers, weil der Streifen von der *Freiwilligen Selbstkontrolle der Filmwirtschaft* (FSK) schon für Kinder ab sechs Jahren freigegeben worden war. „Für Sechsjährige ist so viel Okkultismus gefährlich", warnte der Politiker. Ganz auf Zierers Linie befanden sich auch der amerikanische Baptisten-Prediger David Bay („Es ist weiße Magie, die gegen schwarze Magie kämpft, und beide beziehen ihre Kraft von Luzifer") und der australische College-Direktor Berg Langerak: „Die Potter-Bücher stellen Hexenwerk als etwas Normales dar. Das sollte nicht in die jungen Köpfe. Als Christen sehen wir Hexerei und Okkultismus als etwas Böses an."

Anscheinend merken die Langeraks, Bays, Zierers und Co. gar nicht, dass sie selbst eine christlich verbrämte Form des Okkultismus betreiben. Denn die Überzeugung, jede wie auch immer definierte „okkulte" Praxis als Einfallstor für den Leibhaften zu betrachten, ist weder theologisch noch pädagogisch auch nur im Ansatz zu rechtfertigen. „Wer in allen möglichen Erscheinungen dämonische Bedrohungen sieht, verfällt selbst jener okkulten Denkweise, die er dem anderen unterstellt", mahnt EZW-Experte Matthias Pöhlmann.

Die Quelle dieser Dämonenangst liegt in der amerikanischen Erweckungsbewegung des 19. Jahrhunderts, die aktuell massiv erstarkt ist – in einer Zeit, da die Politik konzeptlos, die Wirtschaft krisengeschüttelt und die Wissenschaft ratlos ist und es an allen Ecken zu enden scheint. Diese Katastrophenstimmung macht es einigen Wortführern des evangelikalen und des pfingstlerisch-charismatischen Christentums leicht, die Angst vor einem Erstarken „teuflischer Mächte" zu schüren. Konkret: Gesellschaftliche Entwicklungen wie Kriminalität, Terrorismus, Drogensucht, Gen-Versuche etc., die mit der eigenen Weltanschauung nicht übereinstimmen, werden als Angriff dämonischer Mächte gedeutet.

Ein Schlüsselbegriff ist dabei die so genannte „okkulte Belastung". Dahinter steckt die Vorstellung, dass es sich bei jedweden „okkulten Ritualen" (wozu auch Rockmusik, Meditation und bestimmte Formen der Alternativmedizin gezählt werden) um Teufelswerk handelt und dadurch real existierende dunkle Mächte auf den Plan gerufen werden. Auf die Bibel berufen sich fundamentalistische Christen dabei zu Unrecht. Richtig ist, dass die Bibel eine klare Position gegen den faulen Zauber bezieht: „Es soll bei dir keinen geben, der seinen Sohn oder seine Tochter durchs Feuer gehen lässt, keinen, der Losorakel befragt, Wolken deutet, aus dem Becher weissagt, zaubert, Gebetsbeschwörungen hersagt oder Totengeister befragt, keinen Hellseher, keinen, der Verstorbene um Rat fragt. Denn jeder, der so etwas tut, ist dem Herrn ein Gräuel. Du sollst ganz und gar bei dem Herrn, deinem Gott bleiben", heißt es im Buch Deuteronomium (Deut 18,10-15). Dieses Zaubereiverbot hängt indes in der Gedankenwelt des Alten Testaments unmittelbar mit dem Verbot des Götzendienstes zusammen. Die heutige Vorstellung fundamentalistischer Kreise, nach der jeder, der bei einer Party für einige Minuten das Glas rücken lässt oder *Harry Potter* liest, einen passiven (und verhängnisvollen) Pakt mit dem Teufel schließt, findet in der Bibel keinerlei Entsprechung.

Pädagogisch fragwürdig sind die Verbotsanträge und „Verbrennt die Bücher"-Initiativen der selbst ernannten Aufklärer allemal. Denn Bücher und Filme mitsamt deren Lesern und Zuschauern als „okkult belastet" zu stigmatisieren, wird einer entkrampften, angstfreien und kreativen Aufarbeitung von vermeintlich oder auch tatsächlich fragwürdigen Medieninhalten wohl nicht gerade förderlich sein. Gewiss: „Das pädagogische Problem, das im Umgang mit den Harry-Potter-Büchern besteht, liegt in der Tatsache, dass es praktizierende, erwachsene Magier und Hexen gibt – oder immerhin Leute, die sich ernsthaft dafür halten", erklärt der evangelische Weltanschauungsbeauftragte Hansjörg Hemminger. „Diese versuchen, an den Erfolg der Bücher anzuknüpfen und die Begeisterung für ihre Eigenwerbung auszunutzen. Ebenso gilt das für die bloßen Absahner, wie die Macher der Comicreihe W.I.T.C.H. Die Trennung zwischen Fantasiewelt und Lebenswelt ergibt sich daher für Kinder und Jugendliche nicht mehr automatisch, sie muss gezielt gefördert werden."

Das dürfte in den allermeisten Fällen problemlos gelingen, denn nur weil bei *Harry Potter* Zauberei funktioniert, glaubt man noch lange nicht, dass das auch in Wirklichkeit klappt. Anscheinend ist den Kritikern der Unterschied zwischen einem okkulten Weltbild und Fantasy als Genre nicht klar. Oder geht jeder, der den Disney-Zeichentrickfilm *König der Löwen* sieht, automatisch davon aus, dass alle Dschungeltiere singen können?

Fraglos gibt es Medien-Produkte wie etwa bestimmte Fantasy-Rollenspiele (natürlich nicht alle), die ohne filternde Abstraktionsstufe zu Tagträumen über magische Macht animieren. *Harry Potter* oder *Die kleine Hexe* dagegen verkünden keine metaphysische Alternative, sondern die Autoren benutzen das Magische als literarische Bühne, auf der sie altehrwürdige moralische Maximen wie Freundschaft, Opferbereitschaft, Solidarität etc. vortragen – Eigenschaften, deren Fehlen in unserer Gesellschaft vielfach beklagt wird.

„Die Behauptung, das Lesen von Rowling-Büchern führe dazu, dass Jugendliche in den Satanismus geraten, ist so aberwitzig wie die Behauptung, das Feiern von Weihnachten fördere den Rechtsradikalismus", ist Hemminger denn auch überzeugt. „Und wenn man auch nur die geringste Ahnung davon hätte, was sich in der 'schwarzen Szene' tut, müsste man sich eigentlich wie in Idiot vorkommen, wenn man Jugendlichen von Harry Potter abrät."

Weiterführende Literatur:

Matthias Pöhlmann: Kesse Junghexen in magischen Welten. In: Ders. (Hrsg.): Sehnsucht nach Verzauberung. Religiöse Aspekte in Jugendkulturen. EZW-Texte 170 (zu beziehen unter www.ezw-berlin.de)

Owen Davies / Willem de Blecourt (Hrsg.): Beyond the Witch Trials. Witchcraft and Magic in Enlightenment Europe. Manchester University Press 2004

Hansjörg Hemminger: Geister, Hexen, Halloween. Esoterik und Okkultismus im Alltag. Brunnen-Verlag, Gießen 2004 (Neuauflage)

Manuela Barth: Von Girlpower zu Zauberpower. In: Johanna Rolshoven (Hrsg.): Hexen, Wiedergänger, Sans-Papiers. Jonas-Verlag, Marburg 2003

Sylvia Mallinkrodt-Neidhardt: Satanische Spiele. Die Renaissance von Teufel & Co. Neukirchener Verlagshaus, Neukirchen-Vluyn 2002

9. Satanismus: „Power“ auf Teufel komm raus

➡ Glauben Satanisten an den Teufel?

Irgendwie geheimnisvoll sieht er aus, der junge Mann mit dem Drei-Tage-Bärtchen, der den Lesern der Jugendzeitschrift *Yam* von Seite 22 entgegenblickt. Aus sanften, haselnussbraunen Augen. Ganz in Schwarz gekleidet, trägt er ein Silberkreuz verkehrt herum um den Hals und einen Drudenstern, dessen nach oben zeigende Zacken die Teufelshörner symbolisieren sollen. Seine Hände liegen locker auf einer Kristallkugel auf. „Ich glaube an Satan!“, ist der nebenstehende Artikel mit blutroten Lettern überschrieben.

Der junge Mann heißt Andreas, ist 19 Jahre alt und lebt *Yam* zufolge in einem Dorf bei Ingolstadt. „Früher war er gläubiger Christ, seit zwei Jahren hat er sich dem Teufelskult verschrieben“, leitet der *Yam*-Reporter sein Schauer-Stück aus der Provinz ein.[1] Und schickt sich an, für seine Leser die Frage zu beantworten: „Ist er ein Freak, ein Spinner oder ein gefährlicher Verführer?“

„Ich bin bekennender Satanist“, lässt die Teenie-Postille Andreas noch einmal bekräftigen, nachdem sie mit Szenenmalereien wie „zerrissenen Wolken am düsteren Herbsthimmel“, „im Wind rauschenden Bäumen“ und „spitzen Schreien von Krähen aus der Ferne“ erst einmal für Atmosphäre gesorgt hat. Andreas’ Begründung für seine Überzeugung kommt dem Verfasser des Artikels erklärtermaßen „seltsam“ vor – mehr an redaktioneller Meinungsäußerung oder Stellungnahme zum Phänomen des Satanismus findet sich auf der Doppelseite kaum. Dafür gibt’s erst einmal reichlich Biografie: „Ich bin bekennender Satanist, weil ich schon immer besonders religiös war“, holt Andreas aus. Sein Glaubensbekenntnis laute: „Leben, Freiheit, Liebe. All das, was ich bei Jesus vorher vergeblich gesucht habe.“

Bis vor zwei Jahren sei der 19-Jährige noch gläubiger Christ gewesen. „Ich war richtig fromm, habe täglich gebetet und in der Bibel gelesen. Am meisten hat mich das Neue Testament fasziniert. Und vor allem Jesus.“ Doch „genau dessen Schicksal“ habe Andreas an seinem Glauben zweifeln lassen, souffliert der *Yam*-Reporter. Zu Christi Himmelfahrt 1999 habe der Elektrotechnik-Azubi dann auf die andere Seite übergewechselt, nachdem er beim Surfen im Internet zufällig in ein Chatforum von Anhängern der *Church of Satan* geraten war…

Aber was bedeutet das konkret: „auf die andere Seite“ überwechseln? Betet Andreas seitdem den Teufel an? Feiert er Schwarze Messen, statt zur Kirche zu gehen? Nein. „Ich hatte erwartet, dass die sich da über Blutopfer und grausame Schmerzrituale auslassen“, sagt Andreas über seinen Kontakt mit der *Church of Satan*. „Aber das Gegenteil war der Fall. Was dort zu lesen war, hatte eher mit Liebe zum Menschen zu tun. Und die fängt mit einer gesunden Portion ehrlichem Egoismus an.“

Was unter ehrlichem Egoismus zu verstehen ist, erfährt der Leser sogleich. Aus dem Religionsunterricht habe Andreas damals schon gewusst, dass bei den Satanisten nicht ein Gott über dem Menschen steht, „sondern dass jeder Menschen selbst so etwas wie sein eigener Gott ist. Dein Wille ist das ganze Gesetz, das Einzige, was zählt.“ Gewalt, Grabschändungen, Blutopfer und rituelle Todesfälle verweist Andreas unwidersprochen ins Reich der Legenden: „Man darf ja nicht vergessen, dass die meisten Bücher über Satanismus von Christen geschrieben wurden. Da steckt viel Propaganda drin.“ Andreas liest lieber in den Schriften der *Church of Satan*. Diesen hat er entnommen: „Satan ist eine allgegenwärtige Macht, die mächtiger ist als der Mensch selber. Aber diese Macht verlangt nicht, dass man zu ihr betet. Es gibt keinen Zwang, außer dem eigenen Willen zu folgen und das zu tun, was einem gut tut.“ Kern der satanistischen Philosophie sei, den Weg weg vom Bösen zu gehen und wieder zum ursprünglichen, unschuldigen Tier zu werden, das der Mensch eigentlich sei: „Ein Tier tötet nur, wenn es Hunger hat, greift nur an, wenn es bedroht wird, und genießt ansonsten sein Leben.“

So wie Andreas. Stimmungsvolle Fotos zeigen den 19-Jährigen bei der „Meditation in der Natur“, beim Lesen auf der Couch – und in zärtlicher Umarmung mit Freundin Angie. Nachdem der *Yam*-Reporter Andreas bescheinigt hat, keine Schwarzen Messen zu feiern, keinem satanistischen Zirkel anzugehören und an keinen Ritualen teilzunehmen, rundet Angie das sympathische Porträt des Jungsatanisten ab: „Andreas ist ein sehr nachdenklicher, introvertierter Typ. Klar, er hat merkwürdige

Ansichten, deshalb halten ihn einige Leute für einen Freak, einen Spinner." Trotzdem: Das 18-jährige Girl steht fest zu ihrem Freund – denn „in seinem Herzen ist er ein echt guter Typ!"

Was soll man von dieser trendigen Medien-Geschichte halten? Richtig daran ist: Die wenigsten Jugendlichen und auch Erwachsenen, die sich heute „Satanisten" nennen, glauben an den Teufel. Das war früher einmal ganz anders. Nachweislich (anhand von Gerichtsprotokollen) entstand während der Regentschaft des französischen Königs Ludwig XIV. (1638-1715) ein reger Teufelskult mit obszön-blasphemischen Riten. Höchste Gesellschaftskreise – darunter Madame de Montspan, die Mätresse des „Sonnenkönigs" – beteiligten sich daran, um Macht und Einfluss zu erlangen. Daneben zog das unheilige Treiben viele derjenigen an, die sich von den Zwängen und moralischen Geboten der Kirche frei machen wollten oder die sich von Gott selbst betrogen fühlten in ihrem Streben nach Glück und besseren Lebensverhältnissen. Diese Teufelsanbeterei wurde erstmals von dem englischen Schriftsteller Robert Southey (1774-1843) „Satanismus" genannt, nachdem dieser sich vom Freigeist zum konservativen Tory gewandelt hatte und mit dem Begriff „Satanismus" die literarischen Werke der Spätromantiker Shelley und Byron brandmarkte. Wieso? Lord George Gordon Byron schilderte in seinem Roman *Kain – Ein Mysterium* (1821) in düsterem schwarzromantischem Stil, wie Kain sich gegen den Glauben seines Bruders Abel auflehnt – angestachelt vom leibhaftigen Satan, der dabei als lichter Erlöser von menschenfeindlichen Doktrinen auftritt.

Heute versammeln sich unter dem Etikett „Satanismus" okkulte, antikirchliche und antichristliche, neuheidnische und sogar rechtsextreme Traditionen in vielfältigen Gemengen. Eine naiv-realistische Teufelsvorstellung hegen indes nur wenige Satanisten, auch wenn das Spiel mit satanistischen Symbolen (wie zum Beispiel Andreas' umgedrehtes Kreuz oder das Pentagramm) darauf hinzuweisen scheint. Doch diese Äußerlichkeiten sind oft kaum mehr als unreflektierte Versatzstücke einer pseudo-satanistischen Effekthascherei.

„Man findet wenig Bindung an Traditionen", hat der Weltanschauungsexperte Hansjörg Hemminger in seiner Beratungspraxis festgestellt, „überhaupt wenig Interesse an der Stimmigkeit und Vermittelbarkeit ihres Denkens und Tuns unter Satanisten". Mehr als vom Teufel als dem personifizierten Bösen sind Satanisten von der Figur des gefallenen Engelsfürsten Luzifer fasziniert, wie er im Alten Testament (Buch Jesaja) beschrieben wird: „Wie bist du vom Himmel gefallen, du schöner Morgenstern! Wie wurdest du zu Boden geschlagen, der du alle Völker niederschlugst! Du aber gedachtest in deinem Herzen: ‘Ich will in den Himmel steigen und meinen Thron über die Sterne Gottes erhöhen, ich will mich setzen auf den Berg der Versammlung im fernsten Norden. Ich will auffahren über die hohen Wolken und gleich sein dem Allerhöchsten.’ Ja, hinunter zu den Toten fuhrest du, zur tiefsten Grube!“ (Jes 14,12)

Der französische Dichter Charles Baudelaire (1821-1867) widmete Luzifer in seiner berühmten Lyriksammlung *Die Blumen des Bösen* einen Lobgesang, den er „Satanslitanei“ nannte:

O du, weisester und schönster der Engel,
Gott, verraten vom Schicksal
und beraubt der Lobpreisungen,
O Satan, erbarme dich meines langen Elendes!
...
Du, der alles weißt, großer König
der unterirdischen Dinge,
Vertrauter Heiler der menschlichen Ängste,
Du, der du dem Geächteten jenen ruhigen und
stolzen Blick gibst...
Pflegevater derer, die in seinem düsteren Zorn
Gott der Vater aus dem irdischen Paradies
gejagt hat...

In diesen Versen mag ein Stückweit auch das Lebensgefühl vieler heutiger Jugendlicher anklingen, wie der Religionspädagoge Uwe Wolff erläutert: „Gefallene Engel sind ein Symbol der dunklen und verdrängten Seiten der Seele. Jugendliche erfahren ihre eigene Seelengestalt in bisher unbekannter Tiefe. Sie entdecken in sich neue Träume, Sehnsüchte und verbotene Bedürfnisse... Sie haben das Gefühl, nicht mehr dazuzugehören. Sie stehen hinter der Tür des ‘Paradieses der Kindheit’. Deshalb fühlen sie sich mit dem gefallenen Engel verwandt.“ Mit jenem Rebellen also, der sich gegen Gott (und damit gegen die herrschende Ordnung) auflehnte. So liest man etwa auf der Internet-Seite www.lexsatanicus.de unter der Überschrift „A Modern Satanic Lifestyle“: „Der ursprüngliche Satan (oder eben Luzifer) war eigentlich ein Engel, der nur keine Lust mehr hatte, unnütz vor einem Gott zu kriechen, da er seine eigene Göttlichkeit erkannte... Satan ist normalerweise kein Geschöpf der christlichen Kirchen. Dieser Gott, der für den Widerstand des kleinen Mannes gegenüber seinen Peinigern steht, wird auch in vielen anderen Religionen beschrieben... Satan ist ein Symbol für das Auflehnen gegen alle

Glaubensrichtungen, die den Menschen seiner natürlichen Instinkte und Bedürfnisse berauben wollen!“

Diese Identifikation ist im heutigen Satanismus überwiegend symbolisch gemeint. Völlig harmlos oder ungefährlich, wie in dem eingangs zitierten *Yam*-Artikel dargestellt, ist das Ganze trotzdem nicht.

➡ Warum und wie wird jemand Satanist?

Eines gleich vorweg: „Den“ Satanismus gibt es nicht – das Phänomen hat so viele Schattierungen, wie es Satanisten gibt. Deren Zahl wird in Deutschland insgesamt auf 3000 bis 7000 geschätzt. Genaue Erhebungen gibt es keine, weil der Satanismus im Unterschied zu Sekten keine klaren Formen von Mitgliedschaft kennt und es sich mehr um ein Milieu oder eine Szene handelt, mit diffusen Zugehörigkeiten und Vernetzungen und verschiedensten Strömungen und Tendenzen.

Typologien, die den Satanismus systematisch zu klassifizieren versuchen, gibt es viele. Dabei handelt es sich jedoch meist um religionswissenschaftliche Einordnungen, die nichts über die langfristig handlungsleitenden Beweggründe entsprechend disponierter Jugendlicher und Erwachsener aussagen. Nähert man sich dem Satanismus von Seiten der Betroffenen, stößt man auf vier ganz unterschiedliche Persönlichkeitstypen, für die der Satanismus eine Lösung für ihre individuellen Probleme und Bedürfnisse bereitzuhalten scheint.

✗ *Narzisstische Pseudo-Intellektuelle:* Satanismus erscheint als Möglichkeit, Allmachts- und Größenfantasien auszuleben. „Seit ich Daniel kenne, redete er davon, einmal zu töten“, erinnert sich eine ehemalige Freundin namens Anastasis an Daniel Ruda, der als „Satansmörder von Witten“ traurige Berühmtheit erlangte. Im Sommer 2001 ermordeten Ruda und seine Ehefrau Manuela einen Arbeitskollegen. Vor Gericht erklärten sie, sie hätten auf Befehl Satans gehandelt.

Anastasis schildert in dem einschlägigen Internet-Forum www.satanshimmel.de die Ereignisse aus ihrer Sicht: „Über das, was Daniel mit seinem Leben anfangen wollte, redeten wir oft. Er wollte Spaß haben, soweit ihm das in dieser Welt voll ‘Untermenschen’ möglich war, wie er alle bezeichnete, die ihm nicht in den Kram passten (und das waren sehr viele). Wenn er 30 würde, so schätzte er, seien seine Eltern tot. Und damit sollte auch sein Leben enden. Aber er wollte den Menschen im Gedächtnis bleiben, als schaurige Erinnerung etwa. Genau meinte er damit, sich ein schnelles Auto zu besorgen, viele Schusswaffen hineinzupacken, damit durch die Gegend zu fahren und so viele Menschen wie möglich zu töten. Mehr Leute töten als die in Littleton oder sonst wo…"

Auserwählte des Teufels. Herrscher über Leben und Tod. Es waren solche absurden Fantasien von eigener Grandiosität, denen Daniel und Manuela Ruda alles andere unterordneten – „auch die Vorstellung von Recht und Unrecht und auch die eigene Lebensperspektive", schrieb der Psychiater Norbert Schalast in seinem Gutachten für das Bochumer Landgericht, das den „Satansmord" an Daniel Rudas Arbeitskollegen Frank H. Anfang 2002 verhandelte. Schon von klein auf wollte Daniel im Mittelpunkt stehen, das Sagen haben. Nur wer ihm unterlegen war, durfte in sein Gefolge. Konkurrenz konnte er nicht ertragen. „In der Grundschule noch einer der Besten, bricht er auf dem Gymnasium ein", recherchierte der *Stern*. „Schlechte Zensuren, Streit mit den Klassenkameraden, Zoff mit den Lehrern, Ärger mit den Eltern. Daniel flüchtet sich in Krankheiten und blutige Träume. Darin attackiert er Menschen, beißt ihre Köpfe ab, beschmiert sie mit Blut. Daniel verachtet alle, ob Spießer oder Freak. Die Menschen sind ihm zu dick oder zu klein, tragen Brille oder die falsche Frisur. Seine Mitschüler hält er für Idioten, für niedere Lebensformen."

Der Gerichtspsychiater bescheinigte Daniel Ruda eine „narzisstische Persönlichkeitsstörung", die den jungen Mann schließlich in den Satanismus führte. Denn dort werden extreme Selbstbezogenheit und kompensatorische Allmachtsfantasien bestens bedient. „Die uneingeschränkte Ich-Aufwertung ist wohl der Hauptgrund, warum Menschen sich der satanistischen Szene zuwenden", stellte die Bundestags-Enquetekommission *So genannte Sekten und Psychokulte* in ihrem Endbericht von 1998 fest: „Besteht bei den harmloseren Zirkeln vordergründig die Möglichkeit, Minderwertigkeitskomplexe zu überwinden, zeigt sich bei näherer Betrachtung jedoch schnell eine Gefahrenquelle. Denn zur Ich-Stärkung gesellt sich sehr bald die Vorstellung, mit Hilfe von Ritualen Macht über andere Personen oder die Umwelt zu bekommen, eine latente Wut ungehemmt ausleben zu dürfen bis hin zur Idee, Naturgesetze zum eigenen Vorteil hin verändern zu können."

„Ego-Kult" nennt der ehemalige „Magier", „Logenmeister" und Satanismus-Insider Federico Tolli denn auch den modernen Satanismus, dessen Credo man mit „Der Mensch ist Gott!" umreißen könnte. So formulierte es bereits 1904 der englische Brachial-Okkultist Aleister Crowley, der als Begründer und Kultfigur des Neosatanismus gilt. Der Sohn eines religiösen Fanatikers proklamierte in seinem *Buch des Gesetzes* (*Liber al vel legis*) die Ablösung der „christlichen Sklavenmoral" durch eine Art Force-and-Fire-Religion, deren Kernsätze lauten: „Tue, was du willst, soll sein das ganze Gesetz... Es gibt keinen Gott außer dem Menschen. Der Mensch hat das Recht, nach seinem eigenen Gesetz zu leben. Du hast kein Recht, als deinen Willen zu tun. Jeder Mann und jede Frau ist ein Stern" – also absolut göttlich.

Der Amerikaner Anton Szandor LaVey kommerzialisierte in den 1960er Jahren Crowleys geistige Armenspeisung zu einer hedonistischen und sozialdarwinistischen Utopie, die „den Menschen und seine natürlichen Bedürfnisse in den Mittelpunkt stellt, eine Religion der Stärke und der Lebenslust". Die neun „Satanic Statements" des ehemaligen Zirkusdompteurs, Musikers und Polizeifotografen sind in der Szene geflügelte Worte:

1. *Satan bedeutet Sinnesfreude anstatt Abstinenz!*
2. *Satan bedeutet vitale Existenz anstatt spiritueller Hirngespinste!*
3. *Satan bedeutet unverfälschte Weisheit anstatt heuchlerischen Selbstbetrugs!*
4. *Satan bedeutet Güte gegenüber denjenigen, die sie verdienen, anstatt Verschwendung von Liebe an Undankbare!*
5. *Satan bedeutet Rache anstatt des Hinhaltens der anderen Wange!*
6. *Satan bedeutet Verantwortung für die Verantwortungsbewussten anstatt Fürsorge für psychische Vampire!*
7. *Satan bedeutet die Erkenntnis, dass der Mensch lediglich ein Tier unter anderen Tieren ist, manchmal besser, häufig jedoch schlechter als die Vierbeiner, da er aufgrund seiner „göttlichen geistigen und intellektuellen Entwicklung" zum bösartigsten aller Tiere geworden ist.*
8. *Satan bedeutet alle so genannten Sünden, denn sie alle führen zu psychischer, geistiger oder emotionaler Erfüllung!*
9. *Satan ist der beste Freund, den die Kirche jemals gehabt hat, denn er hat sie die ganzen Jahre über am Leben erhalten!*

Wie auch Aleister Crowley glaubte LaVey weder an Gott noch an den Teufel. „Satan", das ist hier ein Prinzip, ein „Symbol der Auflehnung gegen den allgemeinen ethischen und religiösen Konsens in der Gesellschaft" wie auch eine dunkle Form von Lebensenergie – oder nüchtern gesagt: ein fantasierter Power-Schub. 1966 gründete LaVey in der Walpurgisnacht die *Church of Satan*, die zahlreiche Prominente der amerikanischen Gegenkultur anzog. So durfte LaVey in Roman Polanskis Film

Rosemary's Baby den Leibhaftigen mimen, ehe er 1969 die *Satanische Bibel* schrieb.

Im Vorwort heißt es: „Der Satanismus ist eine unverblümt selbstsüchtige, brutale Philosophie. Sie basiert auf der Überzeugung, dass die Menschen von Natur aus egoistische, gewalttätige Lebewesen sind, dass das Leben ein darwinistischer Kampf ums Überleben der körperlich Widerstandsfähigsten ist, dass nur die Starken überleben und die Erde von denen regiert wird, die den immer währenden Wettkampf im Dschungel, auch im Dschungel der Städte, gewinnen. Man kann diese brutale Auffassung natürlich verachten; sie beruht jedoch schon seit Jahrhunderten auf den Realitäten, die auf dieser Erde vorherrschen und die wir lieber bewohnen als das mystische Land, wo Milch und Honig fließen, welches uns die christliche Bibel ausmalt.“

Klickt man sich durch die Internetseiten von adoleszenten Satansjüngern, scheint diese Botschaft gehört zu werden. „Gepriesen seien die Triebe!“, enthemmt sich zum Beispiel ein Jugendlicher bei www.schattenherrschaft.de: „Die christliche Kirche verdammt die ‘tierischen’ Triebe, sie seien ein Werk des Teufels und ein Hindernis auf dem Weg in den Himmel… Für den Satanisten sind seine Triebe ein ganz normaler Teil seines Körpers und seiner Persönlichkeit… Es ist eigentlich egal, welche Methode man benutzt, wichtig ist nur, dass man seine Bedürfnisse regelmäßig erforscht.“

Und darüber hinaus: „Alle Macht dem Stärkeren!“, wütet der Zauberlehrling weiter. „Wenn dich jemand schlägt, so halte ihm auch die andere Wange hin? Ha, lachhaft! In der Natur gibt es das eiserne Gesetz, dass der Stärkere den Schwächeren frisst… Ich gebe euch einen guten Rat: Verbündet euch mit den Stärkeren und zerschmettert erbarmungslos die Schwächeren!“ An einer anderen Stelle im weltweiten Datennetz liest man: „Lass dir von niemandem vorschreiben, was moralisch ist und was unmoralisch. Schaffe dir deine eigenen Maßstäbe. ‘Liebet einander’, so heißt es, soll das oberste Gesetz sein, aber welche Macht hat das bestimmt? Warum soll ich meine Feinde nicht hassen? Wenn ich sie liebe, liefere ich mich damit nicht ihrer Gnade aus? Hasse deine Feinde von ganzem Herzen! Vergelte Schläge mit Schlägen, Verachtung mit Verachtung, Verurteilung mit Verurteilung!“

So oder so ähnlich dachte auch Daniel Ruda – er, der im täglichen Leben zur Unterschicht gehörte und herumgeschubst wurde, wähnte sich im Satanskult als Elite der Menschheit, im Bunde mit dem „Herrn der Welt“ und seine Speerspitze verkörpernd. Ruda verfing sich unter anderem im rüden Elitarismus der *Satanischen Bibel*, wurde psychotisch und am Ende süchtig. Vielleicht nicht nach dem Bösen, aber nach dem, was es repräsentiert, oder besser, was es verspricht.

„Jeder Mann, jede Frau ist ein Stern!“, schrieb Aleister Crowley in seinem *Buch des Gesetzes*.

Doch ironischerweise enthüllt gerade diese Sentenz die ganze Brüchigkeit des neosatanistischen Lebensprinzips: Sterne leuchten, weil sie sich selbst verzehren – also ihre eigene Substanz verheizen, bis sie verlöschen. Die Verlockung des Satanismus besteht zuallererst in der „Macht“ und „Stärke“, die seinen Anhängern angeblich zufließt. Macht über die Verhältnisse, deren Herr sie eben gerade nicht sind. Macht über Eltern, Lehrer und „Feinde“. Macht über die Maßstäbe von Moral und Gerechtigkeit.

In Wirklichkeit aber ist der Satanismus kein Kult der Macht und Stärke, sondern der Angst. Der Angst, den Anforderungen des Lebens nicht gewachsen zu sein, zu kurz zu kommen, die Grundspannung zwischen Gut und Böse, Leben und Tod, Liebe und Hass nicht auszuhalten. Da scheint es besser und vernünftiger zu sein, sich gleich auf die Seite des Bösen zu stellen, heißt: die positiven Bedürfnisse zu negieren und sich ganz und gar mit den eigenen aggressiven Wünschen sowie mit Hass- und Größenfantasien zu identifizieren. So wie Daniel Ruda zum Beispiel. „Die Hochzeit [mit Manuela – Anm. d. Autors] diente auch nur dazu, um später als mordendes Ehepaar in den Schlagzeilen zu stehen“, ist Anastasis überzeugt. „Bei Überschriften wie ‘Satan und sein Teufelsweib’ – ich glaube, *Bild* schrieb das – ist ihm wahrscheinlich einer abgegangen. Das ist es, was er will. Und irgendwie hat er es ja auch geschafft.“

✗ *Jugendliche Außenseiter:* Satanismus wird als Möglichkeit wahrgenommen, zu schockieren und zu protestieren. In dieser Kategorie dürfte der *Yam*-Vorzeigesatanist Andreas seinen Platz finden. „Für Andreas ist sein satanischer Glaube eine Art Weltanschauung, wenn auch eine sehr merkwürdige.“ Viel mehr erfahren die *Yam*-Leser nicht über die Motive des 19-jährigen Azubi. „Er verkriecht sich in seiner freien Zeit in sein Zimmer, das er mit seiner Schlange Merlin teilt, liest Bücher über Satanismus und meditiert. Das Einzige, was an seine Einstellung erinnert, ist die schwarze Kleidung und das Silberkreuz, das verkehrt herum um seinen Hals hängt.“

Schwarze Klamotten – schwarze Seele? Oder Satanismus bloß als pubertärer Modetick? Geht es dem Jungen um einen ernsthaften Versuch, mittels magischer Praktiken sein Leben in den Griff zu bekommen? Will

Andreas nur auffallen und provozieren? Oder schildert der *Yam*-Reporter eine existenzielle Suche im Bereich alternativer Religiosität? Vielleicht ein bisschen von allem. Andreas’ finstere Eleganz, mit dem Stolz des Außenseiters erhobenen Haupts und unnahbar zur Schau gestellt, zieht Blicke auf sich – gewiss nicht nur die seiner Freundin Angie. „Die anerkannten Wege, als etwas Besonderes zu gelten, sind den meisten verbaut“, vermutet der Psychologe und Autor Harald Wiesendanger. „Da ersetzt die Teufelsfratze auf der Lederjacke, was begüterte Yuppies mit dem Cabrio vor der Garage, der Postkarte von den Bermudas anzuzeigen versuchen.“ Dahinter müsse mitnichten gleich ein Hang zum Dämonischen stecken; oft sei es schlicht der Wunsch, Beachtung zu finden, sich zu profilieren, aus der Masse herauszuragen.

Ein Schüler, der in seiner Klasse ein Außenseiter ist, zudem womöglich auch in der Familie wenig Wertschätzung erfährt, kann sich durch schwarze Kleidung und satanistische Sprüche interessant machen. Das Fatale daran: Ein jugendlicher „Satanist“ erfährt die gewünschte Aufmerksamkeit vorwiegend als Ablehnung – und verbrämt dies wiederum mit der satanistischen Philosophie, dass er Zuwendung eigentlich gar nicht will.

Experten gehen in der Hauptsache von drei Motiven aus, warum „normale“ Jugendliche sich zurückziehen und einer Art von Pop-Satanismus verschreiben:

► *Satanismus als Protest:* Mancher Jugendliche dekoriert sein Zimmer mit satanistischen Symbolen oder was er dafür hält, insbesondere in der Absicht, damit seine Familie zu erschüttern. In unserer Zeit eignet sich der Satanismus als Protestform Jugendlicher insbesondere wegen seiner Zweifrontenposition. Ein jugendlicher Satanist schockiert seine christlichen Eltern, weil er ihre Religion umkehrt und verballhornt, seine atheistischen Eltern aber nicht weniger, weil er sich einer religiösen Macht unterwirft und die Kraft der Vernunft verabschiedet. Insofern treffen sich im Satanismus protestbereite Jugendliche aus christlichen wie aus atheistischen Elternhäusern. Jugendsatanismus als Protestform passt daneben bestens in die Entpolitisierung und Individualisierung der Jugend hinein. Statt gemeinsamer politischer Aktion zur Veränderung der Gesellschaft wird zwecks Protest das eigene Zimmer satanistisch dekoriert. Damit zeigt sich gerade im Protest eine weitgehende Übernahme der Ideenwelt der gegenwärtigen Gesellschaft: Unserer Gestaltung ist nur mehr der eigene Privatbereich zugänglich.

Bedrohlicher wird der Satanismus Jugendlicher, wenn er über den individuellen Raum hinaustritt und sich die symbolischen und rituellen Ausdrucksformen von Unzufriedenheit und Unmoral zu einem aggressiven Protest bis hin zu Gewalt- und Missbrauchshandlungen in Cliquen verdichten. Dann kommt es nicht selten, als erste Straftat, zu Vandalismus: Auf dem Friedhof werden Grabsteine umgestürzt, Kirchenwände mit satanischen Symbolen beschmiert usw. Brandstiftungen kommen ebenfalls immer wieder vor.

Vandalismus ist jedoch auch ohne satanistischen Hintergrund ein häufiger Ausdruck jugendlicher Aggressivität. Insofern hat der Satanismus eine legitimierende und verstärkende Funktion (die allerdings nicht verharmlost werden sollte). Das Feiern von Schwarzen Messen wird unter Jugendlichen häufiger angedroht oder behauptet als tatsächlich vollzogen. Es gibt jedoch Fälle, wo die Jugendlichen einen Kellerraum mit schwarzen Tüchern dekorieren, sich die Hände aufritzen und das Blut über sich verschmieren. Andere Jugendliche bekommen es allerdings auch mit der Angst zu tun, wenn sie einmal in Vandalismus hineingezogen werden, oder wenn sie sich zum ersten Mal die Hand mit dem Messer aufritzen sollen. Sie sind nicht bereit, den Weg weiter zu gehen, wenn er sich als unerwartet weit und extrem herausstellt. Es gibt jedoch immer wieder Fälle, in denen sich die Aggressivität in der Gruppe aufheizt und von außen, zum Beispiel durch die Jugendgerichtsbarkeit, unterbunden werden muss. Der Satanismus kann sich in Einzelfällen sogar zu einem äußerst gewaltbereiten Gruppenbewusstsein verdichten, wie dies im Fall der von der Presse so genannten „Satansmörder" von Sondershausen (Thüringen) geschehen ist.[2]

► *Satanismus als Freizeitbeschäftigung:* Eine der am weitesten verbreiteten Formen des Jugendsatanismus stellt die satanistische Betätigung als Freizeitbeschäftigung dar. Sei es, dass bei einer feuchtfröhlichen Runde die Idee aufkommt, es doch auf dem Friedhof mal mit einer Satansanrufung zu versuchen, um zu schauen, ob sich da was tut, sei es, dass während eines Jugendlagers Schwächen in der Gestaltung des Abendprogramms nach zusätzlichen Spannungselementen schreien und so Satanismus als interessante Beschäftigung ins Blickfeld rückt, sei es, dass förmlich wissenschaftliche Neugier die Jugendlichen veranlasst, die Hypothese Satanismus mal zu überprüfen – immer geht es darum, eigene Erlebnisse zu machen. Und immer handelt es sich um eine Kombination von Suche nach Spannung und Neugier, was sich da tut. Satanismus als

Freizeitbeschäftigung findet in spontanen, wechselnden Gemeinschaften statt.

► *Satanismus als Gruppenidentität:* Jugendsatanismus dient in zahlenmäßig nicht häufigen Fällen dazu, eine Gruppe meist männlicher Jugendlicher zu definieren und von anderen Gruppen abzugrenzen – und zwar möglichst plakativ gegen außen. Hintergrund des Phänomens ist der Bedarf an klarer Definition der eigenen Gruppe insbesondere in einem gesellschaftlichen Kontext, der durch ethnisch definierte Gemeinschaften geprägt ist. In solchen sich durch Satanismus definierenden Gruppen Jugendlicher spielen die viel zitierten satanistischen Aufnahme-Mutproben eine Rolle, die aber im Grunde nur eine Fortsetzung in Gruppen Jugendlicher üblicher Mutproben sind, die nun mit einem satanistischen Kontext versehen werden.

Der liturgische Aufwand dieser Gruppen ist meist gering, geht es ihnen ja weniger um Bekräftigung eines Glaubens gegen innen, sondern um Abgrenzung gegen außen. Was geübt wird, ist meist ein von Filmen und Presseberichten inspirierter „Do it yourself“-Satanismus, der klar experimentellen Charakter trägt, etwa durch die Suche nach dem immer noch größeren emotionalen „Kick“. Häufig steht das Opfern von Tieren im Vordergrund.[3]

Letzteres freilich findet *Yam*-Satanist Andreas „voll daneben“. Nicht auf Friedhöfen oder bei Schwarzen Messen sei er anzutreffen, sondern an „einsamen Hügeln“, Moorweihern oder Tümpeln, schreibt das Blatt. Nur nicht am Wochenende. Dann nämlich fährt er mit seiner Freundin Angie in die Disko. „Dort hat er sie auch kennen gelernt. Ganz ohne Magie.“

✘ *Kriminelle und Sadisten:* Satanismus wird als Möglichkeit gesehen, Verbrechen zu begehen. – Christian? Kein Name für jemanden, der das Ende des Christentums und die Herrschaft Satans beschwört. Von seinem 16. Lebensjahr an will der Norweger Christian Vikernes nur noch „Varg“ genannt werden. Das heißt „Wolf“. Und damit jeder sieht, was er damit meint, gehen bald darauf Kirchen in Flammen auf, werden Friedhöfe geschändet – und ein Mensch wird getötet.

„Der Mann, den ich umgebracht habe, war mein Feind. Was hätte ich denn sonst mit ihm machen sollen?“, erklärte Vikernes später in einem Interview. Feinde, findet er, müssen gegeneinander kämpfen. Und nur der Stärkere überlebt. 1994 wurde Vikernes zur Höchststrafe von 21 Jahren Haft verurteilt, die er in Bergen absitzt. Am 27. Oktober 2003 kehrte Vikernes von einem Freigang nicht zurück. Auf seiner Flucht stahl

Vikernes in Lyngdal mit vorgehaltener Waffe das Auto einer dreiköpfigen Familie. Die Polizei leitete eine Großfahndung ein und konnte ihn schließlich erneut festnehmen. Nach wie vor gilt der 32-Jährige als Kultfigur einer extremen Satanismus-Szene. So stellte zum Beispiel das Underground-Magazin *Infernus* zwei Musikern der süddeutschen Düster-Band *Dawnfall* in einem Interview unter anderem die Frage: „Wie ihr ja wisst, ist Varg Vikernes verhaftet, ein sehr großer und schmerzlicher Verlust. Würdet ihr euch an Aktionen beteiligen, mit denen man den Count freipressen kann (Kirchen abbrennen, Christen niedermetzeln…)? Wenn nein, dann aber eine vernünftige Begründung!!!"

„Count (Graf) Grishnachk", das ist Vikernes Künstlername, als er mit 18 Jahren die Ein-Mann-Band *Burzum* gründet. *Burzum* ist eigentlich ein fiktives Wort aus J.R.R. Tolkiens Kunstsprache für *Der Herr der Ringe* und bedeutet in diesem Kontext soviel wie „Nacht" oder „Dunkelheit".

Der selbst ernannte Satansgraf sieht in seinem Musikprojekt erklärtermaßen eine Waffe, um „Ausbrüche gegen die fremden Fesseln des Christentums" zu fördern. Seine Inspirationen holt sich der verschlossene Einzelgänger nicht nur aus alten nordischen Sagen, Geschichtsbüchern und Fantasy-Epen, sondern auch von einem vier Jahre älteren Bekannten. Der heißt eigentlich Oystein Aarseth, kokettiert aber lieber mit dem Pseudonym „Euronymus" (angeblich ein dämonischer „Prinz des Todes" in der griechischen Mythologie). Außerdem ist er Chef der Black Metal-Band *Mayhem* und zeichnet für düster-verquere Songtexte wie diesen verantwortlich: „Zauberei, Blut und Satan. Triff das Gesicht des Todes. Blut / Feuer / Folter / Schmerz / Töte! Ströme des Krieges, Ströme von Hass, Armageddon, Geschichten der Hölle, Woge der Verwüstung, Woge der Sünde. Komm und höre, Luzifer singt. Kommando Krieg, Kommando Satan, Kommando Hölle!"

Fasziniert hört Vikernes zu, wenn Aarseth vom Teufel schwärmt, über die Christen flucht und darüber philosophiert, dass die Macht des Bösen sich endlich ausbreiten müsse. In der Nacht zum 6. Juni 1992 brennt in Fantoft bei Bergen die erste Kirche. Kurz danach erscheint eine Mini-LP von *Burzum* mit dem Titel *Aske* (Asche). Auf Handzetteln, die für die Platte werben, ist eine Foto der Kirchenruine abgedruckt. Außerdem enthält jede LP eine Schachtel Streichhölzer, als implizite Aufforderung, weitere „Asche" zu verursachen.

Etwa zur gleichen Zeit versucht die 18-jährige Suuvi Prurunnen in Stockholm Feuer an das Haus eines Mannes namens Christopher Johanssen zu legen. Johanssen ist Sänger der Black Metal-Band *Therion*, die den norwegischen Gesinnungsgenossen nicht böse genug ist. Suuvi geht der Polizei ins Netz. Man findet ihr Tagebuch. Darin bekennt sie, Mitglied eines mysteriösen „Satanischen Zirkels“ zu sein und im Auftrag von Varg Vikernes gehandelt zu haben. Vikernes alias „Count Grishnachk“ wird verhört, muss jedoch mangels Beweisen wieder freigelassen werden.

Sieben weitere Brandanschläge auf Kirchen gibt es 1992 in Norwegen. Ein Feuerwehrmann stirbt bei den Löscharbeiten. Erneut nehmen die Ermittler Vikernes ins Visier, der sich gegenüber einem Journalisten mit vielen, nicht veröffentlichten Details der Vorfälle brüstet. Wieder ist dem „Count“ nichts nachzuweisen. Am 10. August 1993 findet die Polizei Oystein Aarseth tot in dessen Wohnung in Oslo. Die Beamten zählen 23 Messerstiche im Rücken, Hals und Kopf. Ein Bekannter des ermordeten Musikers gesteht, am Vorabend Varg Vikernes nach Oslo gefahren und bei Aarseth abgesetzt zu haben. Zehn Tage später wird der *Burzum*-Initiator verhaftet. In seiner Wohnung lagern 150 Kilogramm Sprengstoff, mit denen Vikernes die Nidarosdomen-Kirche in die Luft sprengen wollte. „Wir brennen Kirchen ab, um die Wut der Christen zu verstärken. Wir können dann eventuell Krieg mit ihnen führen“, sagt „Count Dracula“, wie er jetzt von der Presse genannt wird, aus.

Neun Monate lang wartet Vikernes in Oslo auf seinen Prozess. In der Zwischenzeit nimmt die Polizei zwölf Jugendliche und junge Erwachsene zwischen 14 und 22 Jahren fest, die dem so genannten „Äußeren Kreis“ von Vikernes' Satanszirkel angehören und denen Grabschändungen, Brandstiftung, Diebstähle und Vergewaltigung vorgeworfen werden. Der elitäre „Inner Circle“ soll ebenfalls aus zwölf Mann bestehen. Angeblich gehört der Gitarrist der Band *Immortal*, Demonaz Doom Occulta (alias Harald Nævdal), dazu, ebenso ein Mitglied der Gruppe *Darkthrone*, der einem Musikjournalisten diktiert: „Als die Christen nach Norwegen kamen, nahmen sie uns unsere Kultur, unsere Riten und unsere Identität. Es ist in Ordnung, ihre Kirchen niederzubrennen, denn es ist an der Zeit, sich zu rächen. Das Christentum hat schon viel zu lange die Macht hier und einige Bands meinen, dass dem jetzt ein Ende bereitet werden muss.“

Im Mai 1994 wird Christian „Varg“ Vikernes wegen Mordes, Brandstiftung an Kirchen und dem Überfall auf ein Sprengstoffdepot zu mehr als zwei Jahrzehnten Gefängnis verurteilt. Der blonde Satansgraf erklärt zum Urteilsspruch: „Nicht jene, die Kirchen niederbrennen, sind Verbrecher, sondern jene, die Kirchen errichten.“ Merkwürdig banal dagegen erscheint das Mordmotiv des „Count“: Oystein Aarseth konkurrierte anscheinend mit Vikernes um die Führung des „Inner Circle“. Und er hatte dem Jüngeren dessen Freundin Ilsa ausgespannt, eine 16-jährige Schwedin. Außerdem soll es Streit um die Veröffentlichung des nächsten *Burzum*-Albums bei Aarseths Plattenfirma *Death like Silence Records* gegeben haben, für das Vikernes im Voraus rund 4.500 Euro an Aarseth gezahlt hatte, ohne dass dieser sich tatsächlich um die Realisierung des Projekts bemühte.

Wenn persönliche Schwierigkeiten und verdrängte Konflikte sich in Richtung Satanismus verdichten – dann ist nicht selten „Teufelswerk durch Menschenhand“ die Folge, wie es der Psychiatrieprofessor und Gerichtsgutachter Christian Scharfetter formuliert. Eine kriminelle Neigung kann geradewegs in den Satanismus führen, wenn die Täter diese Legitimation wie eine Teufelsmaske vor ihre Persönlichkeit schieben und dahinter konventionelle Motive wie Eifersucht, Fanatismus, Lustgewinn, Habgier oder Geltungssucht ausleben. So wie Vikernes stark danach trachtet, die Ausartung seiner individuellen Befindlichkeit als frustrierter Außenseiter und gelangweiltes Vorstadtkind demonstrativ und ritualistisch auszuspielen und satanistisch aufzuwerten, so geht es dem Oberhaupt der deutschen *Thelema Society*, Michael Dietmar Eschner, um die Befriedigung sadistischer und krimineller Bedürfnisse auf Kosten seiner Anhänger.

Der ehemalige Elektromechaniker verbüßte mehrere Gefängnisstrafen wegen sexueller Gewalttaten, die im Zusammenhang mit seinen neosatanistischen Aktivitäten stehen. Ziel der seit 1982 agierenden *Thelema Society* (ehemals *Thelema-Orden des Argentum Astrum e.V.*, später *Netzwerk Thelema* und *Ethos Gemeinschaft Thelema*) ist es, die Weisungen von Aleister Crowleys *Liber al vel legis* zur neuen Mehrheitsphilosophie zu machen und damit das spirituelle Erbe des Christentums anzutreten. „Thelema“-Aussteiger berichten übereinstimmend von sexuellen Übergriffen und körperlichen Gewaltakten innerhalb der Gruppe. Die Mitglieder haben sich den Machtbedürfnissen des Führers Eschner zu unterwerfen, was sogar dann erhebliche Anpassungsleistungen verlangt, wenn sie zum Lebensthema der Neosatanisten passen. Anders gesagt: Für die Möglichkeit, aggressive und destruktive Handlungen zu begehen, bezahlen die Mitglieder gewaltbereiter satanistischer Cliquen und Kulte einen hohen Preis – Menschen, die sich „durch die Umwelt so entwertet fühlen, dass sie zu einer ‘Bearbeitung’ ihrer negativen Gefühle sadistische Erlebnisse suchen“, erklärt der Weltanschauungsexperte Hansjörg Hemminger.

Noch heute fantasiert Varg Vikernes vom Mord an Oystein Aarseth als einem Akt der „Selbstverteidigung": „Keine Gnade! Du gewährst niemandem Gnade, der sie dir selber verweigern würde. So ist die Moral. Ich bin gewillt, jemanden ehrenhaft zu behandeln, von dem ich dasselbe erwarte, aber ich wusste, dass er [Aarseth – Anm. d. Autors] mich fesseln und mit seinem Elektroschocker umlegen würde. Wo ist da die Ehre? Er war einfach ein Stück Dreck, das weder Ehre noch Gnade noch sonst etwas verdient hatte. Deshalb habe ich ihn nicht korrekt behandelt."

Mittlerweile sieht sich der „Count" nicht mehr als Satanist, sondern als „Odinist" (Anhänger des nordischen Göttervaters Odin) und vertritt einen rassistischen Nationalismus. Stark von Vikernes beeinflusst wurde unter anderem Hendrik Möbius, einer der drei „Satansmörder" von Sondershausen, die 1993 einen Mitschüler erdrosselten. Auch Möbius zeigte – anders als seine beiden Mittäter – im Gefängnis keinerlei Reue und verfestigte weiter sein extremes Weltbild. Wegen mehr als 20 Vergehen im Zusammenhang mit rechtsextremer Propaganda verurteilte ihn das Landgericht Thüringen im Mai 2003 erneut zu einer mehrjährigen Haftstrafe.

Andere Satanisten und/oder Neonazis verherrlichen ebenfalls weiterhin die „glorreichen Tage der Kirchenbrände", die in den 1990er Jahren auch auf Deutschland übergriffen. So schrieb ein Black Metal-Musiker mit dem bizarren Pseudonym „Leichenschrei" im *Infernus*-Magazin: „Ich liebe es, meine Perversitäten und Bosheiten auszuleben, ohne mich um die Niederen und Schwachen zu kümmern. Sie sollen leiden. Ich glaube an Dinge wie Satanismus, Okkultismus, Zauberei etc. Und letztendlich ist das Verbrechen der glorreiche Weg, um Satan zu preisen."

Die Verschränkung von Satanismus und Rechtsextremismus im Denken von Vikernes, Möbius, „Leichenschrei" und Co. weist dabei nicht nur auf das gemeinsame Menschenbild beider Ideologien hin: Elitedenken, Glorifizierung von Stärke, Verachtung der „Schwachen". Sie belegt auch, dass die Maske, die sich entsprechend disponierte Personen aufsetzen, mehr oder weniger beliebig ist. Ob Glatze oder Teufelsfratze – letztendlich bleiben die Protagonisten dahinter das, was sie sind: gewöhnliche Verbrecher.

✗ *Depressive und Selbstmordgefährdete:* Satanismus wird als Möglichkeit genutzt, negative Gefühle und Verzweiflung zu artikulieren. Die Teufelszahl 666, umgedrehte Kreuze, ein Pentagramm – und dazwischen der Satz: „Ich habe keinen Bock mehr auf das Scheiß-Leben. Ich will nur noch weg." So sieht der Abschiedsbrief aus, den die Polizei am

26. August 2001 bei der Leiche des 18-jährigen René findet. Gemeinsam mit Michael und Mike, 14 und 17 Jahre alt, war der Tiefbaulehrling und Hobbyfußballer von der 78 Meter hohen Göltzschtalbrücke im Vogtland (Sachsen) in den Tod gesprungen. An den Handgelenken hatten sich die drei Jungen mit Stricken zusammengebunden. Von „Frust aufs Leben" sprechen später die Ermittler.

„Oder gab es noch einen anderen Hintergrund?", spekulieren die Medien. Freunde von René berichten, er habe sich einige Monate vor seinem Selbstmord die Haare schwarz gefärbt, nur noch dunkle Kleider getragen und immer wieder davon geredet, „Kontakt zum Teufel" zu suchen. Eine verlassene alte Villa in seinem Heimatort Reichenbach soll Schauplatz spiritistischer Sitzungen gewesen sein. Einer Mitarbeiterin der Sektenberatung EBI in Leipzig fällt auf, dass ein jugendlicher Selbstmörder aus Klietz einen fast identischen Abschiedsbrief wie René hinterlassen hat. In dem Dorf im nördlichen Sachen-Anhalt machte im Jahr 2000 eine rätselhafte Serie von Suiziden unter Heranwachsenden Schlagzeilen. In der Nacht vom 8. auf den 9. Juli rasten die beiden Berufsschüler Frank und Martin mit ihrem Auto absichtlich frontal gegen einen Baum. Am 27. Oktober folgte ihnen ihr Freund Marko auf exakt die gleiche Weise in den Tod. Mitte Dezember fuhr der 17-jährige Peter ebenfalls unangeschnallt und ohne ersichtliche äußere Ursache auf gerader Strecke gegen einen Baum. Hinzu kamen mindestens vier weitere versuchte Selbsttötungen, mal mit Tabletten, mal mit dem Messer, mal nach dem bekannten Muster mit dem Auto.

Bei der Beerdigung von Frank und Martin wurden Reporter auf „Jugendliche mit okkulten T-Shirts" aufmerksam. Anschließend feierte die merkwürdige Clique eine Party. Ein Mädchen sagte: „Ich habe meine Seele verkauft." Auf das Grab des 18-jährigen Christian aus dem Klietzer Nachbarort Scholle, der im November 2000 sein Leben wegwarf, legten Freunde ein großes Gesteck aus blauen Rosen – ein Kultsymbol der so genannten Gothic-Szene. Dahinter verbirgt sich eine Jugendsubkultur, die als „melancholische Gemeinschaft der Einsamen" gilt, in schwarzer Romantik schwelgt und immer wieder mit dem Satanismus in Verbindung gebracht wird. In erster Linie wohl wegen der szene-üblichen schwarzen Kleidung und der mystisch-magischen Accessoires. Aber wie passen zur diesseitigen Lustbezogenheit und zum radikalen Machbarkeitsdenken des Satanismus Todessehnsucht und Suizidhandlungen?

Tatsache ist: Nicht wenige Jugendliche interessieren sich intensiv für den Tod oder scheinen sich zumindest nicht als Teil des Lebens in seiner ganzen Bedeutung zu fühlen. Darauf verweist nicht zuletzt der gigantische kommerzielle Erfolg des Teen-Horror-Genres: Filme wie *Scream*, *Ich weiß, was du letzten Sommer getan hast* oder *Carrie II* zelebrieren höchst einträglich ein Spiel mit Angst, Selbstverlorenheit, Gewalt und Sterben. Besonders Jugendliche in ihrer noch brüchigen geschlechtlichen und sozialen Rolle erkennen sich in den Protagonisten wieder.

Auch die Bezeichnung „Gothic“ steht für schwarz-romantischen Lifestyle, gepaart mit einem reserviert-düsteren Lebensgefühl. Der eher despektierliche Name „Grufties“ wurde den kalkweiß geschminkten Boys und Girls der „schwarzen“ Szene von außen angehängt. „Gothic“ ist eine Selbstbezeichnung, die sich auf die „gothic novels“, die englischen Schauerromane des 18. und 19. Jahrhunderts, bezieht. Experten sehen in der Gothic-Szene eine „jugendliche Trauerkultur“, die um Individualität, Autonomie und Toleranz ringe, eine „Gegenbewegung zum Rationalisierungsprozess in der Gesellschaft“ oder einen „Zusammenschluss einsamer Kinder, die düstere Lebensgefühle und Todesgedanken“ artikulieren. Zum Beispiel in Gedichten wie diesem:

Bleich geschminktes Gesicht, blutrote Lippen, schwarze Haare und dunkle Klamotten.

Eine Vorliebe für düstere Dinge. Für Friedhöfe, Okkultismus. Anzeichen des Wahnsinns? Der Todessehnsucht?

Ich bin ein Gruftie. Harmlos-zurückgezogen. Mit Vorurteilen beworfen. Ausgeschlossen aus der normalen Welt. Nicht als Mensch akzeptiert. Nur das Objekt. Woran rumgemeckert werden kann.

Warum lasst ihr mich nicht mein Leben leben? So, wie ich es will? Noch ist mein Sargdeckel offen. Noch ist Zeit, zu begreifen. Dass auch ich ein Mensch mit Gefühlen bin.

Gibt es überhaupt noch etwas Gutes auf der Welt? Man hört nur noch Morde, Katastrophen, Kriege. Alles ist verändert. Alles dreht sich zum Bösen hin. Kann man denn da die Menschen nicht schon verstehen, dass sie zu Satan hinübergehen? Dass sie kein Vertrauen mehr zu Gott haben? Er gab uns einen Willen. Na und?

Aber wenn es ihn wirklich gibt, dann sieht er uns doch, wie wir leiden. Wie wir zugrunde gehen. Ich hatte ihn angebetet. Ich hatte ihn angefleht. Mir zu helfen. Nie hatte er mir geholfen. Er hat mir meine Freunde genommen. Die ich geliebt habe. Er hatte mir nie geholfen. Er hat mich nur immer wieder traurig gemacht.

Oh nein, er hilft uns nicht. Er kann es gar nicht.

Ich schreie. Ich will schreien. Ich schreie. Doch keiner hört mich. Keiner hört und sieht meine Seele weinen. Alle achten nur auf mein Äußeres. Und das scheint für viele erschreckend zu sein. Hässlich – provozierend.

Schaut doch in mich hinein. Noch findet ihr vielleicht etwas Gutes.

Doch bald. Sehr bald könnte sich meine Seele in etwas Böses verwandeln. Denn so halte ich es nicht mehr aus. Bald suche ich Seine *Hilfe.*

Und dann werde ich meine Feinde vernichten.

Und dann mich selbst.[4]

Szene-Kenner wie der Sozialpädagoge Ingo Weidenkaff von der Landesgemeinschaft Kinder- und Jugendschutz Thüringen weisen darauf hin, dass der Hang zum Satanismus innerhalb der schwarzen Szene nur eine untergeordnete Bedeutung habe. Umfragen im Rahmen einer Diplomarbeit hätten gezeigt, dass eine breite Mehrheit der Gothics (71 Prozent) überhaupt nicht an Satan glaubt, und auch die Minderheit, die an Satan glaubt (23 Prozent), sei in sich vielschichtig und gehe nicht einfach in Klischees auf. Dass esoterisches, okkultes und satanistisches Schrift- und Gedankengut unter Gothics auf offenes Interesse trifft, liege vor allem an

Friedhofsstimmung hat bei den Anhängern der Gothic-Szene nichts mit Satanismus zu tun sondern mit schwarzer Romantik und Melancholie.

der religiösen Unbefangenheit vieler Anhänger, sich wertfrei und unvoreingenommen mit alternativen religiösen und weltanschaulichen Themen zu beschäftigen.

Gothics seien vielmehr „Romantiker in einer bunten Vielfalt emotionsgeladener Musikkulturen. Rückzug und Selbstisolation ist ihre Antwort auf eine als intolerant, konsumorientiert und egoistisch empfundene Gesellschaft. Melancholie ist die Gefühlsdroge, die die Flucht aus einem als trostlos und sinnentlernt empfundenen Lebensalltag mitunter triumphal gestaltet... Für Gothics zählt nicht die exhibierte Provokation an belebten Plätzen, wie man sie beispielsweise von Punks kennt. Gothics suchen die zivilisatorische Zurückgezogenheit, sie leben genussvoll in der Beschaulichkeit einer naturbelassenen Umgebung. Dort tauchen sie ein in eine für sie heile Welt, die eine gewisse Würde ausstrahlt und die Vergänglichkeit des Seins unmissverständlich deutlich macht. Die gedrückte Atmosphäre nekropoler Orte wirkt wie ein melancholischer Stimmungsverstärker – eben deshalb zelebrieren manche Gothics ihre Stimmungslagen auf Friedhöfen, Burgruinen oder anderen für sie magischen Orten.“

Das klingt weitgehend harmlos. Allerdings ist die seelische Finsternis vieler Gothic-Anhänger geradezu „übermächtig“, betont Weidenkaff, die eine nachhaltige Sehnsucht auslöse, sich mit der Endlichkeit menschlichen Daseins intensiver auseinander zu setzen. Ob die Todesfaszination der Gothics aber tatsächlich auch eine erhöhte Suizidrate bedingt, ist sehr umstritten. Jugendliche, die aus Seelenleid und Lebensüberdruss Gothic oder auch Aspekte des Satanismus als geistige Heimat und Lebensform wählen, stehen natürlich nicht zwangsläufig mit einem Bein im Grab. Der evangelische Pfarrer und Insider Heiko Ehrhardt erlebt die meisten Gothics als „harmlose, ja freundliche und sympathische Zeitgenossen“ – sensibel und „bisweilen etwas wirklichkeitsfremd“, mit einem gewissen Hang zur Realitätsflucht.

Und doch bleibt die Frage, ob die teils exzessive Auseinandersetzung mit Tod, Trauer und Leidensdruck eine taugliche Bewältigungsstrategie von Alltags- und Zukunftsängsten darstellt. Zwei gute Gründe scheinen dagegen zu sprechen: Zum einen sind die Überzeugungen und Aktionen jugendlicher Satanisten weitgehend destruktiv, die der Gothics resignativ und introvertiert. Gothic-Dasein und Satanismus haben keinerlei Gestaltungskraft, entwerfen keine positiven Alternativen, sondern bleiben im trotzigen Neinsagen oder in der Verweigerung stecken. An der „Heuchelei“ und „Doppelmoral“ der „scheinheiligen“ Gesellschaft ändern Satanisten und „Grufties“ letztendlich gar nichts. Mögliche Folge: Aufgrund der als ohnmächtig und ausweglos erlebten Situation kann es durchaus zu Selbsttötungen kommen.

Zum anderen eigenen sich weder die Todes- und Nachtgedanken der Gothics noch die Mord- und Blutrhetorik der Satanisten, um damit zu spielen. Es mag richtig sein, dass die Anhänger der Gothic-Szene überwiegend empfindsame, gefühlsorientierte und mitfühlende Mädchen und Jungen sind. Aber zu einem Spiel gehören Distanz und Leichtigkeit.

Am Ende bleibt dann zumeist die nicht mehr eindeutig zu klärende Frage nach Ursache und Wirkung: Gehen Verzweiflungstaten wie die von René, Frank und ihren Freunden ursächlich auf „schwarze" oder satanistische Betätigung zurück? Oder hat sich die problematische seelische Konstitution der Suizidalen den Satanismus oder die Gothic-Szene als eine Art Frischhaltefolie gewählt? Bei Franks Beerdigung stiftete auch seine Clique einen Kranz. Darauf stand: „Du bist nur von uns gegangen."

➥ Steckt der Teufel in der Rockmusik?

„Ich hatte geschrieben, ich hatte angerufen, ich hatte gefleht und gebettelt. Schließlich wurde mir eine Audienz gewährt", schreibt der amerikanische „Schock-Rocker" Marilyn Manson in seiner Autobiografie *The Long Hard Road Out of Hell.* „Im Oktober 1994 – wir waren gerade mit Nine Inch Nails auf Tour und hatten in San Francisco einen freien Tag – klingelte auf meinem Hotelzimmer das Telefon. 'Der Doktor möchte Sie treffen', ließ sich eine Frau mit strenger, kräftiger Stimme vernehmen…"

Bei dem „Doktor" handelte es sich um keinen Geringeren als um Anton Szandor LaVey, den Gründer der *Church of Satan.* Noch in der selben Nacht ist Manson bei dem Neosatanisten zu Gast. „Fast alle Leute, mit denen ich es bislang zu tun gehabt hatte, waren dem Missverständnis aufgesessen, dass es beim Satanismus darum geht, rituelle Opfer zu zelebrieren, Gräber auszuheben oder den Teufel anzubeten", holt Manson in seiner Lebensbeschreibung aus. „Aber dieser Teufel existiert überhaupt nicht. Eines der wichtigsten Prinzipien im Satanismus, wie LaVey ihn vertritt, lautet vielmehr, dass der Mensch lernen muss, sich selbst zu verehren. Du allein trägst die Verantwortung für dein Schicksal, für dein Wohl und Übel. Der Krieg, den das Christentum seit Menschengedenken gegen den Teufel führt, ist in Wahrheit ein Kampf gegen die natürlichsten Instinkte. Er richtet sich gegen Sex, gegen Gewalt, gegen jede Form von Selbstgenuss – und verleugnet so die unbestreitbare Tatsache, dass der Mensch dem Reich der Tiere angehört. Der Glaube an ein Leben nach dem Tod ist nichts anderes als eine perfide Strategie des Christentums, um die Hölle auf Erden errichten zu können…

Ich bin alles andere als ein Wortführer des Satanismus und auch nie einer gewesen. Seine Lehren haben aber einen großen Einfluss auf mein Denken ausgeübt, genauso wie Nietzsche und die Bibel, an die ich auch glaube, obwohl ich im letzteren Fall natürlich meine ganz eigene Auslegung habe.“

Manson trifft sich noch einige Male mit LaVey, als schließlich Folgendes geschieht: „Als unser Besuch zu Ende ging, sagt er: ‘Ich möchte dich zum Priester ernennen’ und überreichte mir eine krebsrote Karte, die mich als Priester der *Church of Satan* auswies. Als ich sie annahm, konnte ich nicht wissen, dass dies eine der streitbarsten Handlungen war, die ich bis dahin in meinem noch jungen Leben begangen hatte…“

In der Tat. Vor allem in den USA liefen seitdem Elternverbände, konservative Politiker und religiöse Organisationen Sturm gegen den Rockstar. Sogar gefälschte und angeblich von der *American Family Association* in Umlauf gebrachte Eidesstattliche Erklärungen zu vermeintlichen Bühnenexzessen kursierten, die Manson in *A Long Hard Road Out of Hell* absichtsvoll und ausführlich zitiert:

„Ich bin 17 Jahre alt, männlichen Geschlechts und wohnhaft in (Adresse ausgestrichen), Oklahoma City, Oklahoma. Ich habe Marilyn Manson vor drei Jahren kennen gelernt. Ich war ein 14-jähriger Ausreißer und wurde von ihm in den Kreis seiner Freunde oder ‘Familie’ aufgenommen… Ich habe gesehen, wie Manson aus der *Satanischen Bibel* rezitiert und Menschen aus dem Publikum segnet, die entweder selber nach vorne gekommen oder dorthin gestoßen worden sind. Alle Personen, die sich in dieser Gruppe aufhalten, werden mit Schweineblut übergossen. Dann ernennt er diese Auserwählten zu seinen Priestern…

Ich habe gesehen, dass Manson gegen Ende des Konzerts einen satanistischen Gottesdienst abgehalten hat. Manson forderte die Menge auf, Satan in ihr Leben zu lassen…“

Fundamentalistische Christen belegten Manson und dessen Band mit Bannsprüchen und Exorzismus-Ritualen, da die Musiker von Dämonen und bösen Geistern besessen seien. Als am 20. April 1999 die beiden Schüler Dylan Klebold und Eric Harris in Littleton, Colorado, Amok liefen und zwölf Jugendliche und einen Lehrer töteten, waren viele Amerikaner mit Schuldzuweisungen schnell bei der Hand: Die Musik von Marilyn Manson sei die Ursache, schließlich seien die beiden Täter Fans des provokanten Musikers gewesen. Im Oktober 2002 kam die – später mit einem „Oscar“ prämierte – Dokumentation *Bowling for Columbine* in die Kinos, in der Marilyn Manson klug und bedächtig über die Gewaltbereitschaft in seinem Land räsoniert. Seitdem gilt der Schock-Rocker unter den amerikanischen Linken und bei vielen Europäern als „guter“ Amerikaner. In einem *Spiegel*-Interview erklärte Manson: „Ich repräsentiere gleichermaßen den amerikanischen Traum und Alptraum – so wie Marilyn Monroe und Charles Manson. Jede Gesellschaft braucht eine Figur wie mich, die alles in Frage stellt; eine ureigene, atmende Verkörperung des Teufels. Ich habe diesen Part mit Begeisterung übernommen.“

Ist das „echter“ Satanismus? Gewiss nicht. Kein Wunder, dass der simplifizierende Trivialmythos von der Rockmusik als Sprachrohr des Teufels bei den meisten Jugendlichen nur genervtes Augenrollen provoziert – sowie den reflexartigen (und sachlich ebenfalls unscharfen) Konter: „Das ist doch alles nur Show.“

Provokation und verkaufsförderndes PR-Gehabe: Das sind zwei von mehreren Erscheinungsformen von Satanismus in der Popkultur. Eine genaue Unterscheidung ist gerade auf diesem Gebiet wichtig, weil Musikfans sehr empfindlich auf eine unzutreffende Etikettierung ihrer Lieblingsgruppen reagieren und das Thema immer wieder Gegenstand heftiger Auseinandersetzungen zwischen Jugendlichen und ihren Eltern oder Lehrern ist. Und tatsächlich hat die Bezugnahme auf „Satan“ in der Rockmusik verschiedene Funktionen:

✘ *Satanismus als Verkaufsschlager und Marketingstrategie:* „Ultraböse Images sind ein nicht unwirksames verkaufsförderndes Instrument“, kommentiert das Internet-Musikmagazin *Crossover* (www.crossover-agm.de) die Auftritte von extrem berüchtigten Bands wie *Slayer* („Totschläger“) oder *Venom* („Gift“). Letztgenannte britische Düster-Band gab mit ihrem zweiten Album *Black Metal* (1982) dem ganzen Genre seinen Namen. Black Metal, so werden alle Bands bezeichnet, „die – unabhängig von ihrer musikalischen Stilart – Texte über Teufel, Hölle und Fegefeuer vertonen und ein satanistisches Image haben“, schreibt die Volkskundlerin Bettina Roccor in ihrer Doktorarbeit *Heavy Metal – Kunst. Kommerz. Ketzerei.* Musikalisch zeichne sich der Black Metal durch eine unheimliche, bedrohliche und sehr düstere Atmosphäre aus. Und doch muss man auch hier unterscheiden, denn: „Und heute rennen haufenweise solche Truppen durch die Gegend, deren Musiker mit Satanismus absolut nichts am Hut haben. Sicheres Kennzeichen solcher Formationen ist die Tatsache, dass sie in der Kunde von den düsteren Mächten oftmals wenig bewandert sind und ihre Aussagen leicht widerlegt werden können, wenn man sich ein wenig mit der jeweiligen Materie auskennt“, erklärt *Crossover* weiter.

So erlebte ein Musikjournalist, der *Slayer*-Gitarrist Jeff Hanneman nach seinem persönlichen Glauben ausfragen wollte: „Er sträubte sich, als ich auf eine Verbindung mit Satan auch nur anspielte. Jeff weiß nicht einmal genau, was ein Satanist tut oder glaubt. Für ihn war das Ganze einfach lächerlich, und jede Art von Religion hielt er schlicht für bescheuert.“ Auch *Venom* machten in Interviews immer wieder deutlich, dass sie sich selbst als Bier trinkende Rock'n'Roller verstanden, die Spaß haben wollten. „Ihr projizierter Satanismus war ein Image, über das sie gestolpert waren und das sie in ihrer Präsentation und in ihren Texten mit der Garantie reproduzierten, auffällig und berüchtigt zu sein.“[5] Berückend schlicht erklärten die Musiker von *Possessed* das Anliegen hinter ihrem satanistischen Getue: „It's just an image – It sells.“

✘ *Satan als Symbol:* „Ich bin auf der Schnellstraße zur Hölle“ („Highway to hell“) singen die australischen Hardrocker AC/DC – was in populären evangelikalen Schriften wie Fernando Salazar Banols *Die okkulte Seite des Rock* oder Ulrich Bäumers *Wir wollen nur deine Seele. Rockszene und Okkultismus* als hinreichender Beleg für eine satanistische Überzeugung gewertet wird. Dabei spricht der Text nur die jugendliche Abgrenzung von gesellschaftlichen Normen an. Bands wie AC/DC, die *Rolling Stones* oder Alice Cooper nehmen in einigen ihrer Songs den Teufel als Symbol für eine Art Kollektivzweifel an christlich-autoritären Werten her. Gott ist hier der Etablierte, Satan der „Underdog“, der sich gegen Gott auflehnte und deshalb aus dem Himmel verwiesen wurde – und somit den Aufstand gegen die soziale Ordnung verkörpert, die aus Sicht der Musiker und Fans Unterwerfung verlangt.

So tritt in dem umstrittenen Stones-Hit „Sympathy for the Devil“ der Teufel als Spötter und Ankläger des „heilen“, selbstgerechten Amerikas und der Materialismusgläubigkeit auf. Zugleich griffen Mick Jagger und seine Mannen direkt auf die Wurzeln der heutigen Rock- und Popmusik zurück: den Blues. Denn in den Songs der schwarzen Bevölkerung Amerikas stand der Teufel für die Auflehnung gegen die unterdrückte Sinnlichkeit und jedwede, zumeist puritanische Ethik.

✘ *Satanismus als Weltanschauung:* Unbestritten ist, dass satanistische Strömungen bei einigen Rockmusikern privat durchaus auf Interesse stoßen oder stießen, darunter bei *Rolling Stones*-Boss Mick Jagger, der in den 1960er Jahren Kontakte zu dem Underground-Filmer Kenneth Anger pflegte, dessen Werke okkult-mystisch geprägt waren. Aber Ende 1969 brach Jagger seine Mitarbeit an Angers Streifen *Lucifer Rising* ab. Kurz zuvor, am 6. Dezember, hatte es während eines Stones-Konzert in Altamont einen tragischen Zwischenfall gegeben: Vor der Bühne töteten Mitglieder der Rockergang *Hell's Angels* den 18-jährigen Schwarzen Meredith Hunter.

Wie ernst es Jagger bis dahin mit dem Satanismus gewesen war, lässt sich kaum beantworten. Fest steht: Nach Altamont wollte er von Aleister Crowleys „schöpferischer" Gesetzlosigkeit des Individuums nichts mehr wissen. Zu Kenneth Anger sagte Jagger später: „Ich dachte, dass er wirklich Talente als Filmemacher hatte, aber seine ganze religiöse Erfahrung war große Scheiße." Auch der *Led Zeppelin*-Giarrist Jimmy Page schien ernsthaft von Crowleys Gedankengut in Bann gezogen und kaufte sich eine exquisite Sammlung originaler Bücher und Schriften des Neosatanisten zusammen. Auf dem einen oder anderen *Led Zeppelin*-Album mag sich Pages diesbezügliche Gedankenwelt widerspiegeln, allerdings in Form einer Symbolmixtur, die vollständig wohl nur von Page selbst verstanden wurde und alle möglichen Interpretationen zulässt – und somit ungeeignet ist für eine Vereinnahmung durch die satanistische Szene.

Obwohl *Led Zeppelin* eigentlich Geschichte sind, schockten sie im Juni 2003 noch einmal die Konkurrenz, als sie mit der Live-CD *How The West Was One* aus dem Stand die Spitze der US-Charts eroberten. Sowohl Jimmy Page wie auch Sänger Robert Plant sind bemüht, die alten Satanismus-Gerüchte um die Band herunterzuspielen. Crowleys ehemaligen Landsitz Boleskine am schottischen Loch Ness, den Page in den 1970er Jahren bewohnte, nennt der Musiker heute nur noch „alte Schweinefarm".

Offen bekennt sich dagegen der Ex-*Mercyful Fate*-Sänger King Diamond zur *Church of Satan*. Und was meint der Däne, wenn er vom Teufel singt? „Ich meine nicht den biblischen Satan, für mich ist das Wort ein Synonym für die Kraft der dunklen Mächte und des Unbekannten. Was wir den Leuten sagen wollen, ist: Live out your feelings! Macht das, was ihr immer machen wolltet! Wir sind keine Prediger und wollen niemandem unsere Meinung aufzwingen. Wir wollen die Leute unterhalten, ihnen eine Horrorshow bieten, denn sie lieben es, erschreckt zu werden… Ich persönlich glaube weder an den Teufel oder sonst so etwas. Mein Song 'Satan's Fall' beschreibt schlicht und einfach das dümmliche Klischee, das die christliche Kirche dem Satanismus anzuhängen versucht. Aber das haben viele Leute nicht begriffen und das Ganze deshalb wörtlich genommen."

Ähnlich äußert sich David Vincent, Sänger von *Morbid Angel*: „Viele Leute werfen uns vor, dass wir eine satanische Band wären, was einfach nicht wahr ist. Wir verarbeiten in unseren Lyrics verschiedene Philosophien und beten nicht den Teufel oder irgendeine andere gottähnliche Person an. Das wäre der totale Hohn, denn im Endeffekt wäre das doch das Gleiche, als wenn wir Christen wären. Eine Religion, egal welche, unterdrückt immer deine persönliche Freiheit, weil du dich an ihre Spielregeln halten musst. Wir lehnen jede Form von Unterdrückung ab und drücken unsere Rebellion in Metaphern aus… Ich finde, dass Crowley brillant war, weil er ein richtiger Denker war. ‘Tue, was du willst, soll sein das ganze Gesetz’ ist die Wahrheit. Nicht weil Crowley oder sonst wer das gesagt hat, sondern es ist einfach die Wahrheit.“

Fatal ist allerdings in jedem Fall, dass King Diamond, *Morbid Angel*, *Slayer*, *Venom*, AC/DC und Co. die Verantwortung für etwaige Missverständnisse ihrer musikalischen Metaphern allein den Hörern zuschieben. Denn die Unterscheidung, wer nun „echte“ satanistisch-weltanschauliche Gedanken verarbeitet oder den Teufel als Symbol instrumentalisiert oder bloß einen plakativen Okkultismuskatalog plündert, ist ohne Kenntnis des Gesamtwerks einer Band und ohne regelmäßige Lektüre von Musikmagazinen, Interviews. etc. kaum möglich. Fraglich zudem, ob auch die meist jugendlichen Fans Bühnengimmicks wie brennende Särge (King Diamond) intellektuell ausdeuten und sich deren unterschwelliger morbider Faszination so ohne weiteres entziehen können.

✘ *Satanismus als Kriegserklärung:* Schlagzeuger Bard G. Eithun, genannt „Faust“, tötete auf dem Olympiagelände von Lillehammer einen Homosexuellen und sitzt für 14 Jahre hinter Gittern. Gitarrist „Samoth“ zündete eine Kirche an und wurde zu 16 Monaten Haft verurteilt. Keyboarder „Tchort“ stach einen Mann nieder, was ihm ein halbes Jahre Gefängnis einbrachte: Zusammen mit ihrem Sänger „Ihsahn“ bildete die norwegische Black Metal-Band *Emperor* wohl in der Tat den „höllischsten Vierer, den ihre Heimat und die Welt je gesehen haben“, schrieb ein Szenekritiker.

Mehr noch: *Emperor* bildeten mit *Mayhem*, *Burzum*, *Satyricon* und *Thorns* mutmaßlich die Elite des berüchtigten „Inner Circle“ – einer mysteriösen Clique von gewaltbereiten satanistischen Überzeugungstätern, denen Kirchenbrände und andere Verbrechen angelastet werden. *Mayhem*-Gründer Oystein Aarseth kreierte für sich und seine Mitstreiter das Stilmittel des „Corpsepaint“, das Schminken mit leichenblasser Farbe, das den so genannten „real Black Metal-Bands“ ein grausiges, zombiehaftes Aussehen verlieh. Wieso „real“ Black Metal? Was vormals von Posern wie *Venom* oder *Slayer* bloß fantasiert wurde, wandelte sich in den frühen 1990er Jahren zu einer tatsächlichen Lebenspraxis, nach dem Motto: „Die alten Bands haben nur darüber gesungen – wir tun es!“

Ein Wegbereiter des „real Black Metal“ ist der amerikanische Sänger Glen Benton von der Gruppe *Deicide* („Gottestod“), der sich ein umgedrehtes Kreuz in die Stirn brennen ließ. Im Unterschied zu King Diamond oder David Vincent glaubt Benton sowohl an die Existenz Gottes als auch an das leibhaftige, personale Böse, dem er mit bestimmten Ritualen und Zeremonien dienen wolle. Benton bezeichnet sich als „politischen Satanisten“ und ist überzeugt, dass das Schlimmste in der Welt die „überheblichen Christen“ seien: „Das ist jemand, der zwei-, dreimal pro Woche in die Kirche geht und anschließend in einer Nacktbar sitzt, Drogen nimmt oder seine Frau verprügelt. Sag mal einem Christen, er soll dir ‘Sünde’ definieren, du wirst nie eine genaue Antwort erhalten. Die Christen betreiben Gehirnwäsche. Ich sage jedoch niemandem, das zu tun, was ich tue. Wenn du es magst, ist es großartig, wenn nicht, kauf dir das Album nicht, du hast die Wahl. Viele Menschen haben diese Wahl aber nicht, sondern werden in das Christentum hineingeboren. Kinder zu taufen, sie christlich zu erziehen und all diese Scheiße zwingen sie in eine Religion, von der sie nix wissen und vielleicht auch nix wissen wollen.“

Jod Nödtveidt von der schwedischen Gruppe *Dissection* bescheinigt sogar der abgeklärte und verständnisvolle Autor eines deutschen *Heavy Metal Lexikons* eine Seele, „die so schwarz zu sein scheint, dass er noch in einem abgedunkelten Kohlenkeller Schatten werfen würde“. In Interviews steigert Nödtveidt sich förmlich in einen „Rausch von surrealer Weltfremdheit“ hinein: „Ich lache denen ins Gesicht, die sich der Existenz der Macht der Finsternis widersetzen, denn Satan ist das höchste kosmische Prinzip und nicht irgendein blöder anthropomorpher gefallener Engel, wie es im Buch der Lügen steht. Er ist die alles verschlingende Dunkelheit, der König und Herrscher der Ewigkeit. Satan ist der Feind der Menschheit und seine Diener hier auf Erden sind extrem menschenfeindlich gesinnt. Es gibt eine Bruderschaft der stärksten Art unter den wahren Verehrern und Dienern unseres großen dunklen Herrn Luzifer. Wir, die Rebellen gegen die Menschheit und ihre Schwächen, die wenigen Seelen, die in der schmutzigen fleischlichen Hülle ausgesandt wurden, um die Gebote unseres Herrn zu erfüllen! Wir speien auf den Hund Jehovah und seine Bastardrasse. An alle, die nicht wahrhaft dem ewigen

Herrn der Dunkelheit dienen und ihn aufrichtig verehren: Fuck you! Unsere Zeit wird kommen. Auf ewig: Hail Luzifer! Hail Satan!“

Als „Könige auf dem Schattenthron“ sehen Kenner *Satyricon* aus Norwegen an. Deren Sänger, der sich selbst „Satyr“ nennt, erklärt: „Der hauptsächliche Grund unserer Existenz ist der ‘Anruf’. Die Kräfte aus dem Jenseits wollen, dass ich den Gott der Christen und seine Jünger bekämpfe. Wir wollen durch unsere Musik Heidenherzen ermutigen, das christliche Weltreich in Schutt und Asche zu legen. Jede mögliche Art, diese Seuche zu bekämpfen, ist gut – sei es politisch oder physisch. Eines ist klar, ich werde einer von jenen sein, die die Kinder Gottes aus dem Norden vertreiben. Das Christentum ist pathetisch und schwach. Wir können doch nicht etwas akzeptieren, das auf dem Schutz der Schwachen und Ehrlosen aufgebaut ist.“

Die extreme Black Metal-Szene definierte sich über eine Form der Teufelsverehrung, die von ihren Anhängern reales Engagement in Form von „bösem“ Verhalten einforderte – auch in Deutschland. Zwar hätten den „Heldentaten“ der beteiligten Protagonisten jenes „große Drama und die traurige Berühmtheit“ gefehlt, welche „die Grishnachk-Euronymus-Affäre in Norwegen später umgaben, die Gewalttätigkeit war jedoch von ähnlicher Natur“, schreiben die beiden Musiker und Szene-Insider Michael Moynihan und Didrik Söderlind in ihrer Dokumentation über „Satanischen Metal“: „Sie zeigten, dass der teutonische Flügel des Black Metal, obwohl weniger an der Zahl, bereit war, seinem nordischen Vetter nachzueifern und ebenso extreme Standpunkte einzunehmen, ohne dabei die Konsequenzen zu fürchten, sei es Spott oder gar Gefängnisstrafe.“

Wie es aktuell um den verirrt-extremen Black Metal steht – nach dem Mord an *Mayhem*-Chef Oystein „Euronymus“ Aarseth, dem Selbstmord von *Mayhem*-Sänger „Death“ und der Verurteilung von Varg Vikernes sowie der *Emperor*-Musiker –, ist unklar. Rein musikalisch betrachtet stagniert die Szene seit langem und nervt Fans wie Kritiker gleichermaßen. So kommentierte etwa das Darkwave-Magazin *Zillo* das Album *Judas Priest* der Band *Tiamat* (mit dem Gehörnten als Cover-Desgin) unlängst mit: „Himmel hilf! Bitte keine weitere Metal-Abrechnung mit dem Herrn.“ Moynihan / Söderlind indes sind überzeugt: „Das Feuer ist noch vorhanden. Es ist weggeschlossen, seine Kohlen sind bedeckt worden – und doch kann es nicht gelöscht werden… Anstatt zu verglimmen und abzusterben, glühen einzelne rebellische Funken um so heller. Sie beginnen sich zu bewegen, auf der Suche nach Sauerstoff, woher auch immer.“

Weiterführende Literatur:

Peter Matzke / Tobias Seeliger: Gothic! Schwarzkopf & Schwarzkopf, Berlin 2005

Andrea Schilz: Sex and Drugs and Angst – Zur Konstruktion des Anti-Idols Marilyn Manson. In: Skeptiker 2/05

Ian Christe: Höllen-Lärm – Die Geschichte des Heavy Metal. Hannibal-Verlag, Höfen 2004

Roman Rutkowski: Das Charisma des Grabes – Stereotype und Vorurteile in Bezug auf jugendliche Subkulturen am Beispiel der Schwarzen Szene. BoD, Norderstedt 2004

Ingo Weidenkaff: Schwarze Ästhetik. Anmerkungen zu Gothic / Dark Wave. In: Matthias Pöhlmann (Hrsg.): Sehnsucht nach Verzauberung. Religiöse Aspekte in Jugendkulturen. EZW-Texte 170 (zu beziehen unter www.ezw-berlin.de)

Peter Matzke / Tobias Seeliger: Das Gothic- und Dark-Wave-Lexikon. Schwarzkopf & Schwarzkopf, Berlin 2003

Rainer Fromm: Satanismus in Deutschland. Zwischen Kult und Gewalt. Olzog-Verlag, München 2003

Werner Thiede: Satanismus bei Jugendlichen – Suche nach Thrill oder Sinn? In: EZW-Materialdienst 7/2003

Hansjörg Hemminger: Satanistische Motive – Erscheinungsformen und Deutungsperspektiven. In: EZW-Materialdienst 4/2003

Georg Otto Schmid: Jugendsatanismus. www.relinfo.ch/satanismus/jugend.html

Michael Moynihan / Didrik Söderlind: Lords of Chaos – Satanischer Metal: Der blutige Aufstieg aus dem Untergrund. Pro Media, Berlin 2002

Bernd Harder: Die jungen Satanisten. Pattloch-Verlag, München 2002

Heiko Ehrhardt: Always look on the dark side of life. Ästhetik, Ethik und Religion der so genannten Grufties. In: EZW-Materialdienst 6/2002

Reto Wehrli: Verteufelter Heavy Metal. Forderungen nach Musikzensur zwischen christlichem Fundamentalismus und staatlichem Jugendschutz. Telos-Verlag, Münster 2001

Marilyn Manson: The Long Hard Road Out of Hell. Hannibal-Verlag, Höfen 2000

Ingolf Christiansen: Satanismus. Gütersloher Verlagshaus, Gütersloh 2000

Klaus Farin / Kirsten Wallraff: Die Gothics – Weiß wie Schnee, Rot wie Blut und Schwarz wie Ebenholz. Thomas Tilsner Verlag, München 1999

Bettina Roccor: Heavy Metal. Kunst. Kommerz. Ketzerei. Verlag Jeske / Mader, Berlin 1998

Zum Thema „Backward-Masking" siehe

Bernd Harder: Lexikon der Großstadtmythen. Eichborn-Verlag, Frankfurt a.M. 2005

10. Verschwörungstheorien: An allem sind *sie* schuld!

➥ Was ist der Unterschied zwischen einer Verschwörung und einer Verschwörungstheorie?

Kurz gesagt: Verschwörungstheorien handeln von imaginären Verschwörungen. Natürlich gibt es auch echte Verschwörungen – Machtspiele, Strippenzieherei und Komplotte, die im Geheimen ablaufen und bei denen sich mehrere Personen zur Erreichung eines meist ungesetzlichen Ziels zusammenschließen. In der Regel geht es dabei um einzelne, zeitlich und kontextuell beschränkte Ereignisse, etwa um einen Putsch oder um die Ermordung eines Herrschers. Dass zum Beispiel Julius Cäsar im Jahr 44 v. Chr. im Senat Roms und der rebellische Erzbischof Thomas Becket 1170 in der Kathedrale von Canterbury von mehreren Verschwörern umgebracht wurden, hat historisch belegbar stattgefunden. Dass der Attentäter Gavrilo Princip, der 1914 den österreichischen Thronfolger Erzherzog Franz Ferdinand in Sarajevo erschoss, dem serbischen Geheimbund *Schwarze Hand* angehörte, ist nach dem Ereignis aufgearbeitet worden und beweisbar – im Gegensatz zu Verschwörungstheorien, deren Anhänger gerade das Fehlen von Beweisen als Beweis für eine angebliche Verschwörung deuten.

Statt von Verschwörungstheorien sollte man also eigentlich besser von „Verschwörungsmythen" sprechen, denn Theorien sind rational begründbar, während Verschwörungsmythen „hyperrational" sind. Das heißt: Sie sind nicht irrational im Sinne von „wirr", sondern es wird unendlich mehr Kalkül in den Lauf der Geschichte hineinprojiziert als eben dieser Lauf der Geschichte tatsächlich hergibt. „Verschwörungsmythen können reale Sachverhalte zum Ausgangspunkt haben, aber sie blasen sie auf zu einem Fantasiegebäude, in dem der reale Kern nahezu verschwindet. Sie geben sich rational, meinen für jegliches Geschehen den Drahtzieher zu wissen und dessen Pläne logisch zu entschlüsseln, aber tatsächlich bewegen sie sich in der Grauzone zwischen Glaube und Aberglaube."[1]

Existente Sachverhalte werden also in Verschwörungsmythen nicht von vornherein verleugnet, sondern „der uneigentlichen Scheinhaftigkeit überführt, sodass eine doppelte Sichtweise der Dinge zustande kommt und zuletzt ein fundamentales Misstrauen an der Realität an sich installiert wird", erklärt der Kieler Historiker Rudolf Jaworski. Verschwörungsmythen weisen mithin eine krude Mischung aus realitätsnahen und wahnhaften Elementen auf und sind mit einer eigensinnigen und hochoperationalen Schein-Logik verknüpft. Als typische Muster eines Konspirationsmythos nennt der US-Journalist Daniel Pipes folgende Punkte:

✗ *Abtun von widersprechenden Beweisen als Indiz für eine Verschwörung*: Der Verschwörungstheoretiker fängt mit der Schlussfolgerung an und findet dann Gründe, um alles auszuschließen, was ihr nicht entspricht. Ein ehemaliger Assistent des führenden JFK-Attentats-Theoretikers Jim Garrison erläuterte dessen Ermittlungsmethoden im Mordfall Kennedy wie folgt: „Meistens ordnet man die Fakten und zieht dann die Schlussfolgerungen. Doch Garrison zog eine Folgerung und ordnete anschließend die Fakten. Und wenn die Fakten nicht passten, pflegte er zu sagen, dass sie von der CIA verändert worden seien."

✗ *Obskurität*: Von der Voraussetzung ausgehend, dass der äußere Anschein trügt, lehnt sie das gewöhnliche Wissen ab und sucht exotische und wenig bekannte Varianten. Eine Vorliebe für das Unwahrscheinliche und das Okkulte verleiht ihren Daten eine typische und erkennbare Qualität.

✗ *Abneigung, Wissen preiszugeben*: Dieses zeigt sich gewöhnlich in Form von passiven Verben und vagen Pronomen („sie"), findet aber manchmal auch offen Ausdruck: „Um die Namen der Personen zu schützen, habe ich mich entschieden, meine Quelle zum gegenwärtigen Zeitpunkt nicht preiszugeben."

✗ *Stützen auf Fälschungen*: Fälschungen als Beweismittel spielen hier eine überdimensionale Rolle. Das bedeutendste Fälschungsdokument waren die so genannten „Protokolle der Weisen von Zion", die in Frankreich und Russland aus mehreren schon existierenden, zum Teil offenkundig fiktionalen Werken zusammengeschustert wurden.

✗ *Widersprüchlichkeiten*: Verschwörungstheoretiker bringen mit leichten Abwandlungen und aufschlussreichen Widersprüchen immer die gleichen Kernthesen in Umlauf. Ein halbes Jahrhundert lang hat in den

USA eine rechtsgerichtete Gruppe nach der anderen Alarm geschlagen wegen feindlicher Truppen, die sich an der amerikanisch-mexikanischen Grenze zusammenziehen. Mal waren es Juden, dann wieder Chinesen, Vietnamesen oder Russen. Die genaue Identität spielt fast keine Rolle, obwohl die Angst sich hält. Solche Sorglosigkeit im Sachlichen deutet auf eine paranoide politische Denkweise hin.

✘ *Unmengen von gelehrter Scheinfaktizität und pedantischen Verweisen*: Verschwörungstheoretiker scheinen es darauf abgesehen zu haben, den Skeptiker mit Namen, Daten und Fakten zu bombardieren. Zum Beweis, dass die CIA in den Verkauf von Kokain an Straßengangs in Los Angeles verwickelt war, lieferte der Autor Gary Webb eine solch irre Fülle an Details über so viele Personen, dass der benommene Leser der Argumentation kaum mehr klar zu folgen vermag.

✘ *Aufeinandertürmen von Verschwörungstheorien*: Die Lücke in einer Verschwörungstheorie (dass beispielsweise in der Leiche John F. Kennedys keine zusätzlichen Kugeln gefunden wurden) wird wiederum durch eine weitere Verschwörungstheorie erklärt (die Kugeln sind von Ärzten heimlich entfernt worden).

✘ *Unkritische Akzeptanz jedweden Arguments, das auf eine Verschwörung hindeutet*: Zum einen behauptete der britische Antisemit C. H. Douglas, Hitler sei ein illegitimer Rothschild-Abkömmling. Zum anderen behauptet der amerikanische Verschwörungstheoretiker Lyndon La-Rouche, Winston Churchill sei ein Handlanger der Rothschilds gewesen. Ein Widerspruch? Ganz und gar nicht. Die lockere Logik des Verschwörungsdenkens findet eine Synthese: Die Rothschilds haben beiden Konfliktparteien Geld geliehen, weil es ihnen im Grunde egal war, wer gewann und wer verlor.

✘ *Nichtbeachten des zeitlichen Ablaufs*: Generationen und Jahrhunderte gehen vorbei, doch ändert sich kaum etwas. Die Tempelritter (ein christlicher Ritterorden, der Anfang des 12. Jahrhunderts entstand und 1314 vom französischen König Philip IV. ausgeschaltet wurde) liefern dafür ein extremes Beispiel. Seit beinahe sieben Jahrhunderten hat niemand mehr einen Tempelritter gesehen, doch der Nimbus dieses langlebigsten aller Geheimbünde ist lebendig geblieben.

✘ *Leichtfertiger Umgang mit Fakten*: Manchmal erfinden Verschwörungstheoretiker Tatsachen aus dem Nichts. Um die „October Surprise"-Verschwörung zu veranschaulichen (laut dem ehemaligen US-Präsidentschaftskandidaten Ross Perot soll George Bush senior 1980 die Freilassung amerikanischer Geiseln in Teheran verhindert haben, um Jimmy

Carters Wahlchancen zu schaden), lieferte der Buchautor Gary Sick verblüffend präzise Details zu Ereignissen, die nie stattgefunden haben. Zur Ausschmückung einer nie abgehaltenen konspirativen Versammlung am 27. Juli 1980 in Madrid fügte er beispielsweise folgende Aussage an: „Die Unterredung wurde zweimal unterbrochen, weil Hotelkellner zum Servieren des Kaffees hereinkamen."

✘ *Macht als Ziel*: Alles andere ist unwichtig. In der trostlosen menschlichen Welt des Verschwörungstheoretikers drängt die Gier nach Macht geringerwertige Motive zur Seite.

✘ *Vorteilgewinn verrät Kontrolle*: Wer aus einem Ereignis Gewinn zieht, muss es verursacht haben. Wenn man weiß, wer der Nutznießer ist, kennt man den Verschwörer. Es sind fast 30 Gruppen, denen vorgeworfen wird, eine Verschwörung zur Ermordung Präsident Kennedys organisiert zu haben. In allen Fällen ist die Grundlage für den Vorwurf ein angeblicher Vorteil, den die Gruppe aus seinem Ableben gewann.

✘ *Keine Zufälle*: Der Zufall spielt keinerlei Rolle. Was immer in der Gesellschaft geschieht, ist für den Verschwörungstheoretiker das Resultat direkten Planens von einigen wenigen, mächtigen Einzelpersonen oder Gruppen.

✘ *Der äußere Anschein trügt*: Für einen vernünftigen Menschen bedeutet ein Mangel an Beweisen, dass es eben keine Verschwörung gibt. Für einen Verschwörungstheoretiker hingegen besteht der beste Beweis darin, dass es gar keinen Beweis gibt. Denn um erfolgreich zu sein, muss eine Verschwörung sich und ihre wahren Ziele tarnen und als Gegenteil dessen ausgeben, was sie in Wahrheit ist.[2]

➥ Wieso werden Verschwörungstheorien geglaubt?

Die Auflistung von Daniel Pipes macht deutlich: Verschwörungsmythen leben nicht von ihrer rationalen Folgerichtigkeit. Satt dessen appellieren sie an diffuse Ängste und Emotionen und schaffen psychische Entlastung. Jüngstes Beispiel: die so genannten Chemtrails. Seitdem in der Obskuranten-Zeitschrift *Raum & Zeit* (Nr. 127/2004) der Artikel „Die Zerstörung des Himmels" erschienen ist, sehen viele Bundesbürger in Kondensstreifen am Himmel keinen harmlosen kondensierten Wasserdampf mehr, sondern hoch giftige chemische Substanzen, die von Flugzeugen gezielt in der Atmosphäre versprüht werden. Diese „Chemtrails" seien Bestandteil des „weltgrößten Geheimprojekts" seit der Entwicklung der Atombombe und sollen – so die Autoren – die Klimapolitik der USA absichern. Denn die Kondensstreifen aus Barium und Aluminiumstaub würden helfen, die Erde abzukühlen; damit könnte die Regierung in Washington weiterhin bei ihrer Ablehnung von kostspieligen klimaschützenden Maßnahmen bleiben.

Allerdings hätten die „Chemtrail"-Substanzen unabsehbare Nebenwirkungen, und zwar auf die Gesundheit der Menschen. So malt zum Beispiel die Webseite www.chemtrail.de ein wahres Horror-Szenario aus: „Natürlich lässt sich kaum vorhersehen, was für Auswirkungen die Chemtrails langfristig haben werden, aber die WHO schätzt die Zahl der Todesopfer auf jährlich 40 Millionen, also Milliarden Tote für die kommenden Jahrzehnte." Und weiter: „Unmittelbare Folgen von Sprühaktionen bei Menschen sind aber durchaus bekannt: Kopfschmerzen und chronische Müdigkeit kennt sicher jeder aus eigener Erfahrung. Atemnot, Gleichgewichtsstörungen und Verlust des Kurzzeitgedächtnisses, Grippewellen, Bindehautentzündung und Asthmafälle kommen als bekannte Symptome hinzu – von den unbekannten ganz zu schweigen. Und ob in Zukunft nicht auch andere Substanzen beigemischt werden können (z. B. um die besorgte Bevölkerung ruhig zu stellen und willenlos zu machen), kann man nur vermuten."

Das liest sich schon leidlich selbst entlarvend, wird aber mühelos getoppt von einem ominösen *Bund für echte Demokratie* in Vallendar, der auf seiner Homepage nicht nur den „globalen Massenmord durch Giftversprühung" und „das größte bekannte Verbrechen an der Menschheit" anprangern will, sondern sich zugleich ungeniert antisemitisch gebärdet. Unter der Überschrift „Volksvernichtung durch Chemtrails – Soll Platz für ein anderes Volk gemacht werden?" heißt es da unter anderem: „Wir, der BfeD, haben nicht die üblichen Chemtrails-Seite mit vielen Bilderchen mit ZIONs Täuschungs- & Verwirrungs-Taktiken, mit Ufos und sonstigem talmudischen Affenkram, wir stellen die Hintergründe, die Macher, die Vertuscher dieser möglichen Massenvergiftung an den Pranger. Denn die hier aufgeführten Verbrechen können Sie nur verstehen, wenn diese Talmud-Zitate gelesen und verstanden wurden, die von den nichtjüdischen Völkern unserer gemeinsamen Mutter Erde in einer menschenverachtenden Art und Weise reden…"

Besagter BfeD bezeichnet sich selbst als „Arbeitslosen-Initiative" und hat natürlich auch die „wahren" Ursachen der Arbeitslosigkeit in Deutschland längst entlarvt: „Erst wenn Sie auch erkannt haben, dass die

Politiker nicht unsere Freunde sind, die Medien uns seit 1919, dem Putsch von Kaiser Wilhelm II., also seit über 85 Jahren belügen dürfen, können Sie diese Internetseiten verstehen.... Denn in den Parteien *aller* Farben, auch und besonders in den 'Rechten', dürfen keine echten Deutschen wirken! Seit 1919, also seit über vier Generationen hinweg, dürfen in den Parteien die Angehörigen einer über Jahrhunderte eingewanderten Volksgruppe sitzen. Die sich unser Land zur Beute gemacht haben und die Globalisierung, sprich die Weltherrschaft über den 3. Weltkrieg anstreben dürften. Sitzen dort nicht zwei zionistische Wolfs-Partei-Gruppen? Die rot/grüne, deutsche Gruppe und die schwarz/gelbe, amerikanisch-/englisch-/israelische Gruppe? Die über ihre eigenen Medien Scheingefechte zur Verdummung und Ausraubung von uns echten deutschen Bürgern und Europäern führen? Müssen wir da nicht endlich aufwachen? Dürfen wir denn keiner Partei, keiner Gewerkschaft, keiner Kirche und keiner Behörde mehr vertrauen?"

Was treibt die Autoren solcher Pamphlete um? Verschwörungsmythen stellen „in Regie genommene Ängste innerhalb einer Gesellschaft oder einer bestimmten Bezugsgruppe dar", hat der Historiker und Verschwörungsforscher Rudolf Jaworski festgestellt. Sie ließen sich mithin nicht einseitig als krankhafte Kopfgeburten einzelner Fanatiker begreifen, sondern verweisen selbst in ihren absonderlichsten Übersteigerungen immer zugleich auf breiter verankerte Einstellungen, Meinungen und Erwartungshaltungen.

Unklare gesundheitliche Probleme wie Kopfschmerzen oder Müdigkeit? Natürlich sind die „Chemtrails" daran schuld. Oder Fluorid im Trinkwasser, das „unter dem Vorwand hinein gegeben wird, dass es die Zähne stärkt. In Wirklichkeit trübt es das Bewusstsein und dient dazu, die Bevölkerung gefügig zu halten" (gefunden in einem Internet-Chatroom zum Thema „Verschwörungen in der deutschen Regierung").

Arbeitslosigkeit, Wirtschaftskrise, hohe Benzinpreise? All das „geschieht deshalb, weil es von irgendjemand geplant wurde. Wären hier nur die Gesetze des Zufalls maßgebend, müsste sich zumindest die Hälfte der Geschehnisse, die das Wohl unserer Nation beeinflussen, günstig auswirken. Wäre allein menschliches Versagen der führenden Politiker im Spiel, so müsste sich doch auch gelegentlich ein Fehler zu unseren Gunsten ereignen... Wir haben es in Wirklichkeit nicht mit Zufälligkeiten oder Dummheit zu tun, sondern mit raffinierter Planung" (gefunden in dem Pseudo-Sachbuch *Die Insider* von Gary Allen).[3]

Verschwörungsmythen geben einfache Antworten auf sehr komplexe Fragen und Zusammenhänge. Sie schaffen „Entlastung durch Entlarvung", wie der Theologe Lutz Lemhöfer schreibt und heben das eigene Unglück aus der Banalität des Alltags oder des Zusammenhanglosen oder des eigenen Verschuldens heraus:

„Der Kündigungsbrief flattert ins Haus, die Versicherung und die Miete erhöhen sich von einem Tag auf den anderen, sodass der gewohnte Lebensstandard kaum mehr zu halten ist, und in der Beziehung erreichen die Probleme einen kritischen Punkt. Um abzuschalten und für einige Stunden alle Probleme vergessen zu können, dreht man den Fernseher auf, zappt sich durch die Kanäle. Die Nachrichten berichten von Kriegen, Erdbeben, Katastrophen aller Art, von Drogen- und Mafiabossen, von der ausufernden Korruption in der Politik, von Affären und Skandalen, von einer Verflechtung der Mächtigen in dunkle Geschäfte. Denkschablonen drängen sich auf, die das scheinbar Unzusammenhängende miteinander in Beziehung setzen. Und plötzlich ist es einem klar: Nicht man selbst ist schuld an seinem Schicksal – nein, das Unglück ist fremdbestimmt. Die korrupten Politiker, die nur in die eigene Tasche arbeiten, haben sich ein Machtkartell zusammengezimmert…

Die Polizei, das Finanzamt, der Vermieter und die Behörden, sie alle sind nur verlängerte Arme der im Stillen operierenden Mächte, der geheimen Oberen, die keiner kennt und die nur schwer enttarnt werden können. Kein Wunder, dass das Wirtschaftswachstum stagniert, die Arbeitslosigkeit steigt und die Kriminalität staatsgefährdende Ausmaße annimmt. Wahrscheinlich entwickelte sich der Filz dieser Verschwörung schon seit Jahren, vielleicht sogar seit Jahrhunderten. Doch wann hatte dieser geheime Plan seinen Anfang? Hatte am Ende gar der Vater Recht, als er meinte, dass es die Juden seien und die Freimaurer, die hinter jenen Vorgängen in der Welt steckten, deretwegen die Menschen leiden müssen? So einfach kann es ja nun auch wieder nicht sein. Wer aber sind dann die Leute, die die Fäden der Welt in Händen halten? Wie sind ihre Namen? Wo sitzen die Drahtzieher für diese fatale Entwicklung, die jeder am eigenen Leib verspüren kann?"[4]

Verschwörungsmythen sind ein „Sinnproduktionsmittel", das Einzelne oder Gruppen vom Druck der Realität entlasten soll, indem sie diese entbanalisieren und in einen vermeintlich größeren Zusammenhang einbetten. Sie vermitteln das sichere Gefühl, endlich Bescheid zu wissen über alles, was rund um einen herum und mit einem selbst geschieht.

➥ Sind Verschwörungstheorien gefährlich?

Verschwörungstheorien konstruieren Feindbilder, benennen Sündenböcke – denn damit Verschwörungsmythen entlastend wirken können, müssen sie vagen Ängsten und abstrakten, nicht greifbaren „Gefahren“ einen Namen oder ein Gesicht geben. Zu diesem Thema schrieb Friedrich Holländer schon 1931 ein politisches Chanson nach der Melodie der Habanera aus Bizets Oper *Carmen*:

Ob es regnet, ob es hagelt, ob es schneit oder ob es blitzt,
ob es dämmert, ob es donnert, ob es friert oder ob du schwitzt,
Ob es schön ist, ob's bewölkt ist, ob es taut oder ob es gießt,
ob es nieselt, ob es rieselt, ob du hustest, ob du niest:
An allem sind die Juden schuld! Die Juden sind an allem schuld!
Wieso, warum sind sie dran schuld? Kind, das verstehst du nicht,
sie sind dran schuld!
Sie sind dran schuld, sie sind dran schuld; die Juden sind,
sie sind und sind dran schuld!
Und glaubst du's nicht, sind sie dran schuld,
an allem, allem sind die Juden schuld!
Ob das Telefon besetzt ist, ob die Badewanne leckt,
ob dein Einkommen falsch geschätzt ist, ob die Wurst nach Seife schmeckt…
Ob ein Witz im Radio alt, ob die Garbo 'n hohlen Zahn hat, ob der Kuss im Tonfilm knallt…
Dass der Schnee so furchtbar weiß ist und dazu, wie sagt man, kalt,
dass dagegen Feuer heiß ist und dass Bäume steh'n im Wald,
dass die Rose keine Zwiebel und das Schabefleisch geschabt,
dass der Heine gar nicht übel und der Einstein ganz begabt:
An allem sind die Juden schuld! Usw.

Verschwörungsmythen sind weitgehend korrekturresistent – denn Konspirologen lösen die Geschichte in Komplotte und Komplottverdächtigungen auf und setzen sie damit gleichsam außer Kraft. Außerdem wird jeder, der eine Konspirationstheorie öffentlich anzweifelt und kritisiert, von den Anhängern sofort unter den Verdacht gestellt, selbst Teil der Verschwörung zu sein und für die Verschwörer als „Abwiegler“ zu agieren. Deshalb befinden sich Juden, Freimaurer, Templer, Jesuiten etc. auch heute noch unter den üblichen Verdächtigen klassischer Verschwörungsmythen wie etwa dem von der geplanten „Welteinheitsregierung".

Darüber hinaus verbreiten amerikanische Milizen im Internet die Botschaft, dass die Regierung sich gegen das Volk verschworen habe; es sei deshalb an der Zeit, Waffenlager anzulegen. Neonazis faseln von geheimen „Plänen zur Unterwanderung des deutschen Volkes" – die Einwanderung von Asylbewerbern sei eine „systematisch eingesetzte Ausrottungswaffe". Ufologen haben offenkundig ein besonderes Faible für irdische Widersacher, namentlich die Geheimdienste, die unter Pauschalverdacht gestellt werden: CIA, BND und Co. hielten gezielt Informationen über Ufo-Abstürze und das Kidnapping von Erdenbürgern zurück, die ins All entführt würden. Religiöse Grenzgänger meinen im Weltgeschehen das Wirken von dunklen Schicksalsmächten zu erkennen, die sie als „satanisch" oder „teuflisch" charakterisieren. Und in dem Esoterikblatt *Magazin für neues Wissen* liest man die These, dass nicht näher definierte „Männerbünde" ein weltweites Verschwörungsnetz bilden, das für „Kriege, Faschismus, Ausbeutung der Natur, aber auch Unterdrückung von Frauen, Kindern und gesellschaftlichen Randgruppen" verantwortlich sei.[5]

Der unangefochtene Star-Schreiber im deutschsprachigen Subgenre Verschwörungsliteratur ist Jan van Helsing alias Jan Udo Holey. Insbesondere sein mittlerweile indiziertes zweibändiges Werk Geheimgesellschaften *strotzt vor antisemitischen Fantastereien.*

Bedenklich an Verschwörungsmythen ist zudem, dass eine zahlenmäßig durchaus bedeutsame Gegenöffentlichkeit sich nicht mehr im weitesten Sinne politisch gegen bestehende Missstände engagiert, sondern im World Wide Web oder in Untergrundnetzwerken ein Weltbild des Wirrsinns zusammenzimmert. Das Tragische dabei: Verschwörungs-Fans sind eben nicht die „Wissenden", sondern letztendlich Drop-outs. Sie sind nicht im Besitz alternativer Entwürfe zum geltenden „common sense", sondern „knüpfen opportunistisch an vorherrschende Meinungen an" (Jaworski). Sie sind keine Anwälte einer hinters Licht geführten Öffentlichkeit, sie entlarven nicht „die da oben", sondern laufen Gefahr, selbst manipuliert zu werden. Denn Verschwörungsmythen waren stets auch ein Instrument der politischen Propaganda, und gerade die Staatsideologien totalitärer Regime wurden und werden häufig von gigantischen Verschwörungsszenarien getragen, die eine geschlossene feindliche Außenwelt voller Feinde suggerieren.

➥ Könnten Verschwörungstheorien nicht trotzdem manchmal stimmen?

Bevor der Ex-Feuilleton-Chef der *Tageszeitung* (taz), Matthias Bröckers, durch seine angeblichen „Enthüllungen" zu den Anschlägen vom 11. September 2001 selbst zum Verschwörungstheoretiker wurde, beschrieb er das Problems des fiktiven Verschwörungsfanatikers Fox Mulder aus der TV-Serie *Akte X* ziemlich zutreffend: „Mulders Dilemma ist ein doppeltes: Einerseits hat sich die ganze Welt (einschließlich aller Geheimdienste, Militärs und möglicher extraterrestrischer Zivilisationen) gegen ihn und seine Ermittlungen verschworen – und diese Verschwörung ist so mächtig und universell, dass sie niemals aufgedeckt werden kann. Andererseits aber kann niemand, nicht einmal seine Vertraute Scully, seine verrückten Theorien widerlegen – denn jeder Beweis gegen sie funktioniert gleichzeitig auch für sie. Zumindest für Mulder. SIE stecken wieder dahinter. Nichts ist, wie es scheint. Gegen derlei doppeltes Blendwerk kämpfen selbst Superhelden vergeblich."

Tatsächlich sind Verschwörungsmythen selbstimmunisierend und ihre Anhänger kaum zu desillusionieren, denn sie akzeptieren jedwedes Argument, das auf eine Verschwörung hindeutet – so ähnlich wie „ein Koch, der Kraut und Rüben vermischt, um daraus ein Käsefondue zu machen", schreibt der Politologe Franko Petri. Soll heißen: „Manche Verschwörungstheorien arbeiten dabei mit Tricks, andere überzeugen durch ihre wissenschaftliche Form. Doch allen ist eines gemeinsam: die Unlogik ihrer Argumente. Feindbilder, die gar keine sind oder die sich sogar gegenseitig widersprechen, werden als einheitlicher Block dargestellt. Historische Fakten werden verschwiegen oder umgedreht. Einerseits wird eine perfekte Verschwörung behauptet, andererseits sei sie angeblich mit simplen Mitteln von den vorgeblichen 'Aufklärern' zu durchschauen. Magische Kräfte und außerirdische Wesen müssen herhalten, wenn Unvereinbares vereint werden soll. Millionen Verschwörer, so wird unterstellt, ziehen an einem gemeinsamen Strang."

Nach dem 11. September 2001 brachte Bröckers das Buch *Fakten, Fälschungen und die unterdrückten Beweise des 11.9.* heraus. Seine These: Die amerikanische Regierung habe die Terrorattacken selbst inszeniert, um eine Legitimation für ihr militärisches Vorgehen im Nahen Osten zu erhalten. Es handelte sich also mit anderen Worten um einen Massenmord an fast 4000 Menschen im eigenen Land zum Wohle der Außenpolitik. Auch dass eine „Verschwörung 11. September" eine nahezu unglaublich komplizierte und perfekt getarnte Untergrundoperation mit vielen tausend Mitwissern voraussetzen würde, ficht Bröckers nicht weiter an – obgleich Geheimdienste und Militärs bei Aktionen von weit geringerem Umfang und geringerer Bedeutung kläglich versagten.

Könnten Bröckers oder andere Konspirologen wie Andreas von Bülow (*Die CIA und der 11. September*) und Gerhard Wisnewski (*Operation 9/11*) nicht trotzdem Recht haben? Ebenso wie die Frage nach der Existenz von Psi-Phänomenen ist das eine Abwägung von Plausibilitäten. Einfaches Beispiel: Dass ein Staatsstreich ausgeheckt werden kann, ist annehmbar – nicht aber eine im Voraus geplante Französische Revolution. Fraglos hat der amerikanische Präsident George W. Bush die UNO und den Rest der Welt mit gefälschten oder aufgebauschten Bedrohungsszenarien getäuscht, um seinen Truppen den Weg in den Irak zu ebnen. Natürlich ist die frühere US-Unterstützung für den Moslem-Extremisten Osama Bin Laden und die Taliban gegen die Sowjetsoldaten in Afghanistan eine Tatsache, eben so wie der Iran-Contra-Deal in den 1980er Jahren, bei dem die amerikanische Regierung dem Iran Waffen verkaufte und damit die Contra-Rebellen in Nicaragua finanzierte. All das gab es – ging aber daneben oder wurde aufgedeckt. „In keinem Land fehlt es an Gesetzen zur Bekämpfung krimineller Vereinigungen und an Behörden, die sie aufdecken und verfolgen sollen", erklärt der Autor und Psychologe Robert Anton Wilson, der mit seiner Verschwörungs-Trilogie *Illuminatus* Kultstatus erreichte. „Das erklärt zum Beispiel, wie die italienische Regierung 1980 die P2-Verschwörung aufdecken konnte [eine Geheimloge namens Propaganda Due hatte damals über 950 ihrer Agenten in

Spitzenpositionen der Regierung untergebracht – Anm. d. Autors]. Erst kürzlich hat die US-Regierung bei der Tabakindustrie Beweise für eine Verschwörung zur Täuschung der Öffentlichkeit gefunden. Solche Tatsachen sollten uns davor warnen, alle Verschwörungstheorien als Zeitvertreib für Spinner und Deppen zu betrachten. Aber keine dieser Behörden oder Agenturen, deren Aufgabe es ist, echte Beweise auf den Richtertisch zu legen, hat jemals auch nur Spuren jener wirklich großen Verschwörungen gefunden, an die die echten Verschwörungsfanatiker glauben."

Außerdem, meint Wilson, habe jede Art von Verschwörung nur eine gewisse Lebensdauer, „keine währt ewig, und das ist es, was die meisten Verschwörungsspinner vergessen". Verschwörungstheoretiker würden an dieser Stelle nun anführen, dass die großen Verschwörungen eben universelle Macht haben und die mit der Aufdeckung beauftragten Behörden selbst Teil der Vertuschung sind. Das könnte natürlich sein – erscheint aber aus mindestens zwei Gründen eher unwahrscheinlich. Zum einen „ist unsere Welt so kompliziert geworden, dass eine kleine Gruppe gar nicht genug davon verstehen kann, um sie zu kontrollieren", ist *Illuminatus*-Autor Robert Anton Wilson überzeugt. Das wird zum Beispiel in der Politik deutlich, wo Gesetzesvorhaben – etwa in den Bereichen Computer, Medizin, Umwelt – nicht selten einige Jahre hinter der jeweils aktuellen Situation herhinken. Und zweitens: Je mehr Mitwisser in ein Geschehen verwickelt sind, desto schwieriger wird es, damit durchzukommen. Denn Menschen handeln früher oder später eigennützig. Sie werden neidisch. Oder habgierig. Oder fühlen sich übervorteilt. Oder verfolgen gegenteilige Interessen. Und diese natürlichen Regungen machen es schwer bis unmöglich, weit reichende Geheimnisse über einen langen Zeitraum zu bewahren.

Kurz gesagt: Die meisten Verschwörungsmythen setzen eine so lange Kette des Betrugs, eine solch enorm hohe Intelligenz und ein derartig großes Personal an Komplizen voraus, dass sie unter der eigenen Implausibilität zusammenbrechen.

➡ Wer sind eigentlich die Illuminaten?

Platz zwei der Jahres-Bestsellerliste 2004 des Internet-Buchversenders Amazon belegte der Roman *Illuminati* von Dan Brown. Darin geht es um einen legendären Geheimbund von Wissenschaftlern und Freidenkern, die sich selbst „Illuminati" nennen: die Erleuchteten. Anscheinend sind die

Illuminaten geradezu der Inbegriff konspirativen Treibens und tauchen „mit schöner Regelmäßigkeit im Zusammenhang mit so genannten Verschwörungstheorien auf", schreibt das Internet-Lexikon *Rechtsextremismus*.[6]

Tatsache ist: Die Illuminaten gab es wirklich. Am 1. Mai 1776 gründete der Professor für Kirchenrecht und praktische Philosophie Adam Weishaupt im bayerischen Ingolstadt den Bund der Perfectibilisten, der bald darauf in *Bund der Illuminaten* beziehungsweise *Illuminatenorden* umbenannt wurde. Im historischen Rückblick erscheint Weishaupt als klassischer Weltverbesserer, seine Ideen als Melange aus „antiker Philosophie, aufgeklärtem Gedankengut und mildem Größenwahn".[7] Die Lehrtätigkeit des Ingolstädter Professors war stark von fortwährenden Auseinandersetzungen mit den katholischen Jesuiten geprägt, die ein Monopol über die geistliche und weltliche Bildung ausübten. Die Illuminaten waren anfangs denn auch ein reiner Studentenbund, ehe der Beitritt des prominenten politischen Schriftstellers Adolph Freiherr von Knigge mehr als 500 „edle, vornehme, gelehrte und wichtige Männer" (Weishaupt) anzog – darunter Goethe, Herder und Nicolai. Zu seinen Glanzzeiten hatte der *Illuminatenorden* wohl an die 1400 Mitglieder, denen eine „Revolution von oben" vorschwebte, hin zu Vernunft und Demokratie.

Weishaupts autoritärer Führungsstil indes führte schon bald zu internen Streitigkeiten, und 1785 verbot Kurfürst Karl Theodor von Pfalzbayern den *Illuminatenorden*, nachdem ein Ex-Mitglied ihn über angebliche Bestrebungen zur Zersetzung von Staat und Religion unterrichtet hatte. Ein kompliziertes Geflecht gegenseitiger Diffamierungen von Jesuiten, Illuminaten und Freimaurern (Weishaupt hatte es zuvor geschickt verstanden, Krisen in verschiedenen Freimaurerlogen auszunutzen, um diese zu unterwandern und Mitglieder für seine Organisation zu werben) führte schließlich zu dem Gerücht, dass der Illuminatenorden weiterhin existiere und unter anderem für den Ausbruch der Französischen Revolution 1789 verantwortlich sei. Fortan witterten konservative Kräfte hinter allen liberalen und fortschrittlichen Aufbrüchen eine illuminatische Verschwörung.

Dieser Mythos von der universellen Macht der Illuminaten hält sich hartnäckig bis in die heutige Zeit hinein. So wurde beispielsweise das konspirologische Anti-Illuminaten-Machwerk *Über geheime Gesellschaften und deren Gefährlichkeit für Staat und Religion* aus dem Jahr 1798 noch 1998 von dem Verlag *Pro fide catholica* in Durach im Allgäu neu aufgelegt. Der ehemalige US-Präsidentschaftskandidat Pat Robertson behauptete 1991 in seinem Buch *The New World Order*, dass „das Illuminatentum kein vorübergehendes Phänomen war, und die Prinzipien von Weishaupt, seine Jünger und sein Einfluss bis auf den heutigen Tag immer wieder von neuem in Erscheinung treten". Und damit meinte der Gründer der fundamentalistischen Organisation *Christian Coalition* gewiss nicht nur unterhaltsame Thriller wie Dan Browns *Illuminati*.

Weiterführende Literatur:

Lutz Lemhöfer: Reiz und Risiko von Verschwörungstheorien. In: Matthias Pöhlmann (Hrsg.): „Traue niemandem!" EZW-Texte 177 (zu beziehen unter www.ezw-berlin.de)

Rudolf Jaworski: Verschwörungstheorien aus psychologischer und historischer Sicht. In: Matthias Pöhlmann (Hrsg.): „Traue niemandem!" EZW-Texte 177

Thomas Grüter: Der böse Schein. In: Gehirn&Geist Nr. 4/2004

Robert A. Wilson / Miriam J. Hill: Das Lexikon der Verschwörungstheorien. Piper-Verlag, München 2004

Tobias Jaecker: Antisemitische Verschwörungstheorien nach dem 11. September. Lit-Verlag, Münster 2004

Dominik Cziesche u. a.: Verschwörung 11. September – Wie Konspirations-Fanatiker die Wirklichkeit auf den Kopf stellen. In: Der Spiegel 37/2003

Eduard Gugenberger / Franko Petri / Roman Schweidlenka: Weltverschwörungstheorien. Deuticke-Verlag, Wien 2002

Carl Ludwig Reichert: Bayern in geheimer Mission. In: Abendzeitung vom 13.11.1999

Daniel Pipes: Verschwörung. Murmann-Verlag, Hamburg 1998

Info-Seite des Umweltbundesamts zu „Chemtrails":

www.umweltbundesamt.de/uba-info-presse/themendienst/td04-3.htm

Zur Geschichte, Struktur und Legende des Illuminatenordens:

www.uni-muenster.de/PeaCon/conspiracy/Weishaupt.htm

Anmerkungen

1. Propheten: Gaukler und Sibyllen

[1] Bernhard Bouvier: Nostradamus. Ewert-Verlag, Gran Canaria 1996. Diesem Werk sind auch alle weiteren Übersetzungen der Nostradamus-Verse entnommen.
[2] Gruber, Nostradamus, Bern 2003.
[3] Harder/Hemminger: Seher, Schwärmer, Bibeldeuter, Gütersloh 2001.
[4] Vgl. Bachter: Nostradamus und der Mühlhiasl, Augsburg 1999.

2. Wahrsager: Hellsehende Dunkelmänner

[1] Augsburger Allgemeine vom 12. Juli 2003.
[2] Frankfurter Rundschau vom 5. April 2003.
[3] Esotera 3/2000.
[4] Krämer/Trenkler, Lexikon der populären Irrtümer, München 1998.
[5] Zit. nach Kelly, The Skeptic's Guide to the Paranormal, Crows Nest 2004.

3. Astrologie: Mars macht mobil

[1] Zit. nach Gerlach, Das neue Lexikon des Aberglaubens, Frankfurt 1998.

4. UFOs: Trübe Untertassen

[1] Zit. nach gwup.org/mitglieder/regionalgruppen/bamberg/
[2] CENAP, Telefon (0621) 70 13 70, im Internet unter http://cenap.alien.de/
[3] Etwa http://abductee.alien.de oder www.allmystery.de/ufos/entfuehrungen/opfer.shtml
[4] Vgl. www.stanford.edu/~dement/paralysis.html

5. Gespenster: Schall und Rauch

[1] Bravo Nr. 45 vom 29. Oktober 2003.
[2] Glamour Nr. 24 vom 27. Oktober 2003.
[3] Zit. nach Gertler/Mattig, Stimmen aus dem Jenseits, Berlin 1984.

6. Okkultismus: Geistlose Fingerzeige

1 Zit. nach Grandt/Grandt, Jugendokkultismus, Niedernhausen 1997.
2 Zit. nach Petri, Wissen – Glaube – Aberglaube, Bochum 1992.
3 Zit. nach Selinger, Affinität zu Okkultismus in der Adoleszenz, Jena 2002.
4 Zit. nach Cammans, Ratgeber Okkultismus, Düsseldorf 1998.
5 Zit. nach Drößler / Freyberg: Handlesen, Kartenschlagen, Pendeln, Freiburg 1994.
6 Zit. nach Gertler / Mattig, Stimmen aus dem Jenseits, Berlin 1984.
7 Zit. nach www.daserste.de/wwiewissen/.

7. Übersinnliche Phänomene: Total paranormal

1 Zit. nach Hergovich, Der Glaube an Psi, Bern 2001.
2 Stern vom 22. Oktober 2003.

8. Hexen: Alles magic

1 Vgl. Barth, Von Girlpower zu Zauberpower, Marburg 2003.

9. Satanismus: „Power“ auf Teufel komm raus

1 Yam, Heft 46/2001.
2 Vgl. Hemminger, Satanistische Motive, in: EZW-Materialdienst 4/2003.
3 Vgl. Schmid, Jugendsatanismus, www.relinfo.ch/satanismu/jugend.html.
4 Zit. nach Cammans, Ratgeber Okkultismus, Düsseldorf 1998.
5 Zit. nach Moynihan/Söderlind, Lords of Chaos, Berlin 2002.

10. Verschwörungstheorien: An allem sind *sie* schuld!

1 Lemhöfer, Reiz und Risiko von Verschwörungstheorien, in: EZW-Texte 177.
2 Vgl. Daniel Pipes: Verschwörung. Faszination und Macht des Geheimen. Gerling Akademie Verlag, München 1998.
3 Gary Allen: Die Insider. Verlag für Außergewöhnliche Perspektiven, Preußisch Oldendorf 2001.
4 Gugenberger/Petri/Schweidlenka, Weltverschwörungstheorien, Wien 2002.
5 Zit. nach Pörkensen: Weltformel des Übels. In: Deutsches Allgemeines Sonntagsblatt 32/1996.
6 http://lexikon.idgr.de.
7 Reichert, Bayern in geheimer Mission, in: Abendzeitung, 13.11.1999.

Bernd Harder

Nostradamus. Ein Mythos wird entschlüsselt

153 Seiten, kartoniert, ISBN 3-932710-23-1, Euro 12,50

Nostradamus – für die einen der Mann, der die Zukunft sah, für die anderen ein berechnender Scharlatan. Bernd Harder untersucht die Verse des Astrologen und Arztes aus dem 16. Jahrhundert und die Deutungen seiner heutigen Anhänger. Sein Fazit: wer sich an die Fakten hält, erfährt zwar nichts über die Zukunft, kann aber hinter dem Mythos des Sehers und seiner Prophezeiungen einen Science Fiction-Autor der Renaissance entdecken.

Christoph Bördlein

Das sockenfressende Monster in der Waschmaschine

Eine Einführung ins skeptische Denken

199 Seiten, Abbildungen, kartoniert, ISBN 3-932710-34-7, Euro 14.-

Christoph Bördlein führt uns anhand vieler Beispiele aus Wissenschaft und Alltag ins skeptische, wissenschaftliche Denken ein. Allgemeinverständlich und unterhaltsam erklärt er, wie Wissenschaft als Methode, Thesen zu überprüfen, funktioniert.

Claudia Barth

***Über alles in der Welt* – Esoterik und Leitkultur**

Eine Einführung in die Kritik irrationaler Welterklärungen

206 Seiten, Abbildungen, kartoniert, ISBN 3-932710-36-3, Euro 14.-

Der Band bietet eine systematische Einführung in die wichtigsten Aspekte esoterischer Ideologien und problematisiert ihren Einfluss auf die Gesellschaft. Besonderes Augenmerk legt die Autorin auf die für Deutschland spezifische Spielart der Esoterik mit ihrem völkischen Einschlag.

Colin Goldner

Die Psycho-Szene

642 Seiten, gebunden, ISBN 3-932710-25-8, Euro 32.-

Die Psycho-Szene kann als Einführung in den esoterischen Psycho-Markt gelesen und zugleich als Nachschlagewerk für unseriöse und gefährliche Angebote genutzt werden. Das Buch vermittelt einen Überblick über das Geschäft mit Heil & Heilung, zeigt Querverbindungen auf und stellt den ideologischen Hintergrund dar. In 150 Abschnitten werden jetzt über 2000 Verfahren, Begriffe und Namen vorgestellt und kritisch untersucht.